U0037658

正說
大唐二十一帝
唐高祖李淵
唐太宗李世民
唐中宗李顯
唐睿宗李旦
唐玄宗李隆基
唐德宗李適
唐穆宗李恆
唐武宗李炎
唐僖宗李儇
唐昭宗李曄

目錄

第三章　守成之君　唐高宗

第四章 血雨腥風女皇路　武則天

第五章　孱弱天子　唐中宗、唐睿宗

第六章　高處不勝寒　唐玄宗 189

第十二章 唐末賢君 唐宣宗 319

前言

大唐王朝（六一八—九〇七年）是中華民族封建時期的中興時代，它開創了中國歷史上前所未有的輝煌與繁榮。唐高祖李淵起兵推翻了隋朝的統治，李唐王朝得以建立，歷經兩百八十九年，並且從唐太宗李世民貞觀時期到唐玄宗李隆基開元年間，大唐王朝一直向前蓬勃發展。無論是經濟、政治、軍事，還是外交、文化等方面都出現了空前繁榮的盛況。

唐高祖李淵在隋末天下大亂中力克群雄，推翻了隋朝的統治，奪取了皇位。之後，為了一統天下，李淵率部先後與河北竇建德、領導瓦崗寨起義軍的李密，以及劉武周、杜伏威等勢力鬥爭，最終取得了勝利，並在唐太宗李世民初期實現了天下統一。

唐太宗李世民是一代英主。儘管他的皇位是通過在「玄武門兵變」的刀光劍影中勝出而獲得的，但是他登基後勵精圖治、勤政愛民，從各方面促進了唐朝的發展。唐朝在政治上沿襲了隋制，並逐步以中書、門下、尚書三省代替前朝的「三師」和「三公」，加強了皇帝的統治力。同時更加完備了隋朝的科舉制度，使它成為選拔官吏的主要手段和途徑；在大臣的選用方面，唐太宗李世民摒除偏見，將秦王府幕僚與唐高祖舊臣及原太子的部屬統一起來為自己所用，使他們在朝廷中發揮了很大的作用，君臣齊心協力締造了「貞觀之治」的盛世。

唐高宗李治在李世民的幾個兒子中，不算是最出色的。他能夠登上皇位，很大程度上憑藉的是舅舅長孫無忌的大力支持。李治在太子之爭中坐收漁利，而他的治國之策完全沿著其父的道路前行，成為歷史上一位有名的「守成之君」。但他仁弱的個性給了皇后武則天一展身手的機會，使中國歷史上出現了唯一一位「千古女皇帝」。

武則天通過掌控唐高宗，進而一步步對自己的兩個兒子——唐中宗李顯、唐睿宗李旦進行控制，最終奪取了李唐政權。為了穩固武氏家族的統治，她不惜打擊唐高宗時的舊臣，又採取了包括任用酷吏、鼓勵告密等在內的多種手段來維持強權政治。在武則天時期，武三思等武氏家族成員與武則天的男寵們都仗勢而興風作浪。最後武氏家族大勢已去，加之民心所向，又將皇權還予李氏家族。

正所謂「歷史是鮮血寫成的，江山是白骨堆成的」。帝王、權臣、英雄、宦官、後宮，你方唱罷我登場。作為君主，為了鞏固其自身統治要千方百計地形成自己的利益集團，與同自己相抗衡的勢力作殊死鬥爭。這種鬥爭有時是刀光劍影、血流成河，有時則悄無聲息、暗中較量。但無論怎樣，其結果必定是二虎相爭，要麼兩敗俱傷，要麼你死我活……

《正說大唐二十一帝》，旨在圍繞李氏家族的傳承和紛爭，再現大唐王朝那段令人回味無窮的歷史。

第一章　奠基李家天下　唐高祖

唐高祖李淵是李唐帝國的開創者，但長期以來，他都被掩蓋在唐太宗李世民的盛名之下。事實上，唐高祖也是一個膽略超群、富有權謀的政治家。他善於把握時機，而且目光遠大，積極進取，為李氏家族開創了一代帝王霸業，奠定了李唐王朝的基業。

唐高祖執政初期，在政治、經濟、軍事等方面都有所建樹，為後來的「貞觀之治」打下了很好的基礎。唐高祖李淵作為大唐帝國的奠基人，充分發揮其作為創業者的才幹和膽識，使唐朝成為了中國封建統治歷史上的鼎盛時期。

01 貴族出身：好風憑藉力

中國的封建社會，實際上就是家族社會，權力主要由一些名門望族掌握著。李淵出身貴族，這一先天的有利條件使他很容易被其他家族理解、接受和支持，這為李淵後來奪取權力、登上皇位、開創李家天下提供了極大的便利。

唐高祖李淵（五六六—六三五年），字叔德，祖籍隴西成紀（今甘肅秦安縣），西元六一八年至六二六年在位，諡號「太武皇帝」，廟號「唐高祖」。李淵的家族在其祖父李虎時便已開始飛黃騰達。李虎為後魏左僕射，封隴西郡公，官至太尉。李虎因為助後魏權臣宇文泰成功政變，與宇文泰、太保李弼、大司馬獨孤信等八人一起被稱為「八柱國」，位極榮貴，死後追封唐國公。李淵的父親李昞，襲封唐公，北周時任安州（今湖北安陸）總管、柱國大將軍。李淵建國以後，追尊祖父李虎為太祖景皇帝，追尊父親李昞為世祖元皇帝。

李氏祖上顯然是依靠軍功發跡的，被時人稱為關隴貴族集團。後來，又倚賴婚姻鞏固了家世門風。李氏家族與北周皇室及隋朝的姻親關係是以獨孤氏為紐帶的。獨孤信的大女兒嫁給了宇文泰之子，即北周的第一個皇帝明帝，做了皇后。七女兒嫁給了楊忠的兒子楊堅，即後來的隋文帝，也做了皇后。四女兒嫁給了李虎的兒子李昞，這便是李淵的父母。由此可以看出，李淵家族自祖父以來便家世貴顯，不僅與北周皇室宇文氏有著姻親關係，而且與隋朝楊家有著貴戚關係，李淵與隋煬帝楊廣互為姨表兄弟。李淵的父親在北周時期就遷居長安，天和元年（五六六年），李淵出生於長安（今西安市），後由於父親早死，家中排行第四的李淵七歲就襲唐國公。李淵青年時，倜儻豁達、任性直率、寬仁容眾，人緣極好。

李淵的妻子竇氏也出生在軍事貴族家庭。竇氏是京兆平陵（今陝西興平）人，她的父親是隋朝定州總管、神武公竇毅，母親是北周武帝的姐姐襄陽長公主。竇氏自幼聰明，讀書過目不忘，武帝宇文邕十分喜愛她，把她接入宮中撫育，常常隨侍左右。竇氏小小年紀就對政事十分關心，有獨特的見解。竇毅認為自己的女兒才貌不凡，不能將其隨便嫁人，就決定為女兒謹慎選擇一位「賢夫」。於是當竇氏到了出閣年齡之時，竇毅命人在門屏上畫了兩隻孔雀，能用箭射中孔雀眼睛的人才會入選。四方英傑紛紛爭相上門一試，但都沒能如願。李淵也慕名而來，他連發兩箭各中孔雀一目，竇毅最終將女兒許配給了他。由此可見，李淵年輕時即卓爾不群。

竇氏嫁給李淵後，盡心盡力輔佐丈夫，每遇丈夫有難解之事總能提出中肯意見。北周亡國之時，竇家作為宇文家的姻親，居然沒有受到牽連，不能不說是因為竇氏與李淵結下的這門婚事。隋文帝獨孤皇后與李淵的母親是親姐妹，即獨孤皇后是李淵的姨母，竇家成為新的皇家姻親，加之竇毅謹慎自守，對隋文帝小心侍候，所以才免遭禍患。李淵因姨母獨孤皇后的關係受隋文帝垂愛，在朝廷上十分受寵。

隋朝建立之初，李淵還只是因為貴族的出身補為千牛備身，竇氏在他此後的政治生涯中起到了重要的作用，使他能夠不斷得以升遷。竇氏為李淵生有四子，建成、世民、玄霸、元吉，一個女兒，即平陽公主，後嫁給柴紹為妻。

唐高祖李淵一出場就帶著滿身的富貴，因為姻親的關係使得他在前朝、當朝都能左右逢源。在那極為重視家庭門第和姻親關係的年代，李淵的出身無疑為他後來開創自家天下提供了極大的便利，這是旁人所無法比擬的。

02 晉陽起兵：時逢亂世，英雄輩出

隋朝末年，各地群雄並起，農民起義不斷。亂世之中，隋煬帝不得不重用李淵。李淵藉機大樹威信、廣結豪友、擴大力量，使各路英雄紛紛投奔自己，於是李淵抓住了時機在晉陽起兵，一舉開創了李家天下。

隋煬帝即位伊始就大興土木，建東都、修長城、開運河、築馳道，使得民不堪命。隋煬帝又好大喜功：巡遊江南、北上榆林，以誇耀自己的權勢；出兵邊塞，征伐高句麗，以顯示自己的武威。結果徭役無時、戰爭頻繁，社會生產遭到嚴重破壞，人民生活痛苦不堪。致使黃河之北，千里無煙；江淮之間，土地荒蕪。人民無法生活下去，最終不得不鋌而走險以武力來反抗隋煬帝的殘暴統治，這不僅加深了隋煬帝統治的危機，也進一步激化了統治集團內部的矛盾。

西元六一二年，隋煬帝發動了高句麗戰爭，李淵受命在懷遠鎮負責督運糧草。當時民不堪苦、怨聲載道，貴族楊玄感利用人民的不滿情緒起兵反隋，有相當多的貴族子弟追隨其後，遂爆發了反隋的第一次大叛亂，進一步加重了隋煬帝對大臣的猜忌。隋煬帝命李淵鎮守弘化郡

（今甘肅慶陽），兼知關右諸軍事，以防禦楊玄感。楊玄感兵敗後，李淵繼續留守弘化。他在這期間廣樹恩德、結納豪傑，引起隋煬帝的猜忌。一次隋煬帝巡幸當中，徵召李淵來行宮覲見。李淵稱病沒有前來，結果招致隋煬帝的不滿。隋煬帝曾對身邊的宮人說：「索性死了，倒也完事！」在這樣的形勢下，李淵除了倍加小心謹慎以外，必然也要設法自保尋求出路。

隋煬帝由於出兵高句麗和鎮壓各地的造反者，不得不繼續重用李淵。西元六一五年至六一六年，李淵在河東（今山西省北部）平定了當地許多股土匪，抗拒了突厥人對邊境的侵犯，表現出過人的軍事謀略。李淵鎮守太原之初，隋煬帝從樓煩巡遊到雁門時被突厥兵包圍，正是李淵的太原兵奮力援救才得以解圍。隋煬帝便讓他和馬邑郡守王仁恭一同北擊突厥。李淵與王仁恭兩軍在馬邑的兵力不過五千人，王仁恭因為兵少深感害怕，李淵經過深思熟慮提出了「胡服騎射」的主意。隋軍兵馬不足五千，李淵選能騎善射者兩千餘人，飲食起居如同突厥，馳騁射獵，伺機襲擊。一次，李淵的軍隊與突厥軍相遇，李淵縱兵出擊大敗突厥，突厥人對李淵頗為忌憚。

此時的隋煬帝因荒暴而失民心，對大臣的猜忌心越來越重。在京畿一帶流傳著謠言「桃李子，有天下」「楊氏將滅，李氏將興」。謠言傳到隋煬帝耳中引起他對李姓朝臣的疑忌，李密正是因此被逼去瓦崗寨起義的。大業十三年（六一七年）李淵被任命為太原留守。太原是軍事重鎮，歷來是兵家必爭之地，不僅兵源充足，而且餉糧豐沛，儲糧可供十年之用。李淵初到太原時，有「歷山飛」農民起義軍結營於太原之南，使得上黨（今山西長治）、西河（今山西汾陽）、京都道路斷絕。這支起義軍有十幾萬人，巧於攻城、勇於力戰，多次打敗隋軍。李淵為了樹立自己的威信，決定討伐「歷山飛」農民起義軍。兩軍相遇於河西雀鼠谷口，起義軍兩萬餘人，布陣齊嚴，而李淵所部步騎僅五六千餘。李淵在力量如此懸殊的情況下決定智取，他將所部將兵分為二陣：以羸兵居中，揚旗鳴鼓，排成大陣，造成是主力的假象，然後以麾下精兵數百騎，分成兩個小陣，左右出擊，最終打敗了起義軍。

李淵擊敗起義軍後，他在太原的統治地位得到鞏固，晉陽（今山西太原境內）一帶的官僚、地主、豪商也紛紛投靠李淵，他成為了太原的最高統治者。

李淵赴晉陽上任時，留長子李建成、四子李元吉在河東潛結英俊，擴大自己的力量；次子李世民隨侍晉陽，李淵也授意他密招豪友、廣攬人才。晉陽令劉文靜、晉陽宮監裴寂以及逃避征遼負罪在逃的右勳衛長孫順德、右勳侍劉弘基、左親衛竇琮等人紛紛投靠李淵，因此李淵意欲在太原發展自己的勢力，他開始在太原謀劃起兵。

此時，農民起義的烽火已燃遍全國各地，逐漸形成以李密、竇建德、杜伏威為首的三支主力農民起義軍，他們分別在河南、河北、山東和江淮一帶活動，以摧枯拉朽之勢逐漸地瓦解隋王朝的統治，將隋統治集團及其軍隊主力分隔於江都（今江蘇揚州）、洛陽、長安三處，使之陷入四分五裂的狀態。一些貴族和地方官吏見隋朝大勢已去，也乘機而起佔據郡縣建立割據政權、稱王稱帝，隋王朝的統治已是日薄西山了。在這種形勢下，早就心懷異志的李淵父子將起兵的準備正式提上了日程。

李淵的行動引起了忠於隋煬帝的副留守王威和高君雅的懷疑，大業十三年（六一七年）五月，李淵設計殺掉王、高二人在太原起兵。李淵從太原起兵進入關中，一路軍紀嚴明、秋毫無犯。李淵率部佔領隋朝舊都大興城（即長安，今西安）以後，更以其高超的政治手腕與政治謀略展示出了一個新王朝開創者的風采。

03 擁立新君：師出有名，建李唐天下

在封建社會，每一次改朝換代都可以說是對上一個朝代的背叛，誰也不想落一個「臣子謀逆，不忠不孝」的惡名，於是那些改朝換代者就先擁立一個傀儡皇帝，隨後取而代之。他們以這種「掩耳盜鈴」的做法，來實現改朝換代而又不留惡名的目的。李淵如法炮製，先立隋朝代王楊侑為皇帝，擇時取而代之，從此建立了以李淵為首的李氏王朝。

大業十三年（六一七年）十一月，防守長安城的隋軍在李淵強大的政治攻勢和軍事打擊下很快地土崩瓦解了。李淵攻陷隋朝都城長安，下令「封府庫，收圖籍，禁擄掠」；為穩定局勢，派遣李建成、李世民出城駐紮，統兵守城。李淵嚴明軍紀，「與民約法十二條，悉除隋苛禁」，在政治上完全佔據了主動，城內百姓對秩序井然的李淵軍隊進城夾道歡迎。大業十三年十一月十六日，李淵將十三歲的代王楊侑迎入大興殿即皇位，改元義寧，史稱隋恭帝。

李淵立隋朝代王楊侑為皇帝，自己則被授為都督內外諸軍事、大丞相，進封唐王，總理軍

國機務；隴西公李建成為唐王世子；敦煌公李世民為京兆尹，改封秦王；姑臧公李元吉為齊國公。又以裴寂為丞相府長史、劉文靜為司馬。禮樂征伐、兵馬糧仗，事無巨細全部歸丞相府負責，李淵為了進一步鞏固自己的勢力集團又大封功臣。義寧二年（六一八年）春正月，封丞相長史裴寂為魏國公，司馬劉文靜為魯國公，其餘諸將分別加封。

李淵以大丞相身分輔國是權臣奪取軍政大權的一貫做法，像三國時的曹操篡漢、西晉司馬氏取代魏，還有隋文帝楊堅取代北周，而此時李淵的身分和他們當時是一樣的。李淵通過丞相府牢牢地控制了長安的局勢，隋恭帝實際上成為了李淵的傀儡。這種掩耳盜鈴的做法，無非是表明自己雖然背叛了隋煬帝，卻還不想落個臣子謀逆的惡名為天下人所不齒，而企圖在不失忠義的情況下實現自己改朝換代的政治抱負。

李淵從政治上取消了早已失去民心的隋煬帝的正統地位，確立代王為正統，為自己今後的改朝換代做好準備。在當時與李淵採取相同政治手段的還有兩人，一是在江都（今江蘇揚州）擁立秦王楊浩為帝的宇文化及，一是在東都洛陽立越王楊侗為天子的王世充。

大業十四年（六一八年）三月，時為隋煬帝右屯衛將軍的宇文化及和司馬德勘在江都發動兵變將隋煬帝殺死，自稱大丞相，擁立秦王楊浩為帝。之後二人率十餘萬禁軍北上，欲返回關中，卻想不到在童山（今河南浚縣西南）被李密擊敗。宇文化及率餘眾經魏縣（今河北大名東），將楊浩毒殺自立為帝，國號許，年號天壽。次年在聊城，宇文化及被竇建德擒殺。隋煬帝被殺，隋朝滅亡，這使李淵不再需要隋恭帝做傀儡了。

義寧二年（六一八年）三月，隋恭帝楊侑以「功德日隆，天曆有歸，欲行禪讓之禮」為名讓位給李淵，朝廷大臣也順水推舟，但李淵卻覺得時機未到。五月，經裴寂等群臣三番五次勸說，李淵裝出勉為其難的樣子同意即位。五月二十日甲子，李淵於太極殿即皇位，國號唐，改元武德，仍然定都長安，大赦天下。

唐武德元年，隋恭帝楊侑將玉璽交付李淵，自己遜居舊邸。五月，李淵命李世民為尚書令，相國府長史裴寂為尚書僕射，相國府司馬劉文靜為納言，隋民部尚書蕭瑀、相國府司錄竇威為內史令。不久又立李建成為皇太子、李世民為秦王、李元吉為齊王，以李淵為首的李氏王朝得以建立，從此中國歷史揭開了輝煌的篇章。

04 大一統：征戰全國，力克群雄

李氏王朝建立後，面對的是全國群雄並立、四分五裂的狀態。李淵帶領著子女開始了全國範圍的征戰，最終消滅各路豪強，完成了統一大業。在消滅這些異己力量的戰爭中，次子李世民立下了汗馬功勞。

為了鞏固關中的穩定局面，李淵首先迫使河東（今山西永濟）的隋朝大將屈突通投降，然後於武德元年（六一八年）指向金城（今甘肅蘭州）的薛舉、薛仁杲父子。薛舉是富豪，雄於邊朔。大業十三年（六一七年）四月，薛舉自稱西秦霸王，不久稱帝，年號秦興。封兒子仁杲為齊公，據隴西全境，擁兵十三萬，成為西北地方的一股大勢力。薛舉起兵反隋，意在奪取關中。李淵比薛舉父子先行攻佔長安，薛舉父子便以十萬兵力進逼關中，對李淵構成嚴重威脅。李淵稱帝時，薛舉率精騎攻擾，關中大亂。李淵命李世民為帥率軍討伐，大破薛仁杲軍隊，薛仁杲被迫投降，隴西併入唐境。

與此同時，涼王李軌自稱天子，年號安樂，由安修仁掌握樞密，據張掖（今屬甘肅）、敦煌（今屬甘肅）等河西五郡之地。李淵密遣安修仁兄安興貴入涼，當上了左右衛大將軍。武德二年（六一九年）五月，安興貴與弟安修仁擒李軌，傾覆了李軌的政權，涼亡。河西五郡併入唐境，鞏固了關中根據地。李淵以皇帝的身分傳諭郡縣、發布政令，依靠政治手段招納了很多地方的隋朝官員歸附。

劉武周是李淵的勁敵之一。他原是馬邑鷹揚府校尉。大業十三年（六一七年），聚兵萬餘人，自稱太守，依附突厥，攻佔樓煩、雁門、定襄（今內蒙古清水河縣境）等郡，受封為定楊可汗，不久自稱皇帝，年號天興。武德二年（六一九年）四月，劉武周勾結突厥兵馬，南侵并州，進逼太原，並攻陷李元吉留守的太原，李元吉逃歸長安，關中震駭。李淵後命李世民率兵進擊劉武周。唐軍渡河後，休兵秣馬，堅壁不戰，待敵軍糧草不繼，氣勢衰落，唐軍一鼓作氣、速戰速決，劉武周全軍潰敗，部將尉遲敬德投降。劉武周率殘部北遁突厥，後被突厥殺死，并州歸入唐的版圖。如此一來，不僅穩固了太原和河東地區，也解除了關中左右兩翼的威脅，使唐朝中心地區更加穩固。

關中形勢穩定後，李淵又集中力量奪取中原。

武德四年（六二一年），李淵派李孝恭、李靖至夔州（今四川奉節），進攻佔據著長江中游地區的蕭銑。蕭銑於武德元年（六一八年）在巴陵（今湖南岳陽）稱帝，同年遷都江陵（今湖北省偏南，長江沿岸），出兵攻奪唐巴、蜀地，擁兵四十萬。蕭銑被李孝恭、李靖大軍圍困在江陵，外無援兵，只能投降唐朝，長江中下游地區也被納入唐境。

李淵兼併了割地稱雄的一些隋朝貴族後，又把矛頭指向在滅亡隋朝中起了重要作用的農民起義軍。李密領導的瓦崗軍是當時最強大的一支農民軍隊伍，曾在中原地區消滅了大部分隋軍，割斷了江都與洛陽的聯繫，迫使隋煬帝陷入了孤立無援的境地。

西元六一七年七月，李淵父子誓師於野，準備進佔關中。當時，除了正面的隋軍外，李淵還面臨左側東路洛陽附近李密的幾十萬瓦崗大軍的威脅。為了避免腹背受敵、兩面作戰的被動局面，李淵在進軍途中多次致書李密要求聯合。

本來李密的政治目的也是入關，奪取全國最高統治權，但瓦崗軍兵力集中在洛陽附近與隋軍作戰，無暇顧及入關之事。現在眼看李淵要捷足先登，李密很不甘心，他給李淵回信，自稱為盟主，要求李淵親自帶兵來河內郡面結盟約。

李淵接到信後，毫不猶豫地決定承認李密為盟主，先穩住李密，然後借他的力量牽制住洛陽的隋軍，讓隋軍不得西顧，李密在洛陽也無法脫身，這有利於晉陽義師集中全力，搶先佔據關中。表面上李淵故意低聲下氣，使李密自覺驕傲。他在給李密的回信中，一方面大肆吹捧李密，尊他為天下的救世主；另一方面稱自己年老體衰，將來如能封王於唐也就很滿足了。同時李淵又以安輯汾晉地區為藉口，隱蔽自己搶先進入關中的真正意圖，並婉言拒絕去河內郡會盟。

李密收到李淵的信後洋洋自得，從此對李淵進兵關中之事不聞不問，只專門對付隋軍，李淵父子則長驅直入關中。結果李密在與隋軍的戰爭中一敗塗地，只好投奔李淵。

武德元年（六一八年）十月，李淵熱情地將前來投靠的李密迎進長安，常以兄弟相稱，並且將表妹嫁給他。哪知李密降唐以後感到非常失望，認為李淵封給自己的官太小，從而產生了去河南尋找舊部重新發兵起事的念頭。李淵得知以後便想將他請入朝中問個清楚，李密自知事情不妙，本想強闖出城，但最終被唐廷軍隊圍殲。

佔據江淮地區的杜伏威於大業十三年進據歷陽（今安徽和縣），自稱總管，封輔公祏為長史，武德元年江都惡變，宇文化及弒殺楊廣，任杜伏威為歷陽太守，杜伏威未受，向越王楊侗稱臣，被封楚王，拜東道大總管。武德二年李淵派出使者招降，杜伏威歸降唐，後封吳王。劉黑闥兵敗被殺後，杜伏威使部將輔公祏留守丹陽（今江蘇南京），自請入朝後被留在長安。武德六年（六二三年）秋，輔公祏率領江淮義軍在丹陽反唐，自稱宋帝。李淵又派大將軍李孝恭、李靖、李世勣等分路進攻，輔公祏於武德七年率軍自丹陽出走被地主武裝捕獲，送唐營後被處斬，江南、淮南從此也成為唐朝的轄區。杜伏威於武德七年二月在長安暴卒。

李淵以鞏固關中為蕩平群雄的戰略出發點，緊接著平定了河隴與河東，穩固了李唐帝國的根基，繼而進兵中原和長江中下游及周邊地區，到武德七年（六二四年）只剩下朔方的梁師都繼續與唐為敵，其餘各地基本都實現了統一。梁師都於隋大業十三年（六一七年）在朔方起兵反隋，攻佔雕陽、弘化、延安等郡，自稱皇帝，國號梁，年號永隆，依附突厥貴族，受封為「解事天子」。貞觀二年（六二八年），唐軍最終消滅了梁師都。至此，李氏家族真正完成了全國的統一。

值得一提的是，在李淵的征戰生涯中除了他的兒子們，還有一位能幹的女兒平陽公主，她的表現極為出色。平陽公主是李淵的第三個女兒，李世民最親近的妹妹。她的才識膽略絲毫不遜色於她的兄弟們。平陽公主十六歲時，李淵將她嫁給了柴紹，定居長安。

當時李淵遠離都城長安和東都洛陽，在遙遠的山西邊境駐守，只有李世民與他相隨。大業十三年李淵起兵反隋，約柴紹到太原密談。柴紹與平陽公主商量，擔心若二人一起離去，事情可能被發現。平陽公主不愧是巾幗英雄，她讓柴紹一人離開而自己立刻動身回到鄠縣（今陝西戶縣）的李氏莊園，她變賣家產招引山中亡命之徒數百人，起兵回應李淵。她又派家丁說服附近的「盜賊」何潘仁、李仲文、向善志、丘師利等前來歸順。這支義軍軍紀嚴明，勢如破竹連續攻佔了戶縣、周至、武功、始平等地。平陽公主令出必行，整支軍隊對她肅然起敬，時稱「娘子軍」，並得到了百姓的擁護，很多人投奔而來。平陽公主在軍事上很有見地，她不但為李淵在關中打下了一大片地盤，而且當李世民轉戰渭北時，平陽公主的娘子軍積極進行配合應戰，使得李世民連克強敵。李淵進入關中後，派當時在李世民手下帶兵的柴紹前去迎接平陽公主，夫妻會師渭河北岸與李世民共同攻打長安。李淵登基後，逢年過節給這位軍功赫赫的公主的賞賜都數倍於其他女兒。

唐高祖李淵在征戰群雄的過程中時刻不忘對兒子們的教育，他告誡兒子們不要只知吃喝享受，要懂得只有歷經苦難才可以成就帝王大業的深刻道理。李淵以「撥亂之主」基本完成了統一大業，成為李唐王朝的奠基者。唐朝的統一，是自秦漢以後中國歷史上又一次真正的大一統。

05 各色朝臣：容百家為李氏所用

歷朝皇帝都特別注重網羅人才為己所用，這是為了維護自己的天下和加強鞏固自己的統治。李淵容百家朝臣，也同樣是為了維護李家的天下和加強鞏固李氏家族的統治。

唐高祖李淵當上皇帝後，他的朝臣基本上由三類人組成：隋朝的舊官吏；北周、北齊和隋代官吏的子孫；以前各朝代皇室的遺裔。唐高祖時期的十二名宰相中有八人都與隋室或唐室有姻親關係，任用的很多高層文武官員都是他為政太原時期的舊部，大多數官員的出身與他基本相同。

裴寂是北周貴族後裔，他在所有朝臣中可以算得上是最有權勢的人物。裴寂在隋煬帝手下任過許多職務，最後做到晉陽宮副監，李淵便是在這裡起事的。裴寂為李唐王朝建立初期提供了寶貴的幫助，李淵自然沒有忘記他的恩情。李淵登基以後，裴寂官居右僕射，知政事。裴寂本不是什麼將才，經常打敗仗，但是李淵卻視他為至交，各種賞賜自不在話下，視朝時經常讓裴寂與他同坐。後來李淵的第六個兒子娶了裴寂的女兒，二人的關係更加親近。

蕭瑀是唐高祖時期的另一位執掌大權的人物。他是後梁明帝之子、隋煬帝時蕭皇后的弟弟，在隋朝歷任多職。蕭瑀在隋朝時，年紀輕輕就做到了銀青光祿大夫，參決要務。後來由於屢屢上諫忤旨，被隋煬帝疏斥。蕭瑀勸諫隋煬帝不要攻打高句麗，要注意防範突厥的進犯，這與隋煬帝的政見針鋒相對，引起了隋煬帝的震怒，蕭瑀被貶為河池郡守。唐高祖李淵攻取長安以後，剛剛進京定位，就遣書招蕭瑀來降。唐高祖很器重蕭瑀，授光祿大夫，封宋國公，拜民部尚書。先任命他做內書令，後又與裴寂同職做尚書省僕射。蕭瑀對同僚持嚴厲批評態度，被許多朝臣厭惡和憚服，李淵卻如此重用他，一是因為蕭瑀為人正直，二是因為他家幾世貴族，三是因為蕭瑀是獨孤家族的女婿。李淵把他看成心腹，每次臨朝聽政都賜蕭瑀升御榻而立。蕭瑀熟識國典朝儀，他孜孜自勉、留心政事，深得李淵信任。

陳叔達是南朝陳宣帝（**五六九—五八二年在位**）第十七子，在隋煬帝時曾任門下省給事中，後被外放。在唐軍進攻隋都時他參加了唐軍成為李淵的幕賓。西元六一九年至六二六年，他歷任門下省納言和宰相之職。

封倫（**封德彝**）也是唐高祖的主要權臣。封倫是隋朝一個刺史之子，也是北齊顯宦的後代。他在隋文帝末年拜在楊素門下，楊素委他為內史舍人。到了隋煬帝時代，他結納虞世基，他在隋煬帝遊幸南方時變成了宇文化及弒君的黨羽。宇文化及敗在李密手下時，他逃往長安，投降了唐。唐高祖李淵任命他為中書侍郎，後升任中書令帶宰相銜。西元六二一年到六二三年，封倫任民部尚書（**唐朝改稱戶部尚書**），後來還當了唐太宗對王世充作戰的顧問。封倫其實是個投機分子，在唐太宗與李建成爭嫡的鬥爭中他曾企圖兩方面討好，他把此事隱瞞得密不透風，此舉在西元六二七年他死後始被人知曉，唐太宗即位以後還任命他為右僕射（六二六－六二七年）。

在李唐王朝建立的過程中，如果要在皇族宗室中找一位功勳卓著的人物與秦王李世民相媲美，那就當數河間郡王李孝恭了。李孝恭是唐高祖李淵的族侄，父親李安在隋朝任領軍大將軍，唐初被封為西安王。李孝恭年輕時就穩重有識。李淵攻克京師長安後，拜李孝恭為左光祿大夫，不久又任命他為山南道招慰大使，帶軍直入巴蜀降下三十餘州。由於李孝恭對降附之人懷之以禮、撫慰有加，書檄到處兵不血刃，保全了許多人的性命，稱得上「仁德」二字。李淵非常欣賞他，武德三年（六二〇年），李孝恭又獻計平滅蕭銑的割據政權，被拜為信州總管。武德七年（六二四年），他又率兵擊敗江東輔公祏的反叛平定江南，拜揚州大都督，江淮及嶺南諸州都歸他所統轄。李孝恭本性寬恕退讓，沒有驕矜自得之色，李淵、李世民都對他十分親厚。唐太宗時曾命人畫二十四功臣圖於凌煙閣，李孝恭僅次於長孫無忌，位列第二名，可見其功勞之大。

李淵的大多數大臣們都與唐皇室出身相類似，祖上曾在隋朝做官或者在以前的朝代做官。李唐王朝以這種方式組成的官僚體制成為李氏家族力量的源泉，這有助於加強李氏家族的統治，消除不同人士的疑慮，促進國家的統一。

06 百廢待興：創業之初，萬事開頭難

唐高祖李淵建唐後，在政治、經濟、法律等各方面進行了制度建設。沿續並完善了三省六部二十四司，便於李氏家族的集權統治。奉行科舉制並將其進一步完善，用人憑學才德識，從而擴大了李氏家族的統治基礎。

唐朝建立之初百廢待興，高祖李淵一面組織力量進行統一全國的戰爭，一面注意加強政權建設。他在政治制度、賦役制度、軍事制度、選官制度、法律制度以及文化方面開創了新局面，使唐朝前期的政治、經濟、軍事制度初具規模，為唐太宗貞觀年間的繁榮做出了積極貢獻。

唐朝沿續中央三省六部二十四司的架構。三省是尚書省、中書省和門下省，形成了中央以三省六部為主體、地方州縣兩級區劃的行政體制。三省長官都是宰相，他們共同商討國家大事，直接對皇帝負責。

中書省的長官是中書令，僚屬有中書侍郎、中書舍人等，是決策機關，負責皇帝詔書的起草。門下省的長官是侍中，僚屬有黃門侍郎、給事中等，是審議機關，審核中書省起草的

詔書，不合適的詔書可駁回修改。尚書省的長官是尚書令（唐太宗時廢尚書令，另設左右僕射），僚屬有左右丞、左右司郎中等，是執行機關，負責執行中書、門下二省的決定。

尚書省掌管全國政令，負責草擬有關軍國大事的詔敕。尚書省下屬共有六部，即吏、戶、禮、兵、刑、工，各部長官都稱尚書。吏部掌管官吏的選用、考核與獎懲；戶部掌管戶籍和賦稅；禮部掌管禮儀和科舉；兵部掌管軍事；刑部掌管刑法訴訟；工部掌管土木工程。每部又分四司來作為辦事機關，計二十四司，分別執行中書、門下二省制訂的政令。御史台是監察機關，長官是御史大夫，有監督、彈劾、糾察文武百官的職責，權力極大。地方政權機構基本是兩級，即州和縣。州設刺史，刺史每年要巡查各縣，考核官員政績，還負責舉薦人才。縣官職位雖小，卻因要負責各種事務而成為最繁忙的官員。縣以下是鄉、里。唐建國初期，由於大將臣子都領兵外出，戰爭直到武德七年（六二四年）基本結束，國家體制才以「令」的形式固定下來。唐代中央和地方各級政權組織比較嚴謹，分工比較明確，和之前的朝代相比更有利於皇帝集權。

經隋末戰亂，人口銳減，唐初全國僅有兩百餘萬戶，不及隋朝鼎盛時的四分之一。由於缺乏勞動力，大量土地荒蕪。在相對地廣人稀的情況下，唐政府要保證賦稅收入以穩定政權，就必須把流亡的人口固定在土地上迅速恢復和發展生產，因此採用了均田制和租庸調制的賦役制度。武德二年（六一九年）初定「租庸調」，武德七年（六二四年）又加以完善，規定租賦以外不得橫徵暴斂；繼承和發展了隋朝的均田制，受田者納稅，不受田者不納稅。對百姓授田的規定：丁男（二十一～六十歲的男子）和十八歲以上的中男（滿十八歲的男子）各授田一頃，其中口分田八十畝，永業田二十畝。老男（六十歲以上的男子）、篤疾、廢疾者授口分田四十畝，寡妻妾授口分田三十畝；這些人若作戶口，則每人授永業田二十畝，口分田三十畝。尼姑、女冠各授田二十畝；工商業者減丁男之半；一般婦女、部曲、奴婢不再授田。對貴族官僚授田的規定：有封爵的貴族按品級的不同授給不同數量的永業田，從親王到公侯伯子男，授田數量由一百頃遞降至五頃；在職官員從一品到九品，授田數由三十頃遞降到兩頃；有戰功的勳官也分別授田三十頃至六十頃不等。此外，各級官吏還有職分田，其地租作為官俸的補充。官府有公廨田，其地租充作辦公費用。均田制對土地買賣的規定：官僚和貴族的永業田和賜田可以買賣，百姓在貧窮而無法辦理喪事時可以賣永業田，從狹鄉（人多地少）往寬鄉（人少地多）搬遷時也可以出賣永業田。

在土地私有制的情況下，真正的「均田」是不可能實現的。但均田令的頒布，對於唐初農業生產的恢復和發展起了積極的推動作用。實施均田制之後，又實行了租庸調制：受田的農民，每丁每年要交粟二石，這是租；每年交絹二丈、棉三兩，或者交布二丈五尺、麻三斤，這是調；每丁每年服役二十天，不服役可以折算為每天絹三尺，布三尺七寸五，這是庸。假如官府額外加了役期，加夠十五天則免調，加三十天免租調。每年的加役最多三十天。唐朝的租庸調制與隋朝相比，用庸代替服役的條件放寬了很多，從而更有利於農業生產。

李淵初即位，就設立京師和地方學校以收攬人才。但同時也恢復了隋朝廢除的中正官，以本州高門士人充任。這是對士族的讓步，不過大中正只是名譽職務，用人權仍在吏部，而吏部用人的主要途徑就是科舉。士人仕進不再專憑門第高低，而主要依據學才德識，這使得唐代的用人制度比以前有所改進。

唐初，主持科舉考試的是吏部考功員外郎。參加科舉考試的生員主要有兩種：一是國子監所屬各學校的學生，稱為「生徒」；二是各地私學中由州縣保薦的學生，稱為「鄉貢」。

唐代的科舉分常舉和制舉兩種，常舉每年定期舉行，考試科目一般為秀才、明經、進士、明法、明算等科，其中明經、進士兩科為熱門。明經科主要考帖經，重在考查儒家經典的背誦記憶；進士科主要考詩賦和時務策，重在獨立思考。進士科較難考，但一旦考中進士，就取得了做官的資格，因此人們稱中進士為「登龍門」。當時有「三十老明經，五十少進士」的說法。制舉由皇帝臨時進行，親自主持，考試科目也臨時確定，時間和錄取人數不定，沒有常舉那麼受重視，在科舉制度中不佔重要地位。唐廷還興辦學校，培養和選拔人才。儒家很受尊崇，儒家的經書是教學的重要內容，如《周易》《左傳》《禮記》《尚書》。同時，李淵對佛教採取抑制政策，認為佛教宣傳的是「不忠不孝」的思想，迷惑百姓。他提倡儒家思想，以便用忠孝來達到鞏固政權的目的。

科舉制的進一步完備直至最後確立，在人才選拔上有著重要意義。一般的中小地主都有了應試資格，為他們入仕提供了條件，科舉制打破了士族門閥壟斷仕途的局面，從而擴大了李氏家族的統治基礎。

在法制方面，李淵佔領長安之後，便約法十二條，除了殺人、劫盜、叛逆處死之外，其餘一切苛刻法律全部廢除。建立唐朝之後，李淵讓裴寂等人在隋文帝《開皇律》的基礎上修訂新律法，在「盡削大業所用煩峻之法」「務在寬簡，取便於時」的原則指導下，制訂了新律五十三條，形成較完備的《武德律》，到武德七年（六二四年）正式頒布新律，這是流傳下來的《唐律》修訂所依賴的基礎。從內容上看，《武德律》較隋律用刑有所減輕，後來的繼承者在修訂法律時也基本上延續了這樣的思路，但對人民的反抗制裁卻更嚴酷了。

唐高祖李淵建國後在政治、經濟、法律等各方面進行了制度建設，在天下大亂、百廢待興的局面下取得了一定成效。各種制度的施行使唐朝的國家體制基本確立下來，為後來唐太宗時期的貞觀之治打下了基礎。

07 府兵制：亦農亦兵，利家利國

唐高祖李淵改革府兵制，使兵部雖有調兵之權但不能統兵，將帥有統兵之權卻無握兵之重，從而使軍權完全掌握在皇帝手裡，加強了李氏家族中央集權的統治力量。

唐高祖李淵晉陽起兵時，領兵三萬；進軍關中後，軍隊人數達二十餘萬人。為了使這支軍隊歸心於李唐，加上要解決軍糧問題，李淵便把軍隊逐步納入府兵組織，基本具備了府兵制的雛形。府兵制是一種兵農合一的制度，這種制度創始於西魏的宇文泰時期，經過北周、隋朝，到唐朝沿用。府兵制將練兵權和領兵權分離，防止將領擁兵自重、對抗中央。府兵制規定兵士平時在家生產，農閒時由兵府加以訓練，經常性的任務是輪流到京師宿衛或到邊境戍守，稱作「番上」。如果遇到國家發生戰爭，則出征打仗。府兵在服役期間，可以免掉自身的租和調，但不論「番上」還是出征，所需的兵器和衣服、糧食等都要由自己負責籌備。

府兵本身，有內府、外府之分。內府、外府後又稱為外軍、內軍。內府指五府三衛與東宮三府三衛。內府有親、勳、翊的區分，兵士分別為親衛、勳衛、翊衛，合稱「三衛」。統領內府三衛兵的是：左右衛，統親府一、勳府二、翊府二，共五府。內府置中郎將，副為左右郎將，以下團、旅、隊的設置略同外府。唐襲隋制，也是十二衛分領府兵宿衛，只是將屯衛改為威衛，候衛改為金吾衛，別置領軍衛，廢御衛。此外，領府兵的還有侍衛東宮的率府，唐代為左右衛率、左右司御率和左右清道率，叫做東宮六率，但領府很少。左右衛率，統親、勳、翊府各一；其餘衛、率，各統翊府一。

內府衛士取二品至五品官的子孫充當，如二品、三品官子補親衛，二品官曾孫、三品官孫、四品官子等補勳衛及東宮親衛。外府衛士取六品以下官的子孫及白丁無職役的人充當。以此為標準，徵發原則是先富後貧，先強後弱，先多丁後少丁。府兵雖然包括官僚子弟和一般地主，但仍以均田農民為主體。三衛為士大夫的晉升階梯，被皇權視為衛府中最親信的，它可以宿衛內廡，稱為內仗。至於外府，則三衛外所有折衝府都包括在內。其中左右衛領五府三衛，又最親信，列於內仗。凡朝會、出行，三衛、左右衛、左右驍衛、左右武衛等兵交錯立杖，採取內府、外府相互結合又相互控制的辦法。京城諸門及京城諸街，由十二衛負擔宿衛，交錯「助鋪」或巡警，也很嚴密。三衛每月番上的人數達幾千人，諸衛番上者有數萬人，構成宿衛中的一支主力。此外，不領府兵的左右千牛衛，「以御刀升殿供奉」，與隋制相同，在十六衛中屬於皇帝親軍中的親軍，內中又有內。內外交錯，極為複雜。

府兵與禁兵的宿衛既是結合在一起，又是相互區別的。府兵到長安宿衛，由十二衛將軍分領。承擔宿衛、保衛宮廷的還有屯駐北門的禁軍，與十二衛所領府兵對稱南、北衙軍。南衙、北衙的分別是：十六衛屬南衙，是為衛府之兵，另有禁兵屬北衙。南衙相沿為宰相所掌，北衙相沿為皇帝親信的中官所掌。而宿衛兵屯駐和宿直也有南北之別。南衙即諸衛之屯於宮南者，在長安太極宮前朱雀門內；北衙即禁兵之在禁苑內者。有時也以文武來加以區分，南衙以文臣主兵事，屬宰相所領，可以奉敕調遣武臣和軍隊；北衙以武臣主兵事，宰相一般不參與，而由皇帝直轄。北衙軍隊在唐代一開始就成立了，史言「南北禁軍」，即合衛府兵與禁兵而言，禁兵主要為羽林屯兵，屯於玄武門，又稱北門屯兵。唐高祖武德時建成以太子置「宮甲」，分屯左右長林門，號長林兵，也屬於禁兵之列。唐初的禁兵，其規模不算很大。南北衙宿衛，不獨屯營與直宿互相交錯，而且兵將也相互滲透，是唐代南北禁軍的一個特點。左右羽林在大朝會時，執仗以衛階陛，行幸則挾馳道為內仗，與衛府內仗交錯在一起。至兵將滲透，如程知節以左屯衛大將軍，檢校北門屯兵；姜行本以右屯衛將軍，主管飛騎；韋待價以右武衛將軍，兼檢校右羽林軍事；張延師以左衛軍將，典羽林屯兵前後達三十餘年。禁兵與衛府兵其所以不同，是南衙不得干預，直接隸屬於皇帝或者由太子專門統領。

府兵還擔任征防任務，與地方兵或邊防兵結合在一起，往往被視為中堅力量。府兵出兵征防由朝廷命將統率，調遣時必須持兵部所下魚符，經過州刺史和折衝府將領勘合後才得發兵。戰爭結束則兵散於府，將歸於朝，這樣將帥就不能擁兵自重。府兵擔負邊疆或內地特殊防務，由指定的折衝府分番服役。凡守庫、護橋雖為專責，但仍然會同地方兵駐屯境內；戍邊則系配合邊防兵，府兵人數不多，除非戰爭中臨時從各地調遣而來，一般均以少數兵力擔負著防戍的重要任務。

府兵在出征時偶爾單獨作戰，但一般情況下往往與地方兵、邊防兵、臨時募兵以及番兵結合在一起，而作為中堅力量。

從府兵數量上估計，按每府平均額千人計算，總數約為四十到六十餘萬。以五番輪役，每番總人數至多八萬到十二三萬，而宿衛京城的經常需要好幾萬人，所以可資調遣出征或防守外地的人數不會很多，即使集中調遣，充其量也不能超過兩番總數，除留供宿衛外，不可能多於十萬人。府兵組織本為平時編制，雖然也在戰時發揮作用，卻不能經常化。因此府兵以宿衛為主，但不可忽略的是府兵在一定條件下能適應戰時調遣，番第制度規定征防可以免番，就包含了這一內容，特別是府兵作為核心力量使用，畢竟有其重要地位。

府兵制以均田制為基礎，均田農民數量越大，府兵制就越鞏固。府兵制與均田制結合，兵農合一有利於農業生產的發展，增加了政府管理的戶口和賦稅收入也擴大了兵源，保證了軍隊的戰鬥力。

08 太上皇帝：識時務者為俊傑

唐高祖李淵為李氏家族打下江山後，開始露出真面目：沉迷酒色，安於享樂。李淵改革了府兵制，防止了外賊的篡位奪權，雖然貴為皇帝卻無實際兵權，在處理爭奪皇位的問題時又拖泥帶水，不夠公允，只得自食其果，無奈之下當了太上皇。

隨著各地的統一，唐高祖李淵的思想鬆懈了下來，他開始逐漸沉迷於酒色，安於享樂，對政治事務不再像以前那麼用心了，朝政日趨廢弛，加深了統治集團內部的矛盾和鬥爭，繼而導致了皇儲問題的產生。

李淵共有二十二個兒子，竇皇后生有四子，即李建成、李世民、李玄霸、李元吉。武德元年（六一八年），根據立長不立幼的傳統，長子李建成被冊立為太子，李世民為秦王，李元吉為齊王。李世民參與了晉陽起事的策劃，在討平群雄的戰爭中屢建戰功，但李世民不是嫡長子，按照規定不能成為皇太子。

李建成作為儲君的主要職責是幫助唐高祖李淵處理日常政務，而領軍作戰、平定各地割據勢力的任務基本上都由秦王李世民承擔，這在客觀上為其建立顯赫的戰功創造了條件，形成了「秦王勳業克隆，威震四海，人心所向」的局面。李世民能征慣戰、智勇兼備，成為唐軍的重要領導人，他在秦王府中設置官屬，開置文學館，招攬四方文學之士。這些人都是李世民的謀臣策士，李世民常與學士們談至深夜。此外，李世民南征北討也網羅了不少勇將猛士，如初唐名將李世勣、尉遲敬德、秦叔寶、程知節等。擁有眾多的謀士與勇將，秦王李世民與他的屬下形成了當時政治上一個強有力的集團，直接威脅到了太子李建成的地位。在專制政體之下，政治權力是具有排他性的，太子李建成為了鞏固自己的地位、確保未來皇位的繼承權，必然要與秦王李世民抗衡，希望能削弱李世民的勢力。

李建成具有太子的合法身分，因此得到了一大批皇親國戚的支持。他長期留守關中，在京城長安有著堅實的基礎，連宮廷禁衛軍也在他的控制之下。唐高祖李淵也處處袒護他，接二連三地委託他以軍國大事，是想在大臣和諸子中樹立他的威望，為將來繼承帝位打下基礎，可是李建成在體察民情軍心上總是有負唐高祖李淵的厚望。

為了讓李建成熟悉軍國大事，每天臨朝李淵都讓他坐在自己身旁參加各種問題的討論。遇到不太重要的問題就由李建成全權處理。又命禮部尚書李綱、民部尚書鄭善果為太子太保，幫助李建成決斷各種問題。二人雖盡心竭力輔助太子李建成，但李建成卻不習詩文、不理政務，整日無節制地飲酒，和宮人嬉鬧淫亂，把兩個尚書的規勸全當成了耳邊風，二尚書無奈地先後託病辭職離去。

武德後期，太子李建成與秦王李世民之爭愈演愈烈，而李淵卻認為太子、秦王終會相安無事、各謀其位。事實與他所想像的正好相反，武德九年（六二六年）秦王李世民發動了玄武門事變，迫使唐高祖李淵的帝王生涯提早結束了。

這年夏天，突厥進犯唐朝邊境，李建成向李淵推薦齊王李元吉為出征元帥，想藉機把秦王府裡的大將與精兵掌握在自己手中，達到除掉秦王李世民的目的。不料這一密謀被李世民得知。李世民先發制人向李淵密告太子、齊王淫亂後宮，李淵信以為真，決定詰問二人。次日，李世民在玄武門設下伏兵，當太子、齊王途經玄武門時將二人殺死。隨後，李世民派心腹尉遲敬德披帶盔甲入宮向唐高祖李淵報告。此時李淵正和裴寂、蕭瑀坐在小船上蕩漾在南海池中，他見尉遲敬德全身武裝站立在池邊感到十分驚訝。尉遲敬德說：「太子和齊王謀反，秦王已將二人處死，特派臣前來保駕。」唐高祖李淵聽後嚇得目瞪口呆。蕭瑀趕忙勸李淵把國事託付於秦王李世民，李淵無奈，被迫下詔，寫下「手敕」，命令所有軍隊皆受秦王管制，制止了東宮和齊王府軍隊的騷亂。

其實唐高祖對太子李建成、齊王李元吉與秦王李世民之間的鬥爭早有察覺，但始終沒有著手解決，這裡面不難說有著非常複雜的原因。李淵由關隴軍事貴族起家，具有強烈的宗法觀念。建立李唐王朝之後，他大封宗室，讓兒子、叔侄諸王掌握重權，以維護和鞏固李氏家族的統治地位。李世民軍功卓著，李淵論功行賞，他的地位之高不言而喻。秦王集團與太子集團產生矛盾，唐高祖從封建正統思想出發，首先維護了太子集團的利益。他曾採取一系列措施對秦王的地位和勢力加以控制。諸如在關東未平定的情況下命李世民班師回朝；又在後宮妃嬪的挑唆下訓斥李世民，表示出對他的不滿；曾命李世民的謀士房玄齡、杜如晦等人離開秦王府，把李世民手下的一些武將紛紛調離等。但李淵在限制秦王的同時又不得不依賴秦王，李世民在鞏固初建的李家政權中稱得上是一大頂樑柱。加上突厥屢屢進犯邊境，秦王當然要統兵抵擋突厥的侵擾。秦王與太子集團雙方各自有強大的勢力，朝中大臣們也分附一方，唐高祖李淵自己並沒有直接掌管兵權，所以無論消除哪一方都不是一件容易的事情。

出於種種原因，李淵對兩股勢力的明爭暗鬥缺少明顯的表態，遇事時各打五十大板，大事化小，小事化了。他在偏袒太子李建成的同時，又以不傷害秦王李世民為恰到好處，企圖在維護太子地位的同時抑制秦王的勢力。在這種心理狀態支配下，唐高祖在對待兒子們的事情上顯得拖延而終釀大禍。可以說，李淵在處理兒子們的關係上拖泥帶水、不夠公允的態度，才是導致悲劇發生的根本原因。當秦王除掉太子、齊王，局勢已明朗之時，他已無力改變秦王李世民的儲君地位了。玄武門喋血之變並沒有引起朝中大亂，朝廷中大多數官員均表示擁立秦王為太子，這也就維護了李唐皇室的根本利益，所以唐高祖李淵也就順水推舟讓出帝位，於武德九年（六二六年）六月下詔立李世民為太子。此時全國局勢基本上已被李世民控制，李淵表示願早些退位。八月，李世民正式即皇位。

從此，六十一歲的李淵被尊為太上皇，徙居太安宮，過著修身養性的生活。太上皇是秦始皇統一天下以後為他的父親莊襄王追尊的稱號，所謂太上就是比皇帝還要尊貴的意思。李淵以開國之君做了太上皇，歷史上恐怕僅此一人。李淵也是李唐王朝的第一任太上皇，他與唐太宗相安無事地度過了九年的太上皇生涯。儘管李淵做太上皇有不得已的因素，但是他能夠在面臨突發事變時認清形勢，審時度勢、因勢利導，避免了在中央中樞政治當中引起更大的政治危機，也不失為一種萬全之策與明智之舉。

李淵當了太上皇後就不再干預政事。在太安宮生活期間，李淵除了參加李世民舉行的一些酒會外，幾乎不曾離開過那裡。李世民經常到九成宮（即隋朝的仁壽宮，位於今陝西麟遊）避暑，李淵也不願意隨行。李世民對李淵的享樂需要盡量滿足，並準備在長安城東北修建大明宮作為李淵的養老享樂之所。李淵明白李世民的用意，所以也樂於過太上皇生活。李淵的這種做法，既減少了宮廷鬥爭，又為唐太宗施展才華創造了環境。

李淵臨終前，要求後事「務從儉約」。李淵死後，群臣為他上謚號「太武皇帝」，廟號「高祖」。貞觀九年（六三五年）十月，安葬於獻陵（今陝西三原縣內），其妻竇氏也加號太穆皇后祔葬。

第二章　開盛世天朝　唐太宗

唐太宗李世民是中國封建社會大唐王朝李氏家族中最耀眼、最顯赫的人物，是李唐王朝的第二代皇帝，也是中國歷史上最著名的皇帝之一，一直被後世稱為「明君」「英主」。李唐王朝建國之初，李世民跟隨父親李淵征戰南北，不僅推翻了隋朝的統治，還剿滅了各地藩鎮割據並打擊了農民起義軍，最終取得了全國的統一。李世民在位時期勤於政務、廣泛納諫，得到了朝臣與百姓的擁戴。他制定了一系列有效的施政綱領，使唐朝在政治、經濟、軍事、文化各方面都得到了迅速發展，出現了歷史上有名的「貞觀之治」。

01 悲歌玄武門：與其坐以待斃，弗如先發制人

一個山頭只能有一隻老虎，一個家族只能有一個領導人，權力只有集中在一個人手中，顯示出它至高無上的本色，才能讓人不顧一切地追求。面對最高權力，為了自己的利益，手足、父子之間的情分就不重要了。

唐太宗李世民（六二六—六四九年在位），是唐高祖李淵與竇氏的次子，於隋文帝開皇十八年（五九八年）出生在今陝西武功的李家舊宅。李世民不愧為將門之後，從小就受到家庭崇尚武功的薰陶，練就了騎馬、射箭等精湛的技藝。除此之外，他還喜歡閱讀兵書戰策，少年時便熟讀《孫子兵法》，父親李淵經常與他談論用兵布陣的策略，使他受益匪淺。在唐朝建國的戰爭中，李世民南征北討，軍功顯赫，威望極高，大唐的江山有一大半可以說是他打下來的。儘管如此，李淵稱帝後卻不得不按照立長不立幼的宮廷禮法和繼承制度，立長子李建成為東宮太子，李世民作為次子對此也無話可說。他一如既往地為李唐王朝的大一統披荊斬棘、戎馬奔波，完成了歷時四年多艱苦卓絕的統一戰爭。

隨著戰爭的不斷深入，李世民統一全國的卓著功績使他的威望日益增加、權力逐漸擴大，政治地位和軍事地位也在迅速增長。李世民不僅掌握著大量軍隊，還擔任尚書令的職務，位居宰相之職，被封為秦王。這使得他在唐王朝的上層統治集團中，特別是在李氏兄弟中有著特殊的地位。李世民顯赫的軍事和政治地位，使他的親哥哥太子李建成感受到了嚴重的威脅，同時也引起了李建成的妒忌。為了維護自己的皇位繼承權，太子李建成大力網羅人馬擴充自己的勢力，同時還把弟弟齊王李元吉拉入自己的集團中，兩人合謀對付李世民。

李元吉是唐高祖李淵的第四子，兄弟三人的生母都是竇氏。李元吉勇猛過人，立過戰功，但他驕淫放縱，口碑很差。李元吉的內心深處也想著要奪取皇位的繼承權，他不止一次地分析過李建成和李世民的實力狀況，以便確定自己投靠哪一方。李元吉經過周密考慮，他認為跟隨李世民顯然不能實現自己謀取帝位的野心。如果投靠李建成或許還有得到帝位的希望，只要先除掉李世民，再幹掉李建成，到那時太子的位置便唾手可得。當李建成拉攏李元吉時，李元吉出於這樣的考量就立即站到了李建成一邊。東宮長林門屯駐著長林兵兩千人，加上李元吉的齊王府與之呼應，李建成的東宮集團可以說比李世民略有優勢。

為了給唐高祖李淵一個好印象，李建成又積極爭取後宮的支持。因唐高祖原配竇氏已去世，後宮嬪妃中張婕妤和尹德妃兩人最受唐高祖的寵愛，李建成便和二人拉上了關係，不時地給她們送點小禮物，讓她們在唐高祖面前說自己的好話，講李世民的壞話。

秦王李世民與太子李建成卻恰好相反，他不僅沒有去拉攏得寵的兩位后妃，還曾在無意中得罪過她們。武德四年（六二一年），李世民打下洛陽以後，李淵派嬪妃們去選閱宮人和府庫珍寶，嬪妃們乘機向李世民索取財物和為自己的親戚謀求官職等。當時，李世民已經把寶物和官職分給了自己的下屬，沒能滿足嬪妃們的要求，她們便對李世民產生了怨恨。

李世民還得罪了張婕妤。李世民在做陝東道行台時，唐高祖李淵詔示他有權處理管轄內事務。當時，淮安王李神通有功，李世民便賞賜給他幾十頃好地。後來張婕妤的父親看中了這些地，讓張婕妤私下向唐高祖奏請把這些地賜給他。唐高祖寫了一個手詔，讓地方官把地賞給張婕妤的父親，張婕妤父親便拿著唐高祖的手詔去向李神通要地。李神通以秦王李世民的賜令在前，對張婕妤父親的要求和唐高祖的手詔不加理睬，這就惹惱了張婕妤。她在一次陪侍唐高祖時說：「您賞給我父親的土地，被秦王奪去而給了李神通。」唐高祖聽了大怒，第二天便召見李世民，斥責說：「我的手詔不管事，你的指令下面州縣就能執行，這成什麼體統？」李世民只得賠罪。

李世民又曾得罪過尹德妃。尹德妃的父親尹阿鼠仗著女兒在後宮的勢力橫行霸道，很多人都痛恨他。一天，李世民的手下杜如晦經過尹阿鼠家門前沒有下馬，尹阿鼠的奴僕便把杜如晦從馬上拉下來，拳腳相加地把杜如晦痛打個夠，嘴裡還不住地罵道：「你是什麼人，敢經過我們府前不下馬？」尹阿鼠知道被打的人是秦王府的杜如晦之後，怕這件事唐高祖知道後會怪罪下來，便採取了惡人先告狀的辦法。他讓尹德妃奏明唐高祖：「秦王左右的人非常凶暴，他們竟敢欺負我年邁的父親。」唐高祖聽後大怒，也不進行調查就把李世民召進宮中訓斥：「你的屬下竟敢欺負我嬪妃的父親，對一般百姓就更不知有多厲害呢！成何體統？」李世民站在一旁，幾次想申述事實都沒有機會開口。

這樣一來，得寵的二位嬪妃都與李世民有了積怨，又加之李建成的利誘，後宮的勢力自然倒向了李建成一邊。後宮的嬪妃們經常在唐高祖面前說李世民的壞話，使唐高祖對李世民越來越疏遠和淡漠，對李建成、李元吉則越來越寵愛。李建成與李世民的爭權活動也逐漸由暗鬥轉向明爭，魏徵當時是太子的謀士，他力勸李建成早點動手除掉秦王。朝中大臣們的勢力也都傾向於太子。李建成、李元吉加緊了對李世民的陷害。

有一次，李建成、李世民、李元吉三兄弟跟隨唐高祖外出打獵，唐高祖命他們騎馬。李建成故意讓李世民騎一匹很難馴服的烈馬，李世民反覆三次才把那匹馬馴服。又有一次，李建成和李元吉請李世民到東宮赴宴，想乘機用藥酒毒死他。李世民沒有防備，飲酒之後一小會兒，他突然感到胸口疼得厲害，接著大口大口地吐血。幸好淮安王李神通在場，他急忙把李世民扶回府中，經過緊急的救治才得以脫離危險。事後，唐高祖探望李世民時知道了他們喝酒之事，他對李建成說：「秦王不能喝酒，以後不准在夜間聚飲。」李建成加害李世民的企圖才沒有得逞。

武德九年（六二六年），突厥進犯中原，李建成又使詭計，他向唐高祖建議讓李元吉領兵禦敵，唐高祖應允。李元吉提出要將秦王李世民手下的猛將尉遲敬德、秦叔寶、程咬金三人歸他指揮，並調集秦王府的精兵充實自己的部隊，企圖藉此剝奪李世民的兵權，然後再藉機將李世民殺掉。事情被秦王府的人得知後，人心不安。房玄齡與長孫無忌密商大計，勸秦王李世民剷除太子。李世民念及「骨肉相殘」，恐為後人所不齒，但無奈下屬的態度都非常堅決，他才下定決心先發制人。經眾人商定後，李世民進宮向唐高祖揭發李建成和李元吉二人與張婕妤和尹德妃關係曖昧。這一下觸到了李淵的痛處，他大驚說：「他們竟敢做出這種事？」李世民又向唐高祖陳述說：「兒臣於兄弟之間沒有半點兒負心，可太子和齊王總想謀害我。如果他們的陰謀得逞，那我就永遠見不到父皇了。」唐高祖聽後大驚，即刻表示第二天上朝處理此事。張婕妤探聽了李世民的活動，立刻派人向李建成報告，李建成隨即找李元吉商量對策。李元吉提出：「要趕快布置兵馬，同時稱病不上朝，觀察一下動靜再說。」李建成卻認為：「怕什麼，這裡都是我們的軍隊守衛，他們能怎麼樣？」第二天，李建成與李元吉應召從玄武門入宮。

進入內宮的必經之地是長安宮城的北門玄武門，宮廷衛軍總部便設在此地。這裡有堅固的工事和雄厚的兵力，控制了玄武門就可以控制整個皇宮，甚至控制京師，可見玄武門地位的重要。玄武門的守將常何原是李建成的部屬，所以李建成認為玄武門是他的勢力範圍，沒什麼可以擔心的，但是他萬萬沒有想到常何已被李世民暗中收買。秦王李世民率領長孫無忌、尉遲敬德、侯君集等十員大將埋伏在玄武門內，見太子李建成、齊王李元吉策馬而來。二人走到殿前，突感情況異常便想調轉馬頭。李世民縱馬向前，大聲喊道：「太子、齊王，為何不上朝？」李建成聽到聲音抬頭張望。李世民乘機抽箭射中李建成的喉嚨，李建成當即落馬身亡。李元吉看到這一情景，嚇得一怔，剛想逃跑，尉遲敬德率領七十餘名騎兵趕到，射中了李元吉的坐騎，李元吉掉下馬來。不料，李世民的馬也受了驚嚇跑開了，李世民被摔在地。李元吉趁勢向李世民撲來，李世民手中只有一張長弓，忙舉起格鬥。在這生死關頭，尉遲敬德及時趕到，躍馬大喝，李元吉只得快步向武德殿奔去，他想逃到唐高祖身邊尋求保護。尉遲敬德卻在後面緊追不捨，一箭將李元吉射死，又催馬向前，揮起寶劍把李建成、李元吉二人的腦袋割了下來。

這時候，東宮、齊王府的人聽說李建成、李元吉被困玄武門，兩千人馬蜂擁殺來。李世民手下的八百精兵苦苦抵抗，東宮的人揚言要攻打秦王府，此時的局勢對李世民非常不利。玄武門外，開始了一場激烈的拼搏戰，人聲嘈雜、刀槍輝映、戰馬嘶鳴。李建成、李元吉被殺後，李世民派尉遲敬德到唐高祖身邊「宿衛」。唐高祖此時正在宮內湖中泛舟，見尉遲敬德全副武裝前來大驚失色。尉遲敬德向唐高祖奏道：「秦王因為太子、齊王作亂，舉兵誅之，恐怕驚動陛下，特意遣臣宿衛。」唐高祖驚慌失措，但事已至此說什麼也晚了。他強忍住喪子之痛，下令內外諸軍都受秦王指揮。尉遲敬德得命後，提著李建成、李元吉二人的首級登上城樓。太子集團的人見主子已死，霎時意志崩潰一哄而散。李世民派尉遲敬德等人分別衝進東宮、齊王府，將李建成的五個兒子及李元吉的五個兒子全部斬首，事後又一律從皇家譜牒中剔除。

玄武門之變後三天，唐高祖李淵正式下詔冊封秦王李世民為太子，並令其處理國家一切政務，事無巨細一律奏報太子裁決。李世民將府邸遷入東宮，登上了太子之位。這年八月，李世民在東宮顯志殿正式即皇位，為唐太宗。

李世民發動的玄武門兵變對於新建的李唐王朝的鞏固與發展有著重大的決定性作用，它的勝利屬於李世民。玄武門兵變對唐代政治產生了消極的影響，宮廷之內對皇位的繼承常發生明爭暗鬥的事件，而被封為太子的人不一定能安穩地繼承皇位。唐代太子地位的不穩定造成了皇位繼承權的激烈爭奪，甚至影響到朝臣的結黨和宦官的分派，不能不說根源要歸結為唐太宗。玄武門兵變雖說很快地結束了，但遺患卻非常深遠。

02 文官武將：內舉不避親，外舉不避仇

打天下和治理天下都需要大批人才。唐太宗「唯才是舉，任人唯賢」的用人之道使李氏家族的統治基礎變得更加穩固，統治力量變得更加強大，為盛世「貞觀之治」的出現奠定了基礎。

唐太宗李世民非常重視人才，這一點使李氏家族的政權從根本上得到了鞏固。一個新的政權建立之後，面對的是百廢待興的局面，急需大批優秀人才共同治理天下。唐太宗李世民不愧為一位卓越的政治家，他以寬闊的胸懷、過人的氣魄和膽識，即位後知人善任，選擇、提拔和破格任用了各類人才為李唐王朝服務。所入選的有識之士大都發揮了他們的智慧，對唐初經濟、政治等各方面的發展起到了積極的作用，他們與唐太宗一同創造了「貞觀之治」的盛世。

唐太宗李世民即位所面臨的首要問題便是穩定局勢，建立以自己為核心的最高決策層。李世民在晉陽起兵和統一全國的戰爭中收羅了大批謀臣猛將，逐漸組成了一個以他為核心的政治集團。唐太宗征戰南北所依靠的骨幹力量是他作為秦王時府上的那些舊屬，他登上皇帝寶座後自然

還要依靠這些力量以鞏固其政治地位，因此秦王的幕僚在上層統治集團中佔有一定的數量。但如果他還完全依賴秦府原有班底就不能擴大自己的統治基礎，勢必會影響新政權的安定和鞏固。

唐太宗李世民在玄武門兵變中雖然殺掉了李建成和李元吉兩人，但東宮和齊王府集團的殘餘勢力還分散在全國各地。特別是在山東地區，他們有著較強的勢力，這成為社會不安定的重要因素。東宮集團的黨羽及其武裝力量也有逃散在長安周圍四處活動的，有些秦王府的將領主張要乘勝殺盡，並抄沒他們的家，於是四處搜捕東宮集團的成員和兵將，這使得東宮集團的人惶惶不安。李世民在尉遲敬德的提醒下及時地認識到了這一問題的嚴重性，他採取寬大安撫和任用東宮屬僚的政策，消除了東宮集團餘黨的對抗情緒，緩和了統治集團內部的矛盾。李世民一方面下令禁止秦王府人員濫捕濫殺，一方面以唐高祖的名義下詔大赦天下，稱「凶逆之罪」只是李建成、李元吉兩個人，其餘的人一律不予追究。赦令一公布，果然起到了很大的安撫效果。唐太宗李世民公開提出為主子效命的東宮舊屬都是忠義之士，並當眾釋放了散亡在長安附近的東宮兵勇。看到李世民如此寬大處理，很多人放下武器主動向朝廷投誠，有些人則躲起來不再參與政治活動了，長安附近的隱患隨之迅速消除。

玄武門兵變後，東宮集團裡有很多想謀害唐太宗李世民的人都被引置左右為近侍，此舉讓李世民深得輿論的讚揚。他們中最傑出的人才如王珪、魏徵、韋挺等，後來都成為了唐太宗時期的樞要大臣。由於唐太宗的寬宏大量、真誠信任，魏徵盡心竭力、敢犯龍顏、坦蕩直言而成為貞觀時期最有作為的大臣之一。唐太宗選拔人才「內舉不避親，外舉不避仇」，他的標準就是「唯才是舉，任人唯賢」。唐太宗對於舊屬和親信也不濫加任用，而是量才授予官職。原秦王府有些舊屬對唐太宗的這種以德報怨、化敵為友的做法並不理解。

如何處理武德時朝廷的宰相，特別是支持太子建成和齊王元吉的大臣，成為唐太宗李世民面臨的又一個難題。李世民要實施自己的政策在很大程度上得依靠和使用武德時期的宰相們，他必須對這個集團進行調整和改造，逐步建立起以自己為中心的核心集團，但調整中樞核心集團不是一蹴而就的事情。玄武門兵變剛剛結束，一些不穩定的因素也剛剛平息，如果要進行大規模的調整而裁撤大批舊臣，恐怕會引起政局的動盪，因此必須採取逐步解決的方法。

李世民被立為太子時就已敏銳地意識到了中樞機構的重要性，李世民命宇文士及為太子詹事，長孫無忌、杜如晦為左庶子，高士廉、房玄齡為右庶子，尉遲敬德為左衛率，程知節為右衛率，虞世南為中舍人，褚亮為舍人，姚思廉為洗馬，並任魏徵為詹事主簿。這樣就形成了一套他自己的太子官屬。這套班子以原來秦王府屬為主要成員，也任用了原東宮集團的人物，如魏徵。

唐高祖李淵下詔：「自今軍國庶事，無大小悉委太子處決。」也就是說當時李世民已經掌握了軍國大政的實際權力，那麼此時的太子官實際上就成了李世民處理軍國政務的決策集團。組建這個決策層就成為李世民整頓和改造唐高祖李淵中樞核心集團的第一步。身為太子的李世民於七月初加緊了對中樞機構人員的調整。七月六日以太子左庶子高士廉為侍中，右庶子房玄齡為中書令，尚書右僕射蕭瑀為尚書左僕射，太子左庶子長孫無忌為吏部尚書，右庶子杜如晦為兵部尚書，罷免楊恭仁相位。七月七日又以太子詹事宇文士及為中書令，封德彝為尚書右僕射；裴寂仍為尚書左僕射加司空；陳叔達仍為侍中。

唐太宗時期的宰相構成通過對中樞機構人員進行調整後，形成了有別於唐高祖時期的特色，貞觀時期的宰相班子與武德時期相比發生了很大的變化。唐高祖李淵的門第觀念很重，他看不起布衣出身的朝臣，深為自己的貴族出身而得意，因此唐高祖時期中樞層的人員基本上都出身於關隴貴族。比如裴寂、裴矩、蕭瑀、封德彝、楊恭仁、陳叔達、竇威、竇抗、宇文士及等，只有劉文靜一人出身庶族。唐太宗李世民雖然也有門第觀念，但他在青少年時期便了解到人民的疾苦，又經歷過長期的戰爭，這使他接觸並熟悉了下層社會且善於與各種人物交往，於是在他周圍聚集了一大批各個階層的人才。這些傑出人才，既有士族出身的也有庶族出身的，如房玄齡、魏徵等為庶族出身，長孫無忌、杜如晦等為士族出身。李世民所營造的這樣一個中樞班子，能夠廣泛地團結地主階級等各個階層，從而擴大了統治基礎。

唐太宗本著「唯才是舉」的原則，只要有才幹為其所用者都兼收並用，使他們能充分發揮才能，在治理國家方面起到了良好的作用。張玄素原出身於流外小官刑曹令史，被唐太宗任為太子左庶子等要職。張亮出身農家，貞觀時官至刑部尚書，參與朝政。

唐朝初年，承襲魏晉以來崇武輕儒的風氣，官吏大都由武將充任。這些人雖是有功之臣，卻缺乏處理政務的能力。唐太宗李世民認為要實現天下大治，就必須選拔大批真正懂得治政方法的人才，充實各級政權機構。因此他處處留心訪求有才之士，一旦發現就會破格提拔重用。

唐太宗用人在地域方面基本上克服了「關中思想」。唐太宗出身於關隴軍事貴族，不能不受西魏以來「關中本位」思想的影響，但整個貞觀時期居相位者二十五人，不是關隴出身的共十八人，其中山東的寒族地主出身的人佔多數，如魏徵、戴胄、侯君集、馬周、張亮、李世勣等。他們多數捲入過隋末農民大起義的洪流，在山東有廣泛的社會聯繫，對這一地區複雜的社會問題有較深刻的認識，在政治上富於革新精神，敢於當面指出和糾正唐太宗的錯誤。江南地區的寒族地主，如劉洎、褚遂良等也是敢於直諫廷諍的人物。

唐太宗李世民作為一個優秀的帝王深諳用人之道，他知道想要管理好國家、安撫好百姓，不是要親自去做各種各樣具體的事情，而是要將合適的人選放在合適的位置上才能發揮作用。李世民正是把握了這一點，才會有被後人稱道的「貞觀之治」的出現。

03 吏制改革：集思廣益，避免專權

唐太宗借鑒歷史，對吏制進行改革，他採取了集思廣益的方法，不但避免了權臣專權的現象，而且有利於加強皇權，更有利於鞏固和加強李氏家族的統治。

唐太宗李世民於貞觀時期採取了一系列措施，對政治制度進行了改革。唐朝建立之後，唐高祖李淵便在隋制的基礎上使各項制度得到發展，政治制度到了貞觀時期得到了進一步完善。尤其是在中央和地方的機構改革方面，更加強了中央集權制度，改善了國家機器的職能，提高了行政效率，鞏固了皇權。

唐承隋制，中央實行尚書、中書、門下三省制。尚書省主管行政，長官稱尚書令，總領百官，儀刑端揆；下統六尚書，凡庶務都一起商議決定，設左、右僕射一人，是尚書令的副職。尚書省下設吏、戶、禮、兵、刑、工六部。尚書省不是決策機構，但擁有很大的決策權。中書省掌軍國政令，輔佐皇帝而執大政；長官稱中書令，下設中書侍郎，是中書令的副職。門下省，掌管出納王命，總典吏職，輔佐皇帝而統大政；長官為侍中，門下侍郎，是侍中的副職。

唐朝初年尚書令、侍中、中書令同為宰相。在這其中又以尚書令的地位最高，權力也最大。

唐太宗時期，三省長官的地位和作用發生了一些變化。當時唐太宗起用一些資歷較淺、品位較低的官員來參與朝政，不常設，人數也不做限制，名目也沒有統一，也沒有形成制度。此後，以其他官職任宰相的名稱逐漸趨於一致。貞觀八年（六三四年），任尚書僕射的李靖因病辭職，唐太宗下詔令命李靖病情如果稍有好轉，就兩三日到「中書門下平章事」，也就是隔兩三日去中書門下執行宰相職權，參與朝政決策。「平章事」的名字從這裡就叫開了。貞觀十七年（六四三年），唐太宗又詔令李勣以太子詹事同中書門下三品，謂同侍中、中書令、侍中官居三品，「同中書門下三品」，就是說與中書令侍中一樣參與朝政。「同三品」之名也因此而叫開了。之後，「同中書門下三品」「同中書門下平章事」便成為用其他官職任宰相的固定名稱了。

唐太宗採取這樣的措施委任朝官有三點好處：第一，原有三省長官的人數有限，以各種名目增多了參政決策的人數以後，在議政時可以收到集思廣益的效果；第二，任用一些品位低的官員同三省長官一起決策，這些人地位低、勢力弱便於駕馭和控制，既有利於任，也有利於罷；第三，參與決策的人員增加，使宰相之間互相牽制、互相制約，這樣就可以避免產生權臣專權的現象，有利於加強皇權。

隨著唐太宗這一任官措施的實施，尚書以及左、右僕射的獨尊地位自貞觀末年起便開始動搖。為了達到兼聽博采的目的，充分發揮各級官員的作用，他詔令：五品以上的京官輪流在中書省值班，以便自己隨時召見；軍國大事和五品以上官員的任免，都要先由宰相討論議決，然後由皇帝批准執行；在一般政事的處理上，要求中書省和門下省的官員要充分發揮互相檢查的作用；凡軍國大事，負責起草文告的中書舍人要各抒己見，詔旨寫成後要經中書侍郎、中書令審查，再送交門下省審定，有不合適的地方都要據理力爭，不能馬虎從事。這些措施避免了權臣專權和皇帝獨斷現象的發生，保證了各項政策法令制定的正確和恰當，有利於李氏家族統治地位的穩固。

唐太宗用人既注重才能，也十分重視德行。特別是地方官的選拔，尤其重視德才兼備。他認為這些人是親民之官，掌握著百姓的安樂。唐太宗下詔規定，縣令由五品以上的京官推薦，刺史則由他自己親自選任。為做好選任刺史的工作，唐太宗把全國各州刺史的姓名寫在臥室內的屏風上，隨時記下他們的善惡事蹟以備升遷和賞罰。同時還規定地方官每年年終要進京彙報一次工作，由吏部負責考評，依據政績來論定品級、決定升降。

唐太宗通過對吏制的改革使得朝政清明、國事順利，這些都有利於政令上傳下達的貫徹執行。吏制清廉，百姓安居樂業，李唐江山出現了為後世所稱道的盛世景象。

04 修《氏族志》：綜觀天下，唯李氏獨尊

為鞏固中央集權、加強統治，李世民竭力為提高自己及其家族的社會地位而動腦筋，煞費苦心地修了一部《氏族志》。

李唐王朝的建立依靠關隴貴族為骨幹力量，同時也得到了山東士族、江南士族和部分庶族地主力量的支持。貞觀初年，隨著對各地大規模軍事征服的結束，國家統一局面的形成以及政治統治逐步走上正軌，為了鞏固中央集權、穩定統治秩序和調整統治階級內部錯綜複雜的關係，唐太宗採取修訂《氏族志》的措施，以加強其統治力度及提高朝中新貴的社會地位。《氏族志》的修訂方針不拘泥於以往歷朝的貴族特權，而是「崇重今朝冠冕」。這樣一來，原有士族地主作為貴族在政治上受到了打擊，而庶族出身位及高官的人則可以譜中有名，並能夠與過去的高門著姓在譜中平起平坐，因此帶來了士、庶階層力量對比的新變化。這種政治上的重大變革，引起了門第觀念的變化。唐律規定五品之家可以終身免除徭役，五品以上官員才享有政治、經濟上的特權，所以原有的門閥貴族要想取得種種特權都要通過科舉制度入仕這條道路。

氏族就是士族，即通常意義上的貴族。唐朝初年，社會上所認定的士族都是南北朝時期遺留下來的舊士族。東漢時期豪強大地主隨著經濟勢力的發展，他們在政治上的地位也逐漸加強，被稱作士族。東漢後期，門第成為做官的先決條件，出現了累世公卿的局面。魏晉時期的九品中正制更是從國家法律上確立了士族在政治、經濟等方面的世襲特權，這標誌著門閥制度的形成和鞏固。隨著這個集團的形成，地主階級內部的財產及權力的再次分配都以門第為主要標準。門閥士族地主以外的地主稱為庶族、寒門，士族與寒門之間不僅政治地位不同，社會地位也是非常懸殊的。他們之間不僅不通婚，生活習俗也有嚴格限制。士族為了保護自己的特權、防止門第混淆，所以特別重視譜學，因此譜學便成為一定歷史時期政治的附屬品和反光鏡。

東晉政權是以北方大族為主體，聯合南方大族共同執政的政權。在東晉政權的保護之下，門閥勢力達到鼎盛，門閥制度則更為鞏固。南朝時期士族地主衰敗，庶族地主在政治上的地位卻逐漸上升，寒族地主充當中書省的通事舍人參與機密、出納王命，權勢更為顯赫。北朝時期，北魏孝文帝推行漢化政策實行了一系列改革，其中一項便是重訂士族門閥，目的是讓鮮卑貴族門閥化，使他們和漢族士族處於同等地位，但漢化的鮮卑士族在北魏末年也遭到了毀滅性的打擊。隋政權建立之後，最高統治權掌握在關隴貴族手中，隋文帝楊堅廢除九品中正制，實行地方佐官由中央任免的制度，取消了士族地主世襲做官、世代控制地方行政的特權。

隋朝以科舉制取代了九品中正制，這標誌著士族特權制度化的終結，但是士族門閥制度的崩潰並不等於士族的徹底消失。及至唐朝初年，士族雖已失去優勢地位，卻仍然在社會上享有很高的聲望，擁有很高的社會地位，山東士族和江南貴族在實際政務處理中還起著重要的作用。唐朝建國之後入主關中，所面臨的東部形勢是複雜的，那裡不僅是山東士族的根據地，而且也是農民起義的中心地區。要想對山東地區進行有效的控制，必須任用山東士族去解決山東問題，因此山東士族在唐高祖時期的中央政府中便佔據一定的地位。之後，山東庶族地主迅速崛起，並逐漸成為一種對政局具有重大影響的力量。唐太宗即位後，山東庶族出身在被重用的大臣中佔有很大的比例。唐太宗時期的二十八位宰相中，除唐高祖時的舊相外，唐太宗自己任用了二十二人，其中山東人佔了一半，他們是：高士廉、房玄齡、魏徵、溫彥博、戴胄、李勣、張亮、馬周、高季輔、張行成、崔仁師等，其中絕大多數出身於庶族。處於政治核心地位的關隴貴族，包括李唐皇室在內，雖然在政治上有著絕對的優勢，但就其社會地位而論還不足以與山東舊貴族相抗衡。

山東與江南士族的文化底蘊較之李唐家族要高出很多，那時看重的是文化傳統。關隴集團的貴門，包括李唐皇室在內都不具備這個條件，因此他們仍然不被文化顯族所重視（這種情形直到唐末也沒有改變過來）。在門閥制度下，社會地位是以婚配來體現的，婚姻問題在封建社會裡歷來受到封建統治者的重視。在士族制度的鼎盛時期，婚姻與官宦不僅是高門士族的大事，也是區別士族與庶族、高門與寒門的重要標誌。山東舊族就以「尚婚婭」而著名，這種婚姻主要是在舊族之間相互進行。他們以自己的舊門第而自覺高人一等，甚至在通婚上並不把李唐皇室放在眼中，山東士族靠著自己的社會影響力吸引了李唐王朝的「新官之輩」與之通婚。唐太宗對山東士族的這種做法非常不滿，不僅對山東舊士族崔、盧、李、鄭大加貶斥，對唐朝的新官之輩出高價向山東舊族買婚姻的做法也感到異常氣憤。李唐新貴們雖然位居高官，有著很大的政治權勢，但他們的社會地位卻如此之低，在婚姻問題上還要向舊士族屈膝低頭，這無疑是對李氏家族的極大諷刺。這種狀況是唐太宗李世民所不能容忍的。貞觀六年（六三二年），唐太宗便下令吏部尚書高士廉、御史大人韋挺、中書侍郎岑文本、禮部侍郎令狐德棻等撰寫《氏族志》。

唐太宗對修訂《氏族志》提出了幾點要求：第一，刊正姓氏。即「普責天下譜牒，兼據憑史、傳，剪其浮華，定其真偽」。唐初，舊士族及新官之輩在政治上已發生了升降、沉浮的變化，使譜牒交錯紛雜，因而，「刊正姓氏」「普責天下譜牒」就成為修訂《氏族志》的起始工作。「剪其浮華，定其真偽」是「刊正姓氏」的內容之一，唐太宗責令全國各地的士族要進獻譜牒。為抬高自己家的地位，難免有冒牌士族乘機偽造假譜牒。為了剔除這些假冒貨，就要普遍搜集全國譜牒，真的留存下來，假的便要將其廢黜。這樣做實際上是對魏晉以來的士族地主的門閥地位給予了承認，剔除其偽就是為了防止混淆士、庶，保持士族之間的婚姻及其血統的純正，也充分反映了唐太宗本人也有著森嚴的士、庶等級觀念。第二，「忠賢者褒進，悖逆者貶黜」。所謂「忠賢」「悖逆」是一條政治標準，主要是看其對李氏政權的態度來斷定。如果說「刊正姓氏」是從歷史的角度考辨氏族，那麼「褒忠黜逆」則是著眼於現實。綜合這兩條，貞觀氏族志的編定，其基本目的就是重新編定封建等級，建立起一個忠於李唐政權的新統治集團。

修訂《氏族志》的真實目的是「欲崇樹今朝冠冕」，而「不論數代以前，只取今日官品、人才作等級」則是修訂氏族志的基本原則。貞觀十二年（六三八年）修成《氏族志》一百卷，「皇族為首，外戚次之，降崔民幹為第三」，共二百九十三姓，一千六百五十一家，頒於天下，並藏為永久性文件。唐太宗時期修撰的《氏族志》的最大特點是，只承認和保護當朝權貴。這同北魏孝文帝定族姓有所不同，北魏既承認當時的權貴，也承認過去的「膏粱」「華腴」，只要父祖曾為高官即可列入士族。還有一點不同，北魏以來只要列入士族者，就可以享有一定的政治、經濟特權，可以因門第之高而得到高貴的官職；而唐卻不能夠依門第而入仕，雖然五品以上官員的子弟可以因門蔭入仕，但卻不能世襲，這就取消了舊族世代享有高官厚祿的特權。同時，唐代的政治、經濟特權以官品為本，各級品官都可以享有政治、經濟等方面的特權，但官品的高低不同，所享有的特權也不同。由此可見，僅靠門第而沒有官職是不會獲得政治、經濟特權的。

唐太宗定族姓的目的，與其說是為了抑制山東舊士族，倒不如說是為了抬高當朝特權階層的社會地位。他擴大了士族的範圍，有些非士族出身的新貴也由此而進入士流，更進一步地使山東舊士族貶值。《氏族志》把崔民幹列為第三等，這實際上是對舊士族的一種妥協，唐太宗抑制山東舊士族的目的並沒有完全達到。唐太宗意欲修訂氏族志來改變山東舊士族的賣婚陋習，這種通過政權手段來干預幾百年來由舊士族延續下來的社會傳統，是不可能取得成功的。在人們的普遍觀念中，山東舊士族仍然是高貴的，有些新官之輩雖已名列《氏族志》之中，卻依然羡慕舊士族的社會地位，而且把能與舊族聯姻當成一種榮耀。如房玄齡、魏徵、李勣等都與舊士族取得了婚姻上的聯繫，這些舊士族也就「故望不減」，甚至在唐高宗之後山東舊士族仍然有較深的社會影響。不過，李唐家族的地位通過修《氏族志》這一舉措而有了極大提高。

05 貞觀之治：得民心者得以穩坐高位

在某種意義上，皇帝應該是百姓的代言人，只有為百姓辦事才具備做百姓代言人的資格，也才會被百姓擁戴。唐太宗李世民可謂是一個明君，他借鑒了歷史，為百姓辦事，所以才坐穩了皇帝寶座。

唐太宗李世民清楚地認識到體恤百姓疾苦是使天下安定的根本，他即位後就主張偃武修文、節制貪欲和輕徭薄賦。以文治國的最終目的當然是實現李氏王朝的長治久安。唐太宗即位第二年改元貞觀，他統治唐朝二十三年呈現了中國歷史上最為輝煌的「貞觀之治」。

唐太宗李世民剛即位時，由於長期的戰爭和自然災害的破壞，國家經濟蕭條、民戶凋殘。他面對這種困境，一方面大力提倡戒奢崇簡，節省開支；另一方面又積極地推行輕徭薄賦、與民休養生息的政策，使農民得以逐步恢復生產。小農經濟十分脆弱，然而只要統治者的政策恰當，小農經濟也是很容易復甦的。唐朝的社會經濟逐步走上復甦的道路，不能不說與唐太宗所主張的「不奪農時」有極大關聯，唐太宗的惠農政策使農業生產得到恢復和發展，人民的衣食問題得到解決，從而實現了「安人寧國」的政治願望。

為了恢復和發展農業生產並增加勞動力，唐太宗採取了三項措施：一是釋放宮女，前後兩次共釋放五千人左右，婦人被放出宮去嫁人生子，不但能節省政府的費用，減輕百姓的負擔，而且也合乎人的本性；二是贖回外流至突厥等塞外的人口，一共二百萬人；三是鼓勵結婚生育。貞觀初年，全國勞動力普遍缺乏，為了增加人口規定民間男二十歲、女十五歲結婚，並把婚姻和戶口的增加列為考核地方官員政績的一個標準。到貞觀二十三年（六四九年），全國戶數增加到三百八十萬戶，比唐高祖時增加了一百八十萬戶。

唐太宗李世民極力提倡戒奢崇簡，並能夠以身作則。他即位以後住在隋朝時建造的早已破舊的宮殿。一般情況下，新王朝的君主都要大興土木另建新的宮殿，但唐太宗為了節省開支，在貞觀初年一直不允許修作。唐太宗還嚴厲禁止厚葬，並要求五品以上的官員和勳親貴族都要遵照執行。唐太宗對於官員們的奢侈行為也嚴格禁止，因此逐漸形成了一種崇尚節儉的風氣，出現了一大批以節儉聞名的大臣。唐太宗的名臣魏徵為官一生，家裡卻連個正堂屋都沒有。這種節儉風氣的盛行，對減輕國家和人民的負擔、促進社會經濟的恢復和發展起到了積極的作用。

在發展生產、提倡戒奢崇簡的同時，唐太宗又積極地推行輕徭薄賦、與民休養生息的政策，以促進農業生產的迅速恢復和發展。他在位期間，前後十三次減免農民賦役。為了增強抵抗自然災害的能力，他還大力宣導興修水利。貞觀初期，關中、河南等地原有的管道都相繼修復，並新修了大量的排水和引水工程。這些水利工程的修建，對防旱排澇和發展農業生產起到了重要的作用。

由於唐太宗採取了一系列有利於農業發展的積極措施，社會經濟很快得到了恢復。從貞觀三年開始，全國連續大豐收，糧價由原來一匹絹換一斗糧食，下跌到一匹絹換數十斗糧食。社會秩序迅速安定，看不見以往成群結隊的災民，人民開始了安居樂業的生活。到貞觀中期，社會發展迅速達到了昌盛階段，出現了牛馬遍野、豐衣足食、夜不閉戶、路不拾遺的太平景象，終於在天下大亂之後達到了大治，成為被歷代稱道的太平盛世。

唐太宗李世民做到了「百業待興廢，唯有民生重」，他愛恤百姓、體察民情。他時刻以隋朝滅亡的歷史作為自己執政的反面教材，把它當作一面鏡子來告誡自己「皇帝好比是船，百姓好比是水，水能夠載舟，也能覆舟」的道理。唐太宗李世民顧及民生使民心不失，得民心者得天下，從而得以穩坐皇位。

06 貶佛抑道崇儒：因勢利導，為我所用

唐太宗李世民為了鞏固自己的統治地位，除了籠絡百姓民心之外，還借用儒學來教化百姓，可謂煞費苦心。

在唐代以前雖然也盛行道教，但其勢力一直趕不上佛教。武德三年（六二〇年），有一晉州人向李淵報告說，他在浮山縣羊角山見到一位白衣老者，老者對他說：「為吾語唐天子，吾是老君，即汝祖也。今年無賊，天下太平。」一聽到此言，李淵便順水推舟利用道教為自己的統治服務。他宣稱老子為唐先祖，遣使去往羊角山立廟致祭，並將浮山縣改為神山縣。武德七年十月，李淵又到了終南山拜謁老子廟。次年，又親往國子監宣布道教第一，儒教第二，佛教最後。但道、佛二教盛行造成了社會弊端：寺院道觀佔據了大量土地，聚斂了大量財富，許多人為了逃避賦徭，紛紛出家當和尚或者道士；上層僧侶、道士可以隨意出入宮廷，與內宮和大官僚們廣泛交結，肆意活動；他們為寺院道觀刻像寫經，更是耗費了巨大的人力、物力。一些有識之士都紛紛呼籲要求革除這一弊端。

唐太宗李世民與唐高祖李淵對於道教的看法一脈相承，他也將老子尊為唐皇室先祖，將道教地位擺在佛教之上。他曾說：「老子是朕祖宗，名位稱號，宜在佛先。」唐太宗重複了唐高祖的一些措施，他一方面藉此抬高李唐皇室的家世；一方面藉機抑制佛教勢力。但在他看來道教與佛教都是一樣的，如果放任其發展都不利於國家的興旺發達、長治久安。在唐太宗李世民的心目中，需要效法的既不是佛、道也不全是黃老無為之術，而是儒家思想。

魏晉南北朝儒、佛、道並行，隨著庶族地主的興起，在中下層地主階級中湧現出了一大批文人，至隋唐，儒學的地位又逐步上升。唐太宗一面批評佛、道的禍國害民，一面再三對大臣們宣稱：「朕所好者，唯堯、舜、周、孔之道。」他在重新確立儒學的尊崇地位方面起到了至關重要的作用。唐太宗沒有做皇帝以前便喜歡與士大夫結交朋友，即位之初在弘文殿聚四部書二十餘萬卷，又將原弘文館搬到正殿之左。還精選天下文儒，充學士，「給以五品珍膳，更日宿值」，聽朝之後即引入內殿，「討論墳典，商略政事，或至夜分乃罷」。唐太宗打天下最先依靠的是驍武之士，天下穩定後便轉而重視士大夫。弘文館學士大多為東南儒生，唐太宗深深懂得守天下除了要有武功之外，還需要重視依靠地主知識分子階層。為了培養更多通曉儒學的士大夫，唐太宗大力興辦學校，規定京師學校直接隸屬於國子監，稱為國學。貞觀六年，在隋時所設國子、太學、四門、書學、算學等五學的基礎上又增設了律學，擴大為六學。為了充實國學的師資力量，唐太宗賜給經費，召集儒士到京師治學。又於國學增築學舍一千兩百間，增加生員三千兩百六十員。國學的興盛，還吸引了高句麗及百濟、新羅、高昌、吐蕃等地貴族的子弟入學。他也十分重視地方州、縣興辦學校一事。在唐太宗這一思想指導之下，各地紛紛建立孔子廟，後來根據官員的建議在州、縣設立三獻官，專門管理祭奠孔子一事。

在興辦學校的過程中，私學與國學並存。國學、州（縣）學都是官辦的學校，明文規定主要招收大小官僚子弟，但這些子弟家世貴寵，並不以學業為重，真正深造成才的少之又少。因此官辦的學校往往有名無實，白白地成為貴族子弟獵取官祿的途徑。與之相反，民間私學則主要招收庶民子弟，隨著庶族地主經濟力量的發展，私學也興盛起來。隋唐之際的著名人物如李密、楊玄感、竇威、王世充等皆入過私學。唐太宗的大臣如虞世南、張行成等也是私學門生，顏師古、王恭等人則興辦過私學。私學注重實用，講授內容並不完全限於經學，兼及文史及其他，文學如《昭明文選》，史學如《史記》《漢書》，特別是講《漢書》的很多。這正是庶族地主及新興士大夫階層在學術上的特點。私學的興盛為唐代培養了大批有作為的地主知識分子，這給唐代儒學及其學風的變化帶來了很大的影響。

今天看來，唐太宗李世民既不信仰道教也不崇拜佛教，唯獨尊崇儒學，在尊崇儒學時又不拘泥於經學及其章句之學，鼓勵各種學術、學派的發展，這種廣收博采、兼容並蓄的特點正反映了他在政治上講究實用、勵精圖治的風貌。

07 從諫如流：兼聽明，偏信暗

封建社會是君主個人獨裁與專斷的世界，如果是暴虐與昏庸的人當上皇帝，就會造成國家政治上的不穩定甚至整個王朝的覆滅。統治階級為了維護自身統治的長久，不得不尋找進諫與納諫的手段，人們普遍把進諫與納諫作為鑒別君主是否賢明的一個標誌。唐太宗被稱為「英主」，其原因之一就在於他能夠虛心納諫。

唐太宗為了達到求諫的目的，採取了相關措施：一是詔令宰相入閣商議軍國大事時，必須讓諫官和史官列席；二是重賞敢於進諫的官吏。唐太宗還要求大臣們從各個方面直言進諫，不要放過任何小事。在唐太宗時期納諫最典型的代表人物是魏徵，他是以直言極諫而著稱的大臣，據說他在貞觀時期進諫達二百多次。

隋末天下大亂，魏徵出家當了道士，之後他投入瓦崗軍李密麾下，卻一直未得重用。後入唐輔佐太子李建成，在太子與時為秦王的李世民爭奪皇位過程中，他曾數次向太子建議早些除掉秦王以絕後患。玄武門兵變李世民得勢後，曾質問魏徵：「你為什麼要挑撥離間我們兄弟？」魏徵坦然地回答：「人各為其主，我忠於我的主人，有什麼錯呢？」唐太宗李世民早知道魏徵的才華，聽見他回答得如此直爽便原諒了他，並任命他為管事主簿（掌管太子文書的官吏）。魏徵不是唐太宗的親信，開始時唐太宗對他存有戒心。由於他不計個人安危，敢於直諫唐太宗的過錯，逐步取得了唐太宗的信任，常常把他召進內宮聽取他的意見。魏徵的正直對唐太宗產生了相當大的影響，唐太宗非常贊同魏徵「兼聽則明，偏信則暗」的說法。魏徵為人正直、敢於直言，他的進諫大多被唐太宗採納，這對貞觀前期的政治產生了重要的影響。

唐太宗把魏徵看作是最好的諫臣，魏徵也的確起到了重要的監督作用。唐太宗雖然樂於諫諍，但到了具體的事情上，當魏徵提出反對意見時也並不是每次都能愉快地接受。唐太宗晚年，由於國家的經濟情況已經好轉開始變得傲慢起來。魏徵連續四次上《論時政疏》給唐太宗敲警鐘，希望他能夠把貞觀初年納諫如流的風氣保存下來。後來唐太宗日漸奢縱，魏徵又以著名的《諫唐太宗十思疏》指出了唐太宗的變化，唐太宗接受了他的忠告。唐太宗把魏徵的奏章抄送史官以便傳給後世，也將其貼在屏風上隨時可以看到。唐太宗對魏徵既喜歡又害怕。

貞觀十七年（六四三年）正月，六十四歲的魏徵病逝，唐太宗認為自己痛失一鏡。他說：「用銅作鏡子，可以端正衣冠；用歷史作鏡子，可以知道興衰；用人作鏡子，可以了解得失。」他把魏徵看作是了解自己得失的最好的一面鏡子。由於唐太宗虛心納諫的開明作風，朝中湧現了一大批敢於直諫的大臣，貞觀前期有魏徵、王珪、杜如晦、房玄齡等；後期有馬周、劉洎、褚遂良等。這些人對當時的政治形勢都產生了良好的作用和影響。

08 賢后長孫：相夫教子，母儀天下

每一個成功的男人背後都有一位賢內助，皇帝也不例外。長孫皇后從李唐王朝的長治久安出發，處處為唐太宗著想，她從不干政，堪稱是具有遠見卓識的女政治家。

唐太宗在位時期所取得的成就，以及他能夠被後世稱為「明君」「英主」，其中也有他的賢內助長孫皇后的功勞。從太原起兵到玄武門兵變，長孫氏與李世民患難與共、風雨同舟，夫妻之間情深意篤。李世民即位後，長孫氏被封為皇后，母儀天下，掌管後宮。為吸取前朝歷代后妃、外戚干政，禍亂國家的教訓，她對自己及兄弟子侄要求極為嚴格。長孫皇后天性節儉、喜歡讀書，唐太宗遇到疑難不能決斷的軍國大事，總要徵詢她的意見。

唐太宗李世民正值十六歲翩翩少年時娶十三歲妙齡的長孫氏為妻。長孫氏家住長安永興坊，祖上在北魏時功勞極大，世襲大人之號，是宗室中之長，後來改姓長孫，家世是名門望族，父親長孫晟得隋朝倚重，母親是高士廉的妹妹。高士廉是位精通文史的儒雅之士，隋朝大業中期官至治禮郎。長孫氏從小在這樣的家庭中受到薰染，養成了喜愛讀書的習慣。長大後，

舅父高士廉便為她選中了李淵的二公子李世民。

貞觀年間，長孫氏以克己奉公、陰柔明哲的品性默默地影響著壯年天子唐太宗，在幕後發揮著自己的作用。正是這種賢良的品格使她能夠遵循法度，處理事情永不超越禮法的界限。長孫氏深諳母儀天下的道理，她以古時皇后恃權干政，從而造成政治衰敗的教訓為鑒，從不干預政事而影響唐太宗的決策。綜觀中國古代史，有如此心胸的皇后實不多見。長孫氏從李唐王朝的長治久安出發，處處為唐太宗著想，並且無越禮之事，甘願做個配角，與唐太宗志同道合、感情和睦，因而一直受到唐太宗的尊重。

唐太宗對長孫皇后非常尊重，常常與她論及天下大事，尤其是朝廷中的賞罰和人事安排。當唐太宗想聽聽她的見解時，她只聞不答，無論唐太宗怎樣懇請就是閉口不言，絕不參與政事。實際上，長孫皇后無時無刻不在關心皇帝的一言一行，她往往以獨特的方式發表自己的意見，向唐太宗提出勸諫。長孫皇后不干政，並非所有政事一律不聞不問，一旦遇到事關大局的事便會挺身而出。

有一次，魏徵在朝上跟唐太宗爭得面紅耳赤。唐太宗憋了一肚子氣回到內宮，見了長孫皇后，氣沖沖地說：「總有一天，我要殺死這個鄉巴佬！」長孫皇后很少見唐太宗發那麼大的火，就問他：「不知道陛下想殺哪個人？」唐太宗說：「還不是那個魏徵！他總是當著滿朝文武的面侮辱我，叫我實在忍受不了！」長孫皇后聽了便回到內室穿上朝服，立於殿庭莊重地向唐太宗祝賀。她的舉動使唐太宗非常驚奇，便問道：「你這是幹什麼？」長孫皇后說：「我聽說天子英明才有大臣的正直敢諫。現在魏徵這樣正直，敢冒著生命危險與皇上爭執，正說明陛下的英明，所以我才特地向陛下祝賀呀。」這一番話把唐太宗的滿腔怒火熄滅了。長孫皇后明裡是頌揚唐太宗的英明，實際是救魏徵於危難之中，她的仁智由此可見一斑。

還有一次，房玄齡因小事遭到唐太宗譴責，解職歸家。長孫皇后勸諫唐太宗說：「房玄齡跟隨陛下時間最長，他小心謹慎，奇謀秘計竟無一言露洩，非有大錯，請您千萬不要離棄他。」這體現了她對貞觀重臣的關切之情。長孫皇后勸諫唐太宗講究方法，在唐太宗憤怒時，先順著他的性子，等唐太宗怒氣稍息再妥善處理，不讓朝臣受到冤屈，刑法也不枉濫。

長孫皇后對待子女，更是嚴加訓教。一向崇尚節儉的長孫皇后，平日訓導諸子要謙儉為先，行為舉止要謙遜循禮，不做有傷大體的蠢事。長孫皇后不允許子女越禮、奢華，這也是她維護唐太宗政權的另一面。唐太宗最喜愛的女兒長樂公主將要出嫁，唐太宗違反舊制，下令將嫁妝加倍，比唐高祖李淵的女兒長公主永嘉公主還要多。按唐制，皇帝姊妹、女兒待遇理應一樣，唐太宗由於偏愛女兒，女兒的妝奩比妹妹的多是不符合規矩的。在魏徵的竭力規勸下，唐太宗終於放棄了這個念頭。長孫皇后得知後感歎道：「妾聞陛下倚重魏徵，不知其中的原因。今日看到其引禮義以抑人主之情，才知道他真是社稷之臣。」事後，長孫皇后特意賞賜了魏徵，並對他說：「早就聽說你忠誠正直，通過這件事情我真正看到了，因此以此相賞，希望你一如既往，輔佐天子。」長孫皇后對親生兒子也不加溺愛，「常以謙儉為先」教育太子。太子李承乾是長孫皇后的長子，他的乳母遂安夫人常向長孫皇后請求增加太子宮中用度，長孫皇后都不答應。長孫皇后對非親生子女也一視同仁。唐太宗有一女豫章公主，是其他妃嬪所生，她的母親不幸早早去世了，長孫皇后將她看作自己親生的一樣。

在封建社會，后妃之間往往爭寵相鬥似仇人一般，常由此導致互相殘害的悲劇。但是長孫皇后卻不同，她把宮裡的事情處理得很好，從來不在宮內耍威風，對手下的嬪妃宮人總是以禮相待。雖對自己要求很嚴，但對妃嬪們卻是極其寬厚仁慈，從不濫生冤獄，妃嬪有病時親自看望，宮人無不愛戴她。貞觀時，後宮吹進了一股清新之風，這充分體現了長孫皇后的胸懷與氣魄。正是長孫皇后的表率作用，貞觀時期的法令、制度才能夠較好地貫徹執行，這是貞觀之治出現的一個重要原因。

長孫皇后對外戚干政深惡痛絕，外戚干政是宮廷后妃制度的產物。外戚是通過婚姻與皇室結成外姓姻親，實際上是一種依附於皇后的裙帶關係而形成的政治集團勢力。這一政治勢力往往隨著皇后實際權勢的高低而消長，有時外戚集團隨著皇后干政得以掌握軍政大權，甚至凌駕於皇帝之上。外戚之禍往往由後宮女主引起，因而又有「女禍」之稱。很多外戚集團在與正統勢力的政治鬥爭中失敗而慘遭殺戮，以致身敗名裂。

長孫皇后的哥哥長孫無忌與唐太宗是布衣之交。太原起兵，他出生入死、戰功卓著，玄武門之變發生前勸唐太宗「先發誅殺」李建成、李元吉，在玄武門之變中更是打了頭陣，因而深得唐太宗信任，出入臥內，委以腹心。長孫無忌自幼好學，是唐初一位頗有政治才能的人物。唐太宗即位後，曾幾次想任命他為宰相執輔朝政，都遭到長孫皇后的堅決反對。長孫皇后一看到兄長被重用便心懷忐忑，她多次對唐太宗進言，每每乘機上奏不要任命她的兄長為宰相一職，但是唐太宗並沒有採納長孫皇后的意見。長孫皇后的這一做法，雖有保全家族的意思，更重要的是為防止外戚威脅李唐政權，以永保大唐的長治久安。唐太宗對長孫無忌不僅任用，並且信之不疑。儘管如此，長孫皇后仍然密諫長孫無忌向唐太宗懇辭宰輔之任。長孫無忌精通歷史，深知外戚之禍的危害，所以向唐太宗提出辭職。長孫皇后又為他陳請，唐太宗不得已，於是拜長孫無忌為開府儀同三司，解除其尚書右僕射之職。開府儀同三司，號為一品，但卻是文散官，沒有實際權力，這就可以避免出現外戚干政的局面。長孫無忌及其家人也始終表現得謙虛謹慎，從不仗勢傲物、目空一切。在中國封建社會，皇后之家因女而滿門光彩，因女受寵而成為權勢顯赫之家，是每一位皇后求之不得的。而長孫皇后卻嚴於律己，保證了貞觀時期的政治絲毫沒有受到外戚的干擾，一直遵循既定的道路前進，終於迎來了一代盛世——貞觀之治，這在中國封建社會中實在是難能可貴。

唐太宗曾對貞觀重臣的品格做過品評，其中說長孫無忌「善避嫌疑」。由此可知，長孫無忌雖然是外戚身分，但在防止出現外戚專權的問題上與其妹長孫皇后的觀點是一致的。

貞觀十年（六三六年）七月，長孫皇后在長安大內的立政殿去世。唐太宗李世民忍不住心中的哀傷放聲痛哭起來。那哭聲悲痛至極，長孫氏在與唐太宗共同生活的二十三年中，實在是起到了外人無法代替的作用，那一切不能不令唐太宗銘心刻骨。長孫皇后留給後世並為歷代所稱道的文章，是她採古代婦人事蹟著成的《女訓》十篇，該文旁徵博引，很有借鑒意義。長孫皇后病逝後，唐太宗拿著這本書潸然淚下：「這本書將用來懷念皇后，我失去了一個多麼好的良佐呀！」為了協助唐太宗治理國家，長孫皇后以身作則，從不因一己之私而破壞國法，可謂一代賢后。

09 凌煙閣上：疾風知勁草，板蕩識忠臣

一個人登上皇帝寶座之後才被稱為皇帝，從皇帝寶座上下來之後就不是皇帝了。唐太宗李世民對凌煙閣二十四功臣的懷念，是其最本真的人性流露。

唐朝皇宮三清殿旁有一座小樓名凌煙閣，貞觀十七年（六四三年）二月，唐太宗命當時著名畫家閻立本在凌煙閣內描繪了二十四位功臣的畫像，他經常去那裡懷念當年與他金戈鐵馬、崢嶸歲月、文治武功共建大唐的臣子們。自唐太宗時期始，「登上凌煙閣」便成為封侯拜相的代名詞。

趙國公長孫無忌位列第一，他是長孫皇后的哥哥，唐高祖李淵太原起兵後投靠時為秦王的李世民，他在玄武門兵變中起到了主謀作用，終身被李世民信任。唐太宗陷入彌留狀態時曾召長孫無忌、褚遂良到含風殿，對他們說：「太子是很仁義孝順的，你們要很好地教導輔佐他。」二人答應了，唐太宗舒了一口氣，對時為太子的李治說：「有長孫無忌和褚遂良在，你就不用擔心天下的事了。」他又囑咐褚遂良：「無忌對我十分忠誠，他在我奪取天下時出了很

大的力氣，我死後不要讓壞人挑撥離間你們的關係。」可惜長孫無忌與褚遂良後來被武則天陷害而死。

趙郡王李孝恭位列其次，他的父親是唐高祖李淵的堂弟。唐高祖李淵起兵後，李孝恭負責經略巴蜀，滅輔公祏，平蕭銑，統領長江以南。在李唐宗室中他軍功最為卓著，唐太宗李世民登基以後，他退出權力中心，修身養性，貞觀十四年（六四〇年），暴病身亡。

萊國公杜如晦位列第三位，他是唐太宗李世民的主要幕僚。唐高祖李淵攻克長安時他投靠了李世民，是當時秦王府十八學士之首，參與了李世民主事的歷次戰役。貞觀年間與房玄齡共掌朝政，配合默契，人稱「房謀杜斷」。可惜英年早逝，於貞觀四年（六三〇年）病故，年僅四十六歲。

鄭國公魏徵列第四位，他原是瓦崗寨李密的謀士，後隨李密投降李唐，為唐朝招降了李勣。竇建德進攻河北時被俘，竇滅亡後他又重回李唐王朝。玄武門兵變後由太子李建成處歸到李世民屬下。因感唐太宗李世民知遇之恩，敢於犯顏進諫，終生都深受李世民的信任，貞觀十七年（六四三年）病故。

梁國公房玄齡列第五位。他善於謀略，也是唐太宗李世民的主要幕僚，唐太宗李世民登基後論功行賞，曾稱讚他可與漢朝的蕭何相比。貞觀年間深得唐太宗李世民的信任，不遺餘力處理朝政。貞觀二十二年（六四八年）病故。

中國公高士廉位列第六位。他是長孫皇后、長孫無忌的親舅舅，長孫兄妹的父親早亡，二人由高士廉撫養長大。高士廉當時對少年李世民極為器重，主動將長孫氏許配給他。高士廉因得罪了隋煬帝而被發配到嶺南。隨著中原戰事的不斷擴大一直被隔絕在外，直到唐朝大將李靖滅蕭銑南巡時才得以回歸故土。高士廉為人謹慎縝密，做事顧全大局，是李世民的心腹，參與了玄武門兵變的策劃，唐太宗時期任他為尚書右僕射。

鄂國公尉遲敬德位列第七位。他原是劉武周的手下，劉武周滅亡後投降李世民，跟隨李世民參與了數次戰役。尉遲敬德在玄武門兵變時救李世民於危難中，親手殺掉了齊王李元吉，又威逼唐高祖李淵下旨立李世民為儲君，有一等擁立之功。晚年的尉遲敬德崇信道教閉門不出，唐高宗顯慶三年（六五八年）去世，終年七十四歲，得享天年。

衛國公李靖排在第八位。他曾因企圖揭發唐高祖李淵謀反之事幾乎被處死，後為李世民所救。之後，他協助李孝恭管理巴蜀，拒絕李世民的拉攏。但後來唐太宗對他非常重用，貞觀年間李靖負責抵禦突厥，成功地消滅了突厥政權和吐谷渾勢力，他的戰功無人能比。最終因軍事能力過強遭小人疑忌，為避免嫌疑而閉門不出直到終老。

宋國公蕭瑀排在第九位。他是隋煬帝蕭皇后的弟弟，是隋煬帝重臣，當時因反對煬帝出征高句麗而被貶為河池郡守。唐高祖李淵起兵後，蕭瑀歸附李唐，終生為李淵重用。蕭瑀為人正直、不畏權貴。唐太宗李世民即位後，蕭瑀因與房、杜二相不睦，又多次得罪唐太宗，仕途幾度沉浮。唐太宗李世民評價他「疾風知勁草，板蕩識誠臣」。

褒國公段志玄排在第十位。他參加了李唐歷次重要戰役，以勇武著名。唐太宗李世民兄弟相爭時，他忠於李世民參加了玄武門兵變。他治軍嚴謹，被唐太宗稱為「周亞夫無以加焉」。貞觀十六年（六四二年）病逝，唐太宗贈其輔國大將軍，後陪葬於昭陵。

夔國公劉弘基位列第十一位。隋煬帝征討高句麗時，因避兵役逃往太原李淵處。唐高祖李淵太原起兵時，他與長孫順德一起負責招募勇士。攻克長安後被評一等戰功，進攻薛舉時他力盡被擒，李世民滅薛後獲救。又在劉武周進攻太原時戰敗被俘，自己僥倖逃回，隨後又配合李世民在介休殲滅宋金剛。唐朝與突厥交惡時，劉弘基常年駐守北邊抵禦突厥。貞觀年間曾隨唐太宗征高句麗。唐高宗時劉弘基病故，臨終前將家產盡散給鄉鄰，為人之豪爽不言而喻。

蔣國公屈突通列第十二位。他原為戰功赫赫的隋朝大將，唐高祖李淵起兵進攻長安後，屈突通率部下以死相抗，兵敗後自殺未成，最後被唐高祖李淵招降，封為兵部尚書。之後，跟隨李世民討伐薛舉和王世充，屢立戰功。貞觀二年（六二八年）病故，終年七十二歲。

鄖國公殷開山排在第十三位。他是李淵太原起兵時前來依附的，參與了攻打長安的戰鬥，後又參加唐太宗李世民的歷次戰役。武德五年（六二二年）在攻打劉黑闥時因病去世，是唐太宗所封淩煙閣眾功臣中最先去世的人。

譙國公柴紹排在第十四位。他是李淵的女兒平陽公主的丈夫。唐高祖李淵起兵時他在長安，後僥倖逃往太原。參與了攻打長安、消滅薛舉、劉武周、王世充、竇建德等幾個重要戰役。貞觀十二年（六三八年）病故。

邳國公長孫順德列第十五位。他是長孫皇后的叔叔，隋煬帝出兵高句麗時為避兵役逃往太原依附李淵，當時便與李家父子友善。唐高祖李淵太原起兵時，長孫順德與劉弘基一起負責招募勇士。貞觀年間，他卻因多次貪污而遭彈劾，唐太宗李世民因其有大功只將他貶官而不忍治罪。

鄖國公張亮排在第十六位。他原是瓦崗寨李密的部下，直接隸屬徐世勣（即李勣），跟隨徐世勣一起投降李唐，李世民兄弟相爭時被派往洛陽招募私黨。貞觀年間，因善於管理政事而深得唐太宗信任，後又揭發侯君集謀反之事，隨唐太宗出征高句麗又立功。貞觀二十年（六四六年）被告謀反，受誅殺。

陳國公侯君集位列第十七位。他是唐太宗李世民的心腹，常年擔任唐太宗幕僚，是玄武門兵變的主要策劃人之一。貞觀年間，曾擔任李靖的副將打敗了吐谷渾，又任主將率部出擊消滅高昌。在唐太宗李世民立儲時，他在諸子相爭的風波中依附太子李承乾，企圖謀殺李世民而擁立李承乾，事情洩露後被殺害。

郯國公張公謹列第十八位。他原為王世充的部下，後投降李唐追隨李世民，是玄武門兵變的主要參與者。唐太宗李世民登基後，將他任命為李靖的副將去抵禦突厥，協助李靖滅亡突厥而屢立戰功，年僅三十八歲即病故。

盧國公程知節位列第十九位。本名程咬金，原為瓦崗軍李密手下的一員勇將，李密兵敗後投降了王世充，後因不滿王世充的為人與秦叔寶一起投降李唐，跟隨李世民參加了歷次戰役。程知節在每次戰爭中皆身先士卒，奮勇殺敵，有猛將美譽。於唐高宗麟德二年（六六五年）於家中善終。

永興縣子虞世南排在二十位。他是隋朝奸臣虞世基的弟弟，自幼以文學著稱，宇文化及江都兵變後被裹脅北返，後依附竇建德，竇建德死後又歸李世民。此後，他盡心輔佐唐太宗李世民，被評價為德行、忠直、博學、文辭、書翰五絕。以八十一歲高齡於貞觀十二年（六三八年）壽終。

渝國公劉政會列第二十一位。他是唐高祖李淵任太原留守時的老部下，跟隨李淵太原起兵，之後負責留守太原。劉武周進攻太原時被俘，忠心不屈，還找機會打探劉武周軍情密報李淵。劉武周滅亡後獲救，曾擔任刑部尚書，貞觀九年（六三五年）病故。

莒國公唐儉列第二十二位。他參與了唐高祖李淵太原起兵的策劃，稱得上首義功臣。在唐太宗時期任民部尚書，因不能勤於政事而遭貶官，唐高宗年間病故。

英國公李勣位列第二十三位。原名徐世勣，原是李密瓦崗軍的大將，少年跟從翟讓起兵，翟讓死後追隨李密。歸李唐後，因功被唐高祖李淵賜「李」姓，之後又為避唐太宗諱改叫「李勣」。隨李世民滅王世充、竇建德、劉黑闥，又擔任主將滅徐圓朗。貞觀年間李勣與李靖一起滅突厥，此後負責唐朝北邊防禦十六年之久，多次擊敗薛延陀部的對抗勢力。又跟隨李世民攻打高句麗。唐太宗李世民死後輔佐唐高宗，被委以軍事重任，擔任主將再次出征高句麗，最終使高句麗滅亡。滅高句麗次年，七十六歲的李勣去世，唐高宗極度傷心，特為他輟朝七日，哀榮備極。李勣是赫赫有名的戰將，又位居宰相。有一次李勣暴病，醫方上說以鬍鬚的灰燼為引可以治療此症，唐太宗便剪下自己的鬍鬚讓李勣燃灰入藥。後來，唐太宗在酒席宴間曾親切地對李勣說：「朕想在群臣中選一個可以將太子託付給他的人，遍觀眾人卻無人能與卿相比，卿過去不負李密，現在又怎麼會有負於朕呢？」李勣感動地流下了熱淚，他咬破手指寫下血書，以示效忠、以謝君恩。李勣喝醉倒地後，唐太宗親自將自己的袍子解下，給他蓋在身上。唐太宗病危時曾把太子李治召到床前，讓左右退去，嚴肅地對李治說：「李勣才智過人，但是你對他並沒有恩情。我今天罷黜他的官職，等到我死後，你可以用他為僕射，但一定要親自任命他。假若下令後他徘徊觀望，就不要猶豫了馬上殺了他！」唐太宗這樣對待李勣，都是為了穩住兒子李治的皇位。

胡國公秦叔寶位列第二十四位。他本是瓦岡軍李密手下的一名大將。李密失敗後投降王世充，因與程咬金一樣不滿王世充的為人而一起投降李唐，參加了唐太宗李世民的歷次戰役。貞觀十二年（六三八年）病故。

凌煙閣二十四功臣中的大多數是唐太宗李世民南征北戰過程中的手下。唐太宗李世民即位後與這些舊臣老友言談中常常稱「我」而不稱「朕」，可以想見其君臣之間情義之重是古今少有。唐太宗李世民封凌煙閣二十四功臣時，其中已有數位功臣與世長辭，在世的人也大多已經老邁，凌煙閣內所描繪功臣的圖像都是如真人般的大小，唐太宗時常去看望以託懷念之情。當時唐太宗李世民也已是個風燭殘年的老人，看著那些舊部眾人的畫像，再念及曾經的戎馬生涯是何等的雄心萬丈、氣吞山河。唐太宗每念及此常於不自覺間潸然淚下，凌煙閣二十四功臣的畫像是他對當年往事的懷念，更是一種真情流露。

10 侯君集謀反：唐太宗忍痛除之

為了爭奪皇權，唐太宗李世民連自己的長兄李建成、四弟李元吉都殺，為了維護李家江山的安全，一個不姓李的侯君集哪能不殺？

貞觀十三年，高昌王麴文泰切斷西域通商之路，唐太宗徵召他入朝，他謊稱染病在床而拒絕應召，於是唐太宗命侯君集為交河道行軍大總管征討麴文泰。侯君集率軍西行數千里，歷盡艱辛終破高昌。

侯君集攻破高昌後，不向唐太宗上奏戰況及請旨行動，而是擅自處治無罪之人，並且私取高昌王的寶物據為己有。部下將士得知後，競相前去高昌王宮盜竊寶貝，侯君集怕自己的事被人告發，也就不敢去制止部下的不法行為。回到京城後，主管辦案的官員奏請唐太宗懲治侯君集的罪行，唐太宗下令將侯君集拘捕入獄。中書侍郎岑文本認為對功臣大將不能輕易治罪，於是上奏章請求唐太宗寬恕侯君集。唐太宗採納了岑文本的意見，命人將侯君集釋放。

侯君集自認為在西域立有大功，卻因為貪財而被囚禁，心中憤憤不平。當時，太子李承乾唯恐唐太宗行廢立太子之事，他知道侯君集深懷怨憤之心就和侯君集通謀。侯君集的女婿賀蘭楚石當時任東宮千牛，李承乾幾次讓賀蘭楚石將侯君集引入東宮，詢問保全太子在位的方法。侯君集知道李承乾是個懦弱不中用的人，想利用他乘機圖謀報仇，於是他幫太子李承乾出謀劃策，準備帶兵攻入西宮殺魏王李泰，奪取皇位。

後來李承乾密謀造反之事被人告發，唐太宗命長孫無忌、房玄齡等人共同審理，李承乾謀反的情節被證實。侯君集因參與謀反被拘捕入獄，他的女婿賀蘭楚石又親自入皇宮，向唐太宗報告侯君集的反叛情事。

唐太宗親臨府衙審問案情，唐太宗說：「我不願意讓刀筆吏羞辱您，所以來親自審理。」侯君集無言以對。唐太宗對百官說：「往昔國家尚未安全，侯君集確實發揮了重要的作用，我不忍心依法治他。我請求饒他一命，公卿們能不能答應我的請求呢？」眾臣道：「侯君集的罪行為天地所不容，請處死他以維護國家法律和尊嚴。」於是唐太宗對侯君集說：「我要與您永別了，從今以後，只能見到您的遺像了。」說完欷歔流淚。審問完畢，侯君集被押至街市斬首，其家產全部被抄沒。

一旦追隨已久的忠臣猛將有叛逆之心就威脅了皇權，這一點唐太宗李世民當然非常清楚，即使他表面上有捨不得之意，最終也還是不會手軟的。

11 遠交近攻：揚李唐國威，四海皆臣服

唐太宗李世民開創了大唐盛世，君臨天下、威震四海，在大唐政治穩定、經濟繁榮的形勢下，李世民又開始了邊疆地區的統一戰爭。李世民妥善地處理與各民族之間的關係，為建立強盛的多民族李唐王朝奠定了紮實的基礎。

對唐朝邊境造成威脅的是東突厥國，它是北方最大的少數民族勢力。唐朝建立初期，東突厥就支持北方各派的割據勢力，企圖阻撓唐朝統一，並經常南下對唐邊境區域進行騷擾，搶掠人畜、破壞生產，甚至威脅京師長安的安全。唐太宗李世民剛即位時，東突厥首領頡利可汗認為其統治還不穩固，便親率二十萬騎兵進逼長安對唐太宗進行威脅和訛詐。唐太宗李世民正確地分析了頡利入侵的目的，命令唐軍迅速地布陣，並擊退其大軍。後唐太宗李世民藉東突厥內亂勢力削弱的機會，於貞觀四年（六三〇年）派李靖、李勣率大軍深入邊疆俘獲了頡利可汗。貞觀九年，唐太宗李世民任命李靖、侯君集率軍平定了吐谷渾（位於今青海地區）。貞觀十三年（六四〇年），又派侯君集出兵攻打交河（今新疆吐魯番），第二年佔高昌，後又擒獲龜茲

王，平定了西域大部分地區，將安西都護府移至龜茲（今新疆庫車），重新打通了溝通中西陸路交通的「絲綢之路」。唐朝在東到大海、西至焉耆、南盡林邑、北抵大漠的廣袤疆域內設立州縣，成為當時世界上最強大的王國。

唐太宗李世民認為「中國既安，四夷皆服」，他實行了開明的民族政策。從消滅東突厥國開始，西北各部首領都主動來長安朝見唐太宗，並尊稱唐太宗為「天可汗」。「可汗」原是西北各部對頭領的稱呼，稱唐太宗為「天可汗」就是認可唐太宗是他們共同的君主。

唐朝對北方少數民族地區的管理，主要採取了任命各民族上層頭領擔任地方長官，並尊重原有民族習慣與生活習慣的方式。少數民族地方長官職務世襲，代表中央政府對當地進行管理，到唐太宗晚年，漠北地區各部又相繼歸附。為了方便來長安朝拜唐太宗皇帝，各少數民族首領又在大漠南北專門開闢了一條大道，稱為「參天可汗道」。沿途設置的驛站多達六十八處，裡面備有馬匹和食物供應各地往來的使者。唐太宗李世民把各地少數民族與自己的子民同樣看待，各少數民族人民也把唐太宗當成了自己最愛戴的可汗。

唐朝與吐蕃還有了通婚的歷史。吐蕃是很早就生活在青藏高原一帶的古老民族，是現今藏族的祖先。松贊干布是吐蕃歷史上傑出的政治家，他做贊普時基本上統一了雪域高原的各部，並定都邏些城（今拉薩）。在松贊干布多次求婚的強烈要求下，唐太宗答應將文成公主嫁給他。唐朝許婚的消息傳來，吐蕃人民歡呼雀躍。松贊干布非常興奮，他仿照唐朝的建築為文成公主修建了宮室，之後又親自前往青海迎接，並以皇帝女婿的身分拜見唐朝的護婚特使李道宗。據說文成公主是李道宗的女兒，李道宗不僅是屢立戰功的名將，此次在唐與吐蕃的聯姻上也做出了重要貢獻。李道宗護送文成公主入藏，松贊干布和文成公主在邏些城舉行了盛大婚禮，李道宗告別文成公主和松贊干布回朝覆命。文成公主入藏後，為漢藏兩族的友好關係做出了重大貢獻，她將許多工藝品、穀物、菜籽、藥材、茶葉以及曆法、生產技術與各種書籍帶往吐蕃，大大促進了吐蕃經濟文化的發展與進步，奠定了唐蕃密切交往的基礎。後來松贊干布又接受唐朝授予他的西海郡王的爵位和駙馬都尉之職，唐朝從六三四年到八四六年的二百多年間與吐蕃之間的使臣往來非常頻繁。

貞觀時期，由於邊境地區的統一和安定，大大促進了各族人民之間的交往和經濟文化交流，對社會經濟文化的發展產生了巨大的影響。與此同時，唐朝和世界上其他國家的政治、經濟和文化交往也越來越頻繁，亞洲、非洲地區許多國家的使者、商賈、學者、藝術家、僧侶等不斷來唐朝訪問，長安城不僅是當時國內各民族的大都會，也成了世界性的大都會。唐太宗對中外交往採取了積極友好的態度，專門設立鴻臚寺接待各國使者，設立商館以招待外商，那時和唐朝交往的國家達到七十多個。大批外國商人從陸路或海路來到長安、洛陽、揚州、廣州等大城市，唐政府允許他們長期居住，還可以和中國人通婚。通過廣泛的交流，許多植物品種如胡椒、菠菜、鬱金香、天竺乾薑等，相繼從波斯（今伊朗）和印度傳到了中國。此外，佛教經典也大量傳到中國，並被譯成漢文。

貞觀時期，高度先進的封建文化對亞洲各國甚至世界其他地區產生了重要影響。中國的絲綢、茶葉、瓷器、紙張等商品大量銷往波斯等亞洲國家，又通過他們銷往西方。中國古代四大發明之一的造紙術，便是在貞觀時期傳到阿拉伯和印度的，又通過阿拉伯傳到歐洲和非洲，對西方文化事業的發展產生了巨大的推動作用。唐文化對朝鮮、日本的影響更大，貞觀四年（六三〇年），日本派遣了第一批遣唐使到中國來學習，之後各種遣唐使和留學僧人不斷到來，人數越來越多。貞觀十九年（六四五年）日本吸收了唐代的均田制、租庸調制、官制、府兵制以及刑律等，開始了廢除氏族制度的政治革新，他們在這場具有革命性的社會變革中建立起了完備的國家機構和制度，大大地促進了其封建化進程。貞觀時期的李唐王朝在當時的國際上獲得了很高的聲望，中國使者、僧侶和商人的足跡遍布亞洲各國。直到今天，西方國家中還有以「唐人」稱呼中國人的習慣，還有的外國城市把有較多中國人居住的地方稱為「唐人街」。

12 金丹毀身：功大於過，瑕不掩瑜

為維護李氏家族的統治，唐太宗李世民希望自己能夠長命百歲。因此他不惜借用金丹和仙術來保全自己，而正是這些金丹要了他的性命。

唐太宗從貞觀十七年開始漸漸地步入了晚年，他的思想與早年相比發生了很大的變化。唐太宗於貞觀初年奉行大治天下的治國方針，此間他勵精圖治、銳意進取，使李唐王朝迅速達到了大治，呈現出社會定安、生產發展、百姓安居樂業、國力日益強盛的局面。由於他兼聽納諫、廣任賢良的作風，使得朝臣們敢於發表和堅持自己的意見，敢於與皇帝辯論的政治風氣，開創了中國封建社會最突出的太平盛世。

唐太宗在貞觀初年能夠虛心納諫，可以說是與長孫皇后的協助分不開的。長孫皇后在世時，唐太宗每當逞帝王威風不能虛心聽諫時，她便通過各種方式進行規勸，使唐太宗能夠繼續保持虛懷納諫的作風。後來長孫皇后去世了，加上貞觀盛世的功業，唐太宗自認為在文治武功方面都超過了古人，驕傲和自滿的情緒開始滋長，其思想和行為逐漸發生了變化，以「隋亡為戒」的訓條逐漸被他淡忘了，他身上也越來越多地體現出了封建帝王的貪欲和專制本性。在任用大臣上，不再像貞觀初期那樣唯才是舉了，朝廷中充斥著諸多勳親子弟。在兼聽納諫方面變得漸惡直言，有時雖然勉強聽諫，但內心裡也不真正接受。在貞觀中後期，唐太宗與大臣之間的關係也發生了變化，他開始不信任大臣。尤其在統治後期，他的疑忌心理越來越嚴重，動不動就會對大臣問罪，輕則貶黜，重則殺戮，甚至連尉遲敬德、房玄齡這樣的功臣，也不能倖免。貞觀中後期，唐太宗的生活開始走向奢侈，他的行幸遊獵活動頻繁起來，也逐漸熱衷於宮殿的營造。皇帝奢侈就必定會向百姓徵稅，因此百姓的徭役負擔不斷加重，服役的人民不堪重負，加之開始了頻繁的征伐戰爭，使原有的社會狀況受到打擊。後來又發動了兩次討伐高句麗的戰爭，戰爭最後均以失敗告終。討伐戰爭的本意是想徹底肅清邊疆隱患，結果卻是徒勞無功，甚至導致了國內階級矛盾的激化。

他不信佛不通道，年輕時曾經譏笑過秦始皇吃金丹神藥而祈求長生不死之事，但到了晚年卻蹈秦始皇覆轍。唐太宗親征高句麗之後，因受失利的情緒影響而導致毒火攻心，返回長安靜養。唐太宗雖為一代英主，但由於疾病纏身，久治不癒，生發了吃丹藥而祈求長生不老的迷信思想，並迷戀上了方士煉製的金石丹藥。但這不僅沒有將他送往長生不老的境界，反而加速了死亡的腳步。貞觀二十三年（六四九年）五月，唐太宗李世民因服用過多的金石丹藥以致中毒，於翠微宮含風殿崩逝。一代明君正值壯年卻因誤食丹藥而死，讓多少後人扼腕不已。

第三章　守成之君　唐高宗

打江山難，坐江山更難。然而，唐高宗李治不但守住了李氏家族得來不易的江山，而且推動了社會的發展。唐高宗李治繼承唐太宗李世民的帝位，很好地延續了貞觀時期的政策，社會各方面都取得了前所未有的發展，推動了社會的持續繁榮。唐高宗在位期間，雖然統治階層政治鬥爭頗多，但是內政、外交都在穩步前進，可以說唐高宗是一位「守成之君」。

01 太子之位：夫為不爭，天下莫能與之爭

歷朝歷代的皇位之爭，除去按制度繼承外，有些是手足相殘，有些是使陰謀手段，有些是靠建功立業，不一而足。然而，唐高宗李治的皇位卻是在意料之外得來的。

李治，小名「雉奴」，貞觀二年（六二八年）六月在東宮麗正殿出生。貞觀五年，被封為晉王；貞觀七年，遙授并州都督。李治小時候性情比較溫和，表現出很聽大人話的樣子，所以唐太宗李世民比較喜愛他。李治小時候剛開始學習《孝經》，唐太宗就提問他有關書中的要義，李治回答說：「夫孝，始於事親，中於事君，終於立身。君子之事上，進思盡忠，退思補過，將順其美，匡救其惡。」唐太宗十分滿意，誇獎他說：「能夠做到這一點，足以事父兄，為臣子矣。」從那時起，唐太宗李世民便認為九子李治具「寬仁孝友」的品德。

唐太宗共有十四個兒子，其中長子李承乾、四子李泰、排行第九的李治都是長孫皇后所生。按照皇位繼承制度，嫡長子具有特殊的優越性，加上李承乾從小就聰明伶俐，唐太宗特別喜歡他，唐太宗剛即位便將李承乾立為太子，當時他年僅八歲。李承乾初被立為太子時積極上進、頗

識大體，得到了唐太宗及滿朝大臣的好評，但後來他的生活漸漸荒唐頹廢起來，唐太宗見他這個樣子就動了廢除太子之心。李承乾感覺到自己太子的地位已有危險，就暗地裡聯絡政治上失意的叔父李元昌和大臣侯君集等人企圖發動政變。不料消息很快洩露出去，李承乾被唐太宗貶為庶人，魏王李泰似乎成為了理所當然的太子人選。李泰恃寵驕橫，早有想取代長兄之心，因而引起了朝廷大臣的不滿。李泰得知父親有意觀察他的行為之後，便每天到宮中小心侍候想討唐太宗歡心。唐太宗見他懂事，曾當面表示要立他為太子，但朝中大臣長孫無忌和褚遂良等人卻主張立九子晉王李治為太子，唐太宗一時拿不定主意。面對這種阻力，李泰為了盡快成為太子便企圖使手段脅迫軟弱的李治退出這場競爭。唐太宗得知後心裡很不高興，又擔心李泰也有如李承乾那樣的政變動機，就決定不立他，而立李治為太子。

貞觀十七年（六四三年）四月，唐太宗在兩儀殿的朝會結束後，單獨留下了長孫無忌及司空房玄齡、兵部尚書李勣和褚遂良等人，旁邊侍立的是惴惴不安的晉王李治，長孫無忌請求唐太宗將心事賜示。唐太宗回答道：「我欲立晉王。」長孫無忌是長孫皇后的親哥哥，是李治的親舅舅，他聽唐太宗說到這話正合他的意，就毫不猶豫地說：「謹奉詔。有異議者，臣請斬之。」唐太宗對晉王說：「你的舅舅應許擁立你了，還不快快拜謝。」李治於是急忙跪拜。唐太宗又對長孫無忌等人說：「公等既符我意，不知道外面會有什麼議論？」長孫無忌回答到：「晉王仁孝，天下歸心久矣。乞望陛下試召問百官，必無異辭。若有不同者，乃是臣負陛下，罪當萬死。」唐太宗聽他這樣說也就不再猶豫。於是召集百官上太極殿，詢問諸子之中誰最適合被立為嗣君，眾人異口同聲回答：「晉王仁孝，當為嗣。」唐太宗見李治眾望所歸，一時龍顏大悅。貞觀十七年（六四三年）四月七日，唐太宗親駕承天門，下詔立晉王李治為太子，李治以皇九子的身分最終被立為皇太子，的確是件不簡單的事情。

唐太宗在廢除太子李承乾以後，不立魏王李泰，是因為他並不希望後世子孫看到儲君之位可以依賴你爭我奪、苦心鑽營得到。唐太宗為防止李泰鬧事，派人將他囚禁起來。一方面，李承乾和李泰相爭兩敗俱傷，李治坐收了漁翁之利；另一方面，李治能夠成為新的皇位繼承人，又是因為他的「仁孝」與不爭。自古以來，自傲冒進、欺辱別人都是毀壞名聲的捷徑，這一點於魏王李泰的品行中可見一斑。謙卑退讓、甘處下風是成就良行美名的坦途，李治正應了這一點。李治的行為不超越法度，思想不違犯法規，對內勤於修身自勉以受益，對外謙虛禮讓以示敬畏。他這樣做，朝中大臣們對他便沒有非難怨恨之類的事情，最終得到了眾望所歸的太子之位，榮華福祿因此長久。

唐太宗確立了李治的太子地位，又為他日後繼承皇位做了各方面的準備。為穩固下一任皇帝的統治，唐太宗召集長孫無忌、房玄齡、褚遂良等幾位重臣統一了他們的步調，能夠死心塌地忠於李治。為了能讓李治盡快地成為一個合格的儲君，唐太宗把大量心血傾注到對他的教育上。每逢朝上議事時，唐太宗常常讓太子李治陪侍身邊，聽取朝政，或令他參議，使他得到實質性的鍛鍊。為樹立李治的威信，唐太宗又下令全國的軍隊都要服從太子的調遣，太子有權力處分大將軍以下的官員。唐太宗經常讓李治陪同自己朝見群臣，觀摩對日常政務的處理，並常聽他對某些問題的處理意見，以此來培養他的治國能力。在生活中，唐太宗看見李治吃飯，就說：「你要知道稼穡的艱難，不奪取農時，才會常有飯吃。」見李治騎馬，就說：「你要知道不盡其力，才會常有馬騎。」見李治乘船，就說：「水能載舟，亦能覆舟。百姓就像水，君主就如舟。」見李治在樹陰下休息時，就說：「木要以墨繩為準才能正直，君要能夠接受勸諫才會聖明。」李治每次聽到唐太宗的教誨，都會畢恭畢敬地肅立，然後非常感激，表示一定「永志不忘」「銘記於心」。唐太宗晚年還親自寫《帝範》十二篇總結自己做皇帝的治國經驗，要他懂得修身治國安危興廢的帝王之道。唐太宗清洗了李承乾和李泰的餘黨，消滅了顛覆李治皇權的隱患，並讓當時有權勢的大臣們兼東宮官職，表面是讓他們教育太子，其實是在培養他們與未來皇帝之間的感情。

貞觀二十三年（六四九年）五月，唐太宗病危。在臨終前，他把積極支持李治做太子的長孫無忌和褚遂良叫到床前託以後事。貞觀二十三年（六四九年）五月二十六日，一代英主長逝在終南山的翠微宮。六月一日，二十二歲的太子李治即位，為唐高宗。

唐高宗李治是唐朝第三位皇帝。對於他的皇帝生涯來說，「子承父業」可以稱之為不幸。因為當人們提及唐高宗時，往往看到的是他父親唐太宗「貞觀之治」的奪目光環。不僅如此，在他身後還有中國歷史上唯一的女皇帝武則天。在這兩位英主之間，唐高宗的處境未免有些尷尬。然而李治又是幸運的，他繼承了唐太宗的輝煌基業，平穩地做了三十五年的皇帝。在唐朝所有皇帝中，除了唐玄宗以外，他是在位時間最長的一位。

02 平高陽謀反：當仁不讓，該出手時即出手

在封建社會，當皇帝的權力受到威脅的時候，消除或打擊就連自己的至親骨肉也不會放過。為了鞏固皇位，為了李家江山的安危，唐高宗李治將謀反的妹妹高陽公主、巴陵公主等均賜死。

李治性格寬容仁厚，極重感情，在對宗室皇親的待遇上從不吝嗇，但對於他們放縱不法的行為，也不姑息縱容。唐高祖李淵有二十二個兒子，唐太宗李世民有十四個兒子，這些皇室成員中不乏仗勢欺人、橫行不法、欺凌百姓、胡作非為者。李淵的小兒子滕王元嬰與唐太宗的七子蔣王李惲都是出了名的搜刮民財的高手，民憤極大。唐高宗聽說以後，藉一次普賜諸王的機會在大家面前說：「滕王叔叔和蔣王哥哥都善於自己經營，我看就不必賜給財物，只賞給他們兩車麻，讓他們回去做串銅錢的繩子吧。」唐高宗這一席話使兩人的惡行當場亮相，大失臉面，這比嚴厲地懲罰他們更加難受，唐高宗此舉也算得上是賞罰分明了。

唐高宗被唐太宗選為繼承人，雖是長孫無忌力爭之下的結果，唐太宗也是考慮到：若李承

乾或李泰中的一人即位，另一人必不能活。選李治當皇帝就是因為他性情寬厚，必會保全手足兄弟。但實際上，唐高宗李治登基後在其他的宗室成員企圖謀反的過程中，他也大開殺戒。唐高宗雖有「仁孝」口碑，在外人看來怯弱可欺，但是他在處置危及皇位穩固與涉及皇帝權威的事件上，從沒有表現出縮手縮腳的樣子。

高陽公主是唐太宗的第十七個女兒，她性格活潑，在唐太宗的眾多女兒中最得寵愛。唐太宗將高陽公主許配給大功臣房玄齡的次子房遺愛。房遺愛空有一身蠻力，自幼討厭學問，他藉著父親的威勢，又是高陽公主的丈夫，被封為右衛將軍，得到了比其他駙馬都優厚許多的待遇。在儒教風行的當時，房遺愛屬不學無術之人，高陽公主對他根本不感興趣，可對父皇決定的事情，她不喜歡也不能反對。高陽公主氣憤之餘，從結婚那天起就不接納丈夫。婚後不久，公主到郊外的領地打獵，結識了被選為《大唐西域記》撰寫人的辯機和尚。辯機長相英俊又飽有學識，當時只有二十一二歲左右，公主大約是十五六歲，兩人即產生了密切的關係，而且持續八九年之久。唐太宗得知以後怒髮衝冠，立刻下詔將辯機處以腰斬的極刑。辯機被處死後，唐太宗表面上沒有處罰公主，卻無限期地禁止她入宮，高陽公主心中由此充滿了對父皇的憎恨。高陽公主徹底變了，她雖然從對辯機的追念中走了出來，卻徹底墮落了。她與僧人智勖、僧人惠弘、道士李晃等人日夜狎戲，房遺愛對此不但不聞不問，反而和高陽公主的這些情夫們結為弟兄。

唐高宗即位以後，高陽公主與房遺愛勾結掖廷令陳玄運，窺探朝中動靜。另外唐太宗的女兒巴陵公主的丈夫柴令武、吳王李恪、太祖李淵的女兒丹陽公主的丈夫薛萬徹、太祖李淵的六子荊王李元景等人也滿腹牢騷，他們便勾結在一起，聯合起來形成一股反對唐高宗李治的勢力，陰謀發動政變要推翻唐高宗的統治。永徽四年（六五三年），高陽公主等人謀反的事敗露，被唐高宗一網打盡。長孫無忌審理此案後，唐高宗下令：房遺愛、薛萬徹、柴令武等斬首；李元景、李恪及高陽公主、巴陵公主等均賜死。同時，吳王李恪之弟被廢為庶人、房遺愛之弟遭貶、薛萬徹之弟被流放，株連很廣。宗室名王李道宗，已於貞觀二十一年（六四七年）告老退休。長孫無忌、褚遂良素與李道宗不合，便利用高陽公主叛亂之事對其加以陷害，致使他被流放象州，死於途中。唐高宗打擊了異己勢力之後，帝位從此得到鞏固。

03 起用罪臣：恩威並重，以求忠君之士

為了李家江山的安穩，唐太宗、唐高宗父子二人配合默契。一方面是唐太宗李世民對大臣治罪，另一方面則是唐高宗李治對大臣重用施恩。父子二人可謂絞盡腦汁，用心良苦。

唐高宗李治非常想治理好自己的國家。唐太宗在位後期，一般是每三天朝見一次百官，處理日常政務。唐高宗卻堅持每天上朝，及時解決各種遇到的問題。

唐高宗即位之初，便鼓勵大臣們對有關國計民生的各個方面多提意見，並且每天召見十個刺史詢問情況，將其作為一項制度執行下來。他在執政期間，雖沒有驚天動地的功績，也沒有表現出特殊的治國才能，但由於繼承了唐太宗的治國路線，本人也比較謹慎，所以政局基本穩定，經濟仍保持持續繁榮的勢頭，人口也在不斷增加。顯慶元年（六五六年），唐高宗詢問減輕百姓負擔的辦法，有大臣指出不必要的勞役是老百姓的一大負擔，出工則延誤農時，出錢又需花費很多，建議免除一切不緊迫的徭役徵發，唐高宗虛心採納。唐高宗的善於納諫成為了彌

補他天賦不足的重要措施。

在唐太宗多年的苦心培養下，唐高宗掌握了一些治國本領，特別是唐太宗的言傳身教給了他很大的影響。長孫無忌、褚遂良、李勣、于志寧等都是貞觀時代的重要謀臣，對治國都有獨特見解和經驗。唐高宗初做皇帝的幾年被後世譽為有貞觀遺風。他重用長孫無忌和褚遂良，拜長孫無忌為太尉，兼檢校中書令，知尚書、門下二省事，長孫無忌辭去了知尚書省事，但仍任太尉同中書門下三品。有人誣告長孫無忌有謀反意圖，唐高宗沒做任何調查，便下令把誣告者處死了。

長孫無忌等人忠實地執行唐太宗的遺訓，繼續推行貞觀政治：貫徹均田令，社會經濟進一步繁榮發展；以詩賦取士，增加進士科人選，擴大統治基礎；長孫無忌編寫了《唐律疏義》，並頒行全國，進一步完善了貞觀法制；又平定了西突厥的叛亂，有力地維護了大唐王朝的統一；特別是恢復執行唐太宗晚年曾一度中斷的休養生息政策，終結了長期對高句麗的戰爭，順民情、得民心。

唐高宗除了重用輔臣長孫無忌等人外，還調用了唐太宗死前被貶的李勣。貞觀二十三年（六四九年），唐太宗病危，唯恐李勣功高震主，不能臣服於繼任新君，貶他為疊州都督，又囑咐太子李治繼位後對李勣加以重任，以獲得他對嗣君的忠誠。唐高宗即位後，按照唐太宗遺訓很快召回李勣，拜李勣為尚書左僕射。永徽四年（六五三年），又冊拜司空。李勣可以說是位重要大臣，雖不是皇親國戚，但他為人深沉謹慎，對於皇帝家事一概不過問，唐高宗對他非常滿意與信任。

近賢臣而遠小人，使天子成為明君，唐高宗初登大寶建樹無多，只有依賴於朝中重臣輔佐，使其帝位穩固。長孫無忌自不必說，他是唐高宗的親舅父，利益所驅，甥舅必為一個共同體。起用李勣，使他感恩於新君必誓死效忠，使唐高宗在重用前朝老臣的基礎上，又為自己培養了新的統治集團成員。

04 以廢后立威信：皇權初試，君臨天下

皇帝雖然高高在上，有時候也需要維護自己的威信。可是唐高宗李治不遵唐太宗的遺訓，以廢后來立自己的威信，君臨天下第一步就走錯，此舉直接導致了後來李家江山的改姓易主。

唐高宗在永徽元年（六五〇年）立妃子王氏為皇后，王皇后的叔祖母是同安長公主，美中不足的是王皇后不能生育。

唐高宗剛被立為太子時，他的妃子劉氏就為他生了長子燕王李忠。李忠也是唐太宗的長孫，所以他出生時，唐太宗大擺宴筵，遍賜群臣，整整一天才盡興而歸。唐高宗共有八個兒子，武則天生了四個（唐中宗、唐睿宗及李弘、李賢），鄭氏生子原王李孝，楊氏生子澤王李上金，蕭淑妃生子許王李素節。在母以子貴的宮廷準則下，王皇后不能生養自然是滿腹惆悵。

唐高宗即位以後，王皇后漸漸失寵，永徽二年，蕭淑妃得寵。為了鞏固皇后的地位，王皇后在舅舅中書令柳奭的勸說下企圖立燕王李忠為皇太子，因李忠之母劉氏地位低賤，希望他被立

以後能夠與皇后親近，從而鞏固王皇后地位。為了達到目的，中書令柳奭去請求太尉長孫無忌和左僕射于志寧等人。長孫無忌、褚遂良等人同意了他的提議，並向皇帝提出了這一建議。唐高宗答應下來並在永徽三年（六五二年）立十歲的長子李忠為皇太子。唐高宗即位後，長孫無忌、褚遂良等大臣同心輔政，初登大寶的唐高宗對他們頗為尊重，「恭己以聽」，君臣之間同舟共濟地度過一段平靜的日子。時間一長，唐高宗對處處以前朝老臣、輔政大臣自居的長孫無忌、褚遂良等人漸生不滿，與他們時隱時現地產生了一些衝突。唐高宗在永徽六年間決定廢后一事上，毅然與顧命大臣們決裂。

王皇后為保住自己的地位，不甘心蕭淑妃得寵，於是將武則天弄到唐高宗身邊，卻不料弄巧成拙。唐高宗與武則天的結識是在唐太宗晚年病重時，唐太宗在他的寢殿側安置了一處院落讓太子李治居住，李治在父皇的寢宮外陪住了很長一段時間，他和同樣侍奉唐太宗的才人武則天有了私情。貞觀二十三年（六四九年）五月，唐太宗駕崩，武則天因沒有為唐太宗生育後人，與其他宮人一起被送進感業寺削髮為尼。永徽元年（六五〇年）唐太宗周年忌日，唐高宗李治來到感業寺進香，二人相見，舊情復萌。王皇后知情後，為了打擊蕭淑妃，她鼓動唐高宗將武則天納入宮中。

武則天進宮後，為報答王皇后而對她畢恭畢敬、言聽計從，王皇后十分高興，一有機會便在唐高宗面前稱讚武氏的種種好處，使唐高宗越來越喜歡武氏，很快便封她為昭儀。隨著武則天的日漸受寵，王皇后達到了排擠蕭淑妃的目的，但武則天卻又使她惶恐起來。於是王皇后又把矛頭指向了武則天，武則天清醒地意識到了這一點。永徽五年（六五四年）初，武則天生了一位小公主，很討人喜歡，王皇后也依禮前去看望。她走後，武則天殘忍地掐死自己的女兒，輕輕蓋好被子，以待陷害王皇后。唐高宗來看女兒，武則天裝出很高興的樣子，帶他來到床前，掀開被子，一見女兒死狀忍不住失聲痛哭起來。唐高宗十分震驚，聽宮女說王皇后剛來過，唐高宗大怒，武則天又趁機大進讒言，王皇后有口難辯，加上她久未生育，唐高宗於是下定了廢后改立之心。

唐高宗要廢立皇后之事已為百官共知，在朝廷內部分為兩大陣營。李義府、許敬宗、袁公瑜、崔義玄等人成為唐高宗廢立皇后的支持者；而作為另一派的輔政大臣們卻非常反對。長孫無忌等人認為王皇后出身名門、忠厚賢淑，不應輕廢；武則天出身寒微，又曾侍奉過唐太宗，立為皇后不合禮儀。然而唐高宗不願採納長孫無忌的諫言，褚遂良見勸諫無效，氣惱地提出辭官歸田。就在唐高宗左右為難之時，李勣對唐高宗說，皇后廢立是皇上的家事，不必去徵求別人的意見。在李勣的支持下，永徽六年（六五五年）十月，唐高宗下詔，以王皇后、蕭淑妃謀行鴆毒的罪名將二人廢為庶人。

王皇后和蕭淑妃被廢之後處境悲慘，關在別院內，唐高宗偶然發現她們，萌發了同情之心，武則天得知此事，立即令人將二人殘殺。唐高宗身體不好，性格上也顯得懦弱，這給武則天創造了機會，他對王皇后和蕭淑妃的慘死也無可奈何。王皇后的母親及兄弟被除職為民，流被嶺南，事隔一周之後，唐高宗下達了立武則天為皇后的詔書。經過皇后廢立事件，貞觀時代留下來的元老派大臣除李勣外，其他大部分被罷免或疏遠，長孫無忌和褚遂良等均遭貶斥，最終長孫無忌和褚遂良都死於武則天之手。而支持武則天做皇后的李義府、許敬宗等人則組成了新的統治集團。

唐高宗在廢后一事上，可謂大做文章。他初登基時，在各方面多依靠長孫無忌、褚遂良等老臣，但隨著年紀增長已不想再被他們左右，必然要組織自己的新的統治集團，那些支持者必然會藉機得勢，長孫無忌等大臣卻不能認清形勢而意圖永久牽制天子，最後只能落得個顛沛流離甚至身首異處的結局。

05 武后手段：為樹威信，謀殺重臣

為謀求皇位，武則天打擊陷害異己。懦弱昏庸的唐高宗李治聽信讒言，使開國元勳長孫無忌蒙冤，李家江山在政治風雨中開始飄搖。

唐高宗登基後，長孫無忌進拜太尉，知尚書及門下二省事，長孫無忌再三辭謝，唐高宗仍令他以太尉同中書門下三品。當時長孫無忌和褚遂良悉習輔政、數進良策，唐高宗也虛心納諫。「故永徽之政，百姓阜安，有貞觀之遺風。」

正當君臣同心、政通人和之時，武則天回到了宮中。武則天是個野心勃勃的女人，她回宮後就嫁禍王皇后，使唐高宗被激怒後廢黜王氏，立她為皇后。

唐高宗深知廢立皇后乃朝廷大事，必然會招致大臣的反對。經過仔細斟酌，他決定首先爭取權高望重的舅舅長孫無忌的支持，便攜武則天親拜了長孫無忌的府第。長孫無忌見聖駕光臨深感榮幸，連忙設宴款待，席間唐高宗欣然任命長孫無忌寵姬所生的三個兒子為朝散大夫，並將隨身帶來的十車金銀珠寶和綾羅錦緞賜予長孫無忌。唐高宗藉著酒意幾次提到王皇后沒有兒子，暗示長孫無忌支持自己廢后另立，長孫無忌終於明白了唐高宗和武則天此行的真正目的。在長孫無忌看來，武則天曾經侍奉過先帝，萬萬不可立其為后，褻瀆王室。況且王皇后是唐太宗和長孫皇后親自選定的，更不可隨意廢除。但他不便明確表態，就佯裝糊塗，頻頻轉移話題，唐高宗和武則天只得怏怏而歸。武則天又讓母親楊氏出面向長孫無忌求情，也被長孫無忌婉言拒絕。與此同時，善於政治投機的禮部尚書許敬宗為向武則天獻媚，多次遊說長孫無忌，均遭到長孫無忌的嚴厲斥責，使得許敬宗十分難堪。永徽六年，唐高宗不顧長孫無忌、褚遂良等朝廷重臣的強烈反對，斷然將武則天立為皇后。

武則天對長孫無忌等人在易后之事上的強硬表現懷恨在心。她考慮到長孫無忌是唐高宗的舅舅，又有佐命大功，一時扳不倒他，便先將與長孫無忌志同道合的褚遂良貶為譚州都督，後又降職為愛州刺史。不久，褚遂良在愛州（今越南清化一帶）憂憤而終。曾經反對唐高宗冊封武則天為宸妃的侍中韓瑗被誣陷與褚遂良潛謀不軌，貶為振州刺史，終身不准入京朝拜，不久便卒於貶地。王皇后的舅舅原吏部尚書柳奭也從榮州刺史再貶為象州刺史。接著，武則天又命令許敬宗暗中尋找機會陷害長孫無忌以洩私憤。

顯慶四年（六五九年），洛陽人李奉節告發太子洗馬韋季方、監察御史李巢交通朝貴、朋比為奸。唐高宗命中書令許敬宗與侍中辛茂將他們拘捕審訊。陰險狠毒的許敬宗趁機濫用酷刑，逼迫韋季方供出長孫無忌。韋季方不願誣陷忠臣，自殺未遂。許敬宗便誣奏韋季方與長孫無忌企圖謀反，使朝廷大權歸於長孫無忌，由於事情敗露才驚恐自殺。唐高宗聽後吃驚地說：

「舅舅受小人挑撥，或許會產生一些隔閡，何至於要謀反呢？」許敬宗回答道：「我對此事進行了周密調查，長孫無忌謀反的跡象已經十分明顯。倘若陛下還持懷疑態度，恐怕會給國家帶來災難。」唐高宗不禁落淚道：「朕家門不幸，親戚間屢有異志。往年高陽公主與房遺愛謀反，現在舅舅又圖謀不軌，使朕愧對天下之人。」許敬宗見唐高宗已經心動，趕緊火上加油：「遺愛乳臭小兒，與一女子謀反，勢單力薄成不了大氣候。長孫無忌可就不同了，他助先帝謀取天下，眾人佩服其智慧；任宰相三十餘年，眾人敬畏其權威。萬一事情爆發，陛下派誰去阻止他呢？現在我們及時查出這個奸賊，真是件值得慶幸的好事。我擔心長孫無忌知道韋季方自殺，窘急而謀反，振臂一呼，同惡雲集回應，勢必危及社稷大業。」接著許敬宗又舉出隋朝重臣宇文化及舉兵叛亂傾覆隋室的歷史事實，說得天性懦弱的唐高宗不寒而慄，遂下令許敬宗進一步仔細審查。當晚，許敬宗並沒有進行複審，而是秉承武則天的旨意精心編造了一套謊言。

第二天入朝，許敬宗上奏欺騙唐高宗說：「昨夜韋季方已經對勾結長孫無忌謀反之事供認不諱。我問韋季方：『無忌乃至親，累朝寵任，為何謀反？』韋季方回答說：『無忌曾經參與請立梁王忠為太子的事件，梁王被廢後，無忌深感不安，遂蓄意謀反。』我參驗辭狀，咸相符合，請陛下速將長孫無忌收捕正法。」唐高宗聞言含淚道：「即使舅舅謀反證據確鑿，朕也不忍心殺他，否則天下之人會怎樣議論朕，後世之人又會怎樣評說朕呢？」許敬宗見唐高宗仍然猶豫不決，就進一步煽動說：「薄昭是漢文帝的舅舅，也是漢文帝的有功之臣。薄昭不過犯了殺人罪，文帝就令文武百官身穿素衣為薄昭哭喪，然後令其自殺。至今天下之人仍稱讚文帝為賢明的君主。先帝與陛下對長孫無忌可謂恩重如山，他卻忘恩負義陰謀叛逆，其罪行與薄昭不可同日而語。幸而奸行暴露，逆黨服法，陛下為何瞻前顧後，遲遲不作決定？古人云：『當斷不斷，反受其亂。』長孫無忌乃今日之奸雄，可謂王莽、司馬懿之流，陛下若再優柔寡斷，我實在擔心變生肘腋，那時可就追悔莫及了。」唐高宗本來就是個沒有主見的平庸之主，此時聽許敬宗引經據典，言辭又頗懇切，便對長孫無忌謀反之事信以為真，竟不再親自提審長孫無忌，便下詔削去長孫無忌太尉的官職和封邑，出為揚州都督，並遣使發州次府兵援送往黔州（今四川彭水縣）安置。許敬宗又奏稱：「長孫無忌謀反，由褚遂良、柳奭、韓瑗等構扇而成。」於是唐高宗下令追削褚遂良官爵、韓瑗除名。褚遂良兒子彥甫、彥沖於流放愛州途中被殺。長孫無忌之子秘書監駙馬都尉長孫沖除名，流放嶺南。

武則天不滿足於唐高宗對長孫無忌等人的懲處，又在唐高宗面前造謠誹謗、挑撥離間，昏庸的唐高宗便令許敬宗等重新審核長孫無忌謀反之事。在武則天的授意下，許敬宗等暗中派其親信中書舍人袁公瑜趕到黜州，逼令長孫無忌自縊，可憐開國元勳就這樣含冤而死。許敬宗捏造供狀還奏唐高宗，唐高宗見供狀中牽連多人不禁大怒，遂下令將韓瑗於貶所斬決，韓瑗已經去世仍被開棺戮屍。

武則天藉此冤獄，又黜斥長孫無忌一派的官員二十餘人，清除了平時不肯依附自己的朝廷大臣，從此朝政大權一步步落入她的手中。

06 司法與邊事：文治武功，逞父遺風

皇帝兩件大事：一是為百姓辦事，以安民心；二是維護皇權的穩定。對皇權構成威脅的有內部因素和外部因素。唐高宗時代國泰民安，武則天則是威脅皇權的一個潛在內部因素，但還沒有構成直接威脅。當時經濟繁榮、國力強盛，唐高宗對外征伐消除了威脅皇權的外部因素，使李氏家族的政權得到了很好的鞏固。

唐高宗與唐太宗相比，有他突出的一面。唐太宗晚年迷戀金丹，而唐高宗對長生之術則持非常冷靜的態度，他從不迷信胡僧的長生藥。唐高宗曾說：「果有不死之人，今皆安在？」與此相反的是，唐高宗對醫學非常信任。唐高宗身體狀況一直不好，他對於御醫的治療積極配合，即使是在他的頭上扎針流血也不介意；他還命令宰相召集名醫修訂了《唐本草》一書。

唐高宗的虛心納諫，可以說是唐太宗政治作風的再現。唐高宗即位伊始，立即停止了對遼東（高句麗）的戰爭及土木工程的營造，使人民得以休養生息。

唐太宗時的「政事堂」在唐高宗時以「平章事」「同三品」等行宰相事，參加政事堂議決

軍國大政，由於他們品位不高易於控制。唐高宗繼承了貞觀時期疏闊的法律。他問大理寺卿唐臨監獄中關有多少犯人？唐臨回答說有五十多個，只有兩人必須處死，他對於囚犯如此之少、死罪率低的情況表示滿意。唐高宗又去視察監獄，發現裡面很平靜，沒有囚犯乘皇帝視察之機喊冤求救。他感到很奇怪，便問囚犯是怎麼回事，得到的回答是：「朝廷的處置都非常恰當，我們並不感到冤枉。」這一犯罪率較低的情況與貞觀時期相比是一脈相承的。唐高宗時期對於法律建設也十分重視，唐高宗時的永徽律在武德律和貞觀律的基礎上形成，也是最後的唐律。著名的《唐律疏議》，即在唐高宗永徽四年由長孫無忌等大臣修訂而成，這一時期的執法狀況也是相對比較公平公正的。

只要有國家就一定有法律存在，法律是統治階級意志的體現，一個國家的政權要靠法律才能得以實施。所謂王子犯法與庶民同罪的論調，限於法律是由統治階層所制定的，必定有為其服務的優越性。皇帝是封建王朝中整個國家的最高統治者，權力至高無上，皇帝的統治意志是通過法律來實現的，又以臣僚作為他執行法令的工具。為了確保皇帝的權力及其人身的絕對安全，李唐王朝在法律上做了嚴格規定，凡屬違反「君為臣綱」危害皇帝的犯罪，包括謀反、忤逆、大不敬等在內都屬於罪大惡極，必將被處以最嚴厲的刑罰。所以唐高宗時期所制訂的唐律也只是一部封建統治階級的特權法律，它始終貫穿著以禮為主、禮法結合的精神。它按照禮法的原則，將人分為若干等級，每個等級的人按照其地位遵守不同的法律，被統治階級賦予了不同的權利和義務，其中當然有很多內容都是維護等級特權的。但無論如何，制定了法律之後，便有了處分壞人以及辦事的依據。唐高宗時期的《唐律疏議》是中國現存最古老、最完整的封建刑事法典，同時也是中國古代法典的楷模和中華法系的代表作，在世界法制史上具有很高的地位與價值。

唐高宗時，唐朝在當時世界上的影響很大。全國人口從貞觀時期的不滿三百萬戶到永徽三年（六五二年）已增加到三百八十萬戶。永徽五年（六五四年），糧食大面積豐收；國家疆域在拓展，疆土面積達到最大；增強了國力，改善了民族關係。

由於國力持續強盛，在唐高宗統治時期進行了一些對外戰爭。戰爭擴大了疆域版圖，維護了國家的統一，加強了對邊疆地區的控制，促進了中外的經濟交往與文化交流。

西域是唐朝苦心經營之地，貞觀四年（六三〇年）後的大約五十年中（六三〇—六八二年），東突厥國臣屬於唐。唐朝利用投降的突厥軍隊作為先鋒，在西域建立了自己的統治地位，正式開始了對西域的經營。在伊吾（今哈密）、鄯善等國臣服於唐朝之後，唐朝又於貞觀十四年（六四〇年）消滅了高昌國，建立了西州和安西都護府。接著又陸續剿滅了焉耆、龜茲、疏勒、于闐等二十幾個西域小國，確立了以安西四鎮為核心的西域統治體系。安西四鎮在當時是指龜茲（今新疆庫車）、疏勒（今新疆喀什）、于闐（今新疆和田西南）、焉耆（今新疆焉耆西南），安西都護府則坐落在龜茲鎮。

唐高宗於永徽六年（六五五年），派遣大將程知節領兵攻擊沙缽羅可汗，從此連年用兵西域。至唐高宗顯慶二年（六五七年），唐大將蘇定方等大破西突厥，即沙缽羅奔石國（今烏茲別克斯坦塔什干一帶），西突厥亡。唐將整個西域納入自己的掌控之下，在中亞碎葉川以東至昆陵都護府，以西至蒙池都護府，都隸屬於安西都護府。原臣服於西突厥的昭武九姓等中亞諸國也紛紛歸附唐朝，唐朝的直接統治已經延伸到帕米爾地區。唐的版圖在唐高宗時達到最大。

唐朝對西域的管理不僅是屯墾戍邊，而是實實在在的開發和統治。首先，在西域建立了十分完善的軍政管理機構，以都護府為最高行政機關，下轄軍事和行政兩大管理系統，官有定員，職有專人。其次，著眼於綜合開發，使各方面建設相輔相成。因地制宜，既推行屯田制，又在東疆地區引進內地的均田制和租庸調制，對招募的屯民實行租佃制和分成制；軍事上推行兵農合一的府兵制，使駐軍部隊擔負起屯墾戍邊的雙重職責。三是，尊重各民族的權益，不搞民族歧視。任命其本民族的首領管理其內部事務，各少數民族不必向中央政府繳賦稅。這些政策使以安西四鎮為中心的西域地區繁榮興旺起來。

與李唐王朝同時興起的還有青藏高原上的吐蕃帝國。吐蕃興起後，對安西四鎮的興旺覬覦了很久，並於咸亨元年（六七〇年）對安西都護府發動了第一次攻擊，拉開了與唐朝爭奪西域的序幕。唐朝與吐蕃的爭奪使安西四鎮數度易手。武周長壽元年（六九二年），武威軍總管王孝傑與武衛大將軍阿史那忠節聯兵攻破吐蕃，使安西四鎮的爭奪戰暫時告一段落。從唐高宗到武則天時期的六十二年間，唐朝在西域與吐蕃進行了連續不斷的拉鋸戰，終於將唐太宗時期打下的基業保住了。吐蕃受挫後也承認唐朝的實力，在較長一段時期內不再進犯。

唐高宗時期最大的軍事舉措當屬討伐高句麗。當時在遼東北和朝鮮半島分成三國：高句麗、百濟和新羅。乾封元年（六六六年），高句麗權臣淵蓋蘇文病死，其子淵男生繼掌國事，他的另外兩個兒子驅逐淵男生。淵男生懇求唐朝發兵相助，唐高宗任李勣為遼東道行軍總管，率軍東征高句麗。

李勣作為軍事統帥，立下了赫赫戰功。總章元年（六六八年），李勣大軍渡遼水，一路連捷，直抵平壤城南紮下大營，一月有餘即攻克平壤。高句麗王高藏投降。唐朝共獲一百六十七城，六十九萬七千戶。至此高句麗國滅，屬地置九個都督府、一百縣，設安東都護府統管整個高句麗地。

自隋文帝以來屢伐高句麗，無一成功。唐太宗御駕親征，也因天寒少糧而無功罷兵。唐高宗此番命李勣老將出馬，乘高句麗內亂，加之指揮有方，一舉討滅了東邊這個多年難拔的「釘子」。後來新羅統一朝鮮半島，與唐朝建立了良好的關係。唐高宗完成了唐太宗沒有實現的夢想。

唐高宗時期軍事上取得的勝利及文化上的強盛，被周邊一些小國稱之為「文化大國」，在他們心目中李唐王朝擁有著顯赫的地位。唐朝一展大國雄風，使邊境穩定，統治政權也得到了很好鞏固。

07 委政武后：君子不與命爭

在維護李家江山的安全方面，唐高宗李治可以說是一錯再錯。以廢后立威信是其第一錯；委政於武后則是第二錯。最後雖然傳位給太子李顯，總算「保住了」李家的江山，但這只不過是表象罷了。

武則天在剛開始做皇后的一段時間裡，對唐高宗百依百順。她生性聰慧，又有很好的文史修養，當她的皇后地位鞏固並拉攏了一批心腹之後，她便開始插手朝政。通過直接處理政務，武則天對自己的能力有了新的認識，她的處理往往也能使唐高宗感到滿意。漸漸地，她開始控制唐高宗，甚至連唐高宗的一舉一動都受到她的監視。顯慶五年（六六〇年）冬，李治開始生病，頭痛眩暈、兩眼模糊，難以主持日常政務，上朝時往往委託武則天代為處理。

唐高宗把政事委託給武則天，一是由於他的身體狀況不佳，「苦風眩頭重，目不能視」，處理國政不能不有所依靠；二是由於武則天自身素質高，與他在政事的處理上有很多共同點。武則天「處事皆稱旨」，是她能夠得到唐高宗信任並最終委政於她的主要原因。武則天做了皇后就是「母儀天下」，能夠得到很多政治便利。在唐朝世風開放，女性參政的障礙相對較弱的情況下，皇后也能夠參與國家政務，武則天參與朝政可以說是出於唐高宗的意願。從麟德元年（六六四年）底每逢唐高宗上朝，武則天都「垂簾於後」，無論政事大小都會與她商議，朝野內外都恭稱「二聖」。從唐高宗上元元年（六七四年）起，皇帝稱「天皇」，皇后稱「天后」，這樣一個帝后同尊、並稱「二聖」時代始於唐高宗撒手人寰前的十年。

武則天並不滿足於當上皇后，她廢掉舊太子李忠，立李弘為太子。李弘雖是武則天親生，但由於他為人寬厚，曾替蕭淑妃的女兒求情，引起武則天的不滿，又在許多事情上與武氏政見存在分歧，所以武則天並不喜歡他。上元二年李弘暴死，成了千古之謎。之後，武則天的次子李賢被立為太子，李賢喜武，資質聰穎，唐高宗非常喜歡他。武則天對權力的無限渴望，使她感到太子李賢是自己的一個障礙，同時又擔心李賢有朝一日登上大統會對自己不利，於是她找藉口將李賢貶出京城，後又將其賜死。最終，武則天立了庸懦的兒子李顯繼承太子之位。

雖然唐高宗是心甘情願地委託政事於武則天，但也不是完全放任。唐高宗病情加重之時，他讓太子李顯監國，代他處理國政，而不是完全依賴武則天一個人。在唐高宗的帝王生涯中，在身體允許的情況下都是親自處理國政。他不僅在永徽年間勤勉國事，每日上朝，即使到了臨死前的幾個月仍然關注朝廷宰相的任職狀況。永淳二年（六八三年）唐高宗病死，李顯在靈前即位。唐高宗臨終遺言，讓宰相裴炎輔政，凡軍國大事有疑難處可聽從天后（**武則天**）處置。唐高宗死時五十六歲，埋葬在今陝西乾縣乾陵墓。

第四章　血雨腥風女皇路　武則天

武則天稱得上具有雄才大略，她在位期間，天下大治、國家富裕，社會持續發展。但武則天生性毒辣陰險，她在政治風雲中縱橫馳騁，身後留下了斑斑血跡。當政期間，她因政治的需要對政敵大加殺戮，甚至對親生骨肉也大開殺戒，她的一生正如千秋之後的無字碑一般，令後人難下定論。李氏家族真是丈夫當皇帝，妻子也能當皇帝，可謂舉世無雙，令人叫絕！

01 入選宮廷：緣起唐太宗，受寵唐高宗

男人只有征服了天下，才能得到女人。女人只有征服了男人，才能得到天下。唐太宗李世民征服了天下，所以得到了既美且慧的武氏，卻為李家江山埋下了隱患。唐高宗李治被武氏征服，所以李家江山改姓易主。

武則天出身於一戶生意人家，即當時所說的寒門。唐高祖李淵晉陽起兵時，武父是軍需官，建唐後被封為功臣。其母是隋宗室宰相楊達的女兒，四十多歲做了武士彠的續弦，她一共為武家生了武則天姐妹三人，武則天在姐妹中排行第二。武士彠去世以後，楊氏母女常受到武士彠兩個兒子元慶、元爽的欺侮，生活十分艱難。

唐太宗在長孫皇后去世的第二年開始物色天下美女，武則天因貌美被選入宮中，做了唐太宗的才人，當時只有十四歲。唐太宗臥病期間，太子李治長時間陪侍身旁，武則天也在唐太宗身邊侍候。武則天比李治大四歲，也許是李治對生母長孫皇后太過依戀了，有一種戀母情結，於是他與武則天之間有了私情。唐太宗駕崩以後，武則天與其他沒有生育的妃嬪一起被送進了

感業寺。

一年之後，唐高宗李治到感業寺進香，再次遇到了武則天，兩人舊情復燃。當時後宮的王皇后與蕭淑妃為爭寵而勾心鬥角，武則天在王皇后的操縱之下重返宮廷。武則天作為王皇后的一張牌，與王皇后結成了一條戰線，她極力討好王皇后，對王皇后卑躬屈膝、畢恭畢敬，使得王皇后每每在唐高宗面前說她的好話。

武則天先被唐高宗封為昭儀，後又封為宸妃。唐高宗在武則天這裡得到了無比的歡愉，而且他發現與武則天之間有很多的共同語言。後宮是武則天所熟悉的地方，多年的生活經驗使原本聰慧的她更加富有心計。

武則天作為唐太宗的才人，從一個初涉世事的少女逐漸成熟，不過這一時期她並沒有得到唐太宗的寵愛。武則天既沒有為唐太宗生養子嗣，也沒有得到升遷。深宮的寂寞生活使武則天慢慢品味到了宮廷生活的方方面面，這對於一個不甘於現狀的人來說倒成了一種受用不盡的財富。

蕭淑妃在武則天與王皇后兩者的強大攻勢之下漸漸失寵。武則天很清楚自己的地位，明白王皇后不過是想利用自己，一旦自己不再起作用，王皇后必然會將矛頭指向自己。正如武則天所料，王皇后看到武則天取代了蕭淑妃而得到唐高宗的寵愛，又想拿皇后的身分來對付她。

隨著宮闈鬥爭的擴大，武則天也已經不再滿足做一個妃子，她的目的是要入主中宮取代王皇后，武則天決定先發制人。武則天生了一個女兒，她利用王皇后按禮制探視新生嬰兒之機，親手掐死了自己的女兒，然後嫁禍王皇后。對此飛來橫禍，王皇后縱然渾身是嘴也無法說清了。唐高宗大為惱火，永徽六年（六五五年）十月，下詔廢王皇后而冊立武則天。

武則天終於以她的手段與心智成為了後宮之主。不久，她就將已打入冷宮的王皇后和蕭淑妃害死，對於那些反對立她為皇后的大臣也同樣進行了報復。

02 天后參政：初登政治舞臺

武則天是個很聰明的女人。她先是征服了唐高宗李治，然後利用手中的權力逐漸架空了唐高宗，李氏江山由此走向了易主的第一步。

顯慶元年，唐高宗的頭痛病開始加重。由於武則天早已顯露出處理朝政的能力而成為唐高宗的得力助手，因此唐高宗便把政務更多地交由武則天來處理。武則天這一年三十歲，她精力充沛，正好彌補唐高宗體弱的缺陷，又因心性明敏、智謀達變、涉獵文史，處事深合唐高宗心意，因此被推到執政皇后這一歷史上絕無僅有的位置上。於是武則天逐步走出了後宮的圈子，開始插手國家政事。慢慢地，武則天的權力欲開始膨脹起來。

起初，武則天處理事情還請示並與唐高宗商議，後來就逐漸自作主張，儼然成了大權在握的君王。到了上元元年（六七四年），唐高宗稱天帝，武則天稱天后，此時的武則天更顯示出一副至高無上的姿態。唐高宗一般只是隨著武則天的意願點點頭了事，大小事務武則天都處理得有條不紊，她的政治權力牢固地確立了。群臣朝拜和中外表章奏議，均稱唐高宗與武則天為

「二聖」。武則天的親信大臣許敬宗受命每日在文武百官上朝的大殿西門值勤，因此她對朝中百事及大臣動向和態度均瞭若指掌。由於武則天表現出非凡的政治才華，唐高宗曾一度想讓她攝知國政，只是因為大臣的極力勸諫才作罷。

武則天雖忙於輔助唐高宗執掌朝政，並沒有忘記朝中屬於關隴集團舊臣這一政治敵手的存在，她發誓要除掉他們。要除掉關隴集團就必須扶植親信勢力，這是武則天重大政治舉措的一個方面，她利用唐高宗東封泰山之機廣施恩寵。東封泰山就是封禪，這是中國封建時期功高德厚的帝王向上天禱告而舉行的盛典。泰山封禪幾乎是每一個帝王夢寐以求的政治理想，唐太宗時雖沒有條件，但也從沒有打消過這一念頭。乾封元年（六六六年），唐高宗決定封禪泰山，武則天充分利用這次機會，請求皇帝讓她率內外命婦參加這次大規模的禮儀活動，從而取得了以皇后身分繼皇帝之後升禪壇主持亞獻的殊榮。禮畢，文武百官皆賜官加爵，極盡優榮。這些受賜之臣都對武則天感恩戴德，武則天藉此在一定程度上造就了一支有相當勢力的親信隊伍。唐高宗舉行了這一盛典並把年號改為「乾封」。

乾封年間的北門學士是武則天以修撰為名召入的文人學士，他們不僅進行修撰工作，而且依仗武后的權勢直接參與朝政、分割宰相的權力，從而成為一支控制外廷的重要御用力量。在此後的二十多年裡，武則天由執政皇后到臨朝稱制，進而逐步造成改唐為周的形勢，這些文人學士智囊班子的作用是不可低估的。

武則天在朝廷的權力中樞廣植親信後，朝廷上便不再是關隴集團的一言堂了。永徽六年，武則天的寵臣許敬宗已任禮部尚書參知政事，後又兼太子賓客。許敬宗是一個學識博深、文采出眾的人，但同時也是一個極端自私利己、心術不正的人，許敬宗文才既高，又是老謀深算的謀臣，對武則天輔理朝政起了很大作用。儘管關隴集團屢思構陷扳倒他，但提及的那些事都是些禮法上的小節，在武則天的羽翼保護之下沒起多大作用。

永徽六年底，曾為武則天登上皇后之位立過大功的李義府又以中書侍郎參知政事。李義府是一個狡詐而貪婪的小人，自做了位極人臣的宰相便惡性發作。侍御史王義方為官正直，他痛恨李義府枉法殺人又逍遙法外，激於義憤便挺身而出，上表奏告李義府目無國法。但是唐高宗一心庇護李義府，不但不治他的罪，反給王義方加上「毀辱大臣，言辭不遜」的罪名，將其貶為萊州司戶。第二年，李義府又兼中書令之職，於是他身兼數職，成為朝廷中的顯要人物。

李義府深受皇上寵愛，小人得志且貪得無厭，他的母親、妻子及兒子、女婿賣官鬻爵、貪贓枉法。中書令杜正倫比李義府更早任中書侍郎，資格比較老，對李義府從不依附，李義府為此對他非常忌恨，兩人都爭相在唐高宗面前控告對方。唐高宗一氣之下，以大臣不和為名，將杜正倫貶為橫州刺史，將李義府貶為普州刺史。吏部尚書唐臨樂見李義府被貶，趁機召來與李義府有怨的張倫為劍南道（今四川和雲南一帶）巡察使，又以同中書令來濟關係密切的雍州司戶許祚為江南道巡察史，想方設法要處置李義府，力圖重聚關隴集團的力量。但精明的武則天知道李義府是朝中擁護她的支柱之一，關隴集團必定想先除之而後快，所以李義府雖放在外，武則天還是在保護他。她識破了唐臨的目的後讓唐高宗免了唐臨的官。在武則天的提議下，許敬宗代替李義府為中書令。最後仍是武則天的親信擔當重任。

顯慶元年（六五六年）底，西突厥發生內亂，朝廷命老將程知節率軍西征，授蔥山道行軍大總管之職，以王文度為副將。程知節率部入西突厥境，遇西突厥四萬人馬。前軍總管蘇定方率精騎五百名衝入敵陣，大獲全勝。但王文度卻矯旨力勸程知節防守，延宕不進，後又殺死前來投降的突厥人，分其財物。蘇定方屢諫程知節，他都未聽從。班師回朝後，唐高宗並不因獲勝而喜，得知實情後將王文度治罪除名，程知節也因逗留之罪被免官。

顯慶二年（六五七年）三月，潭州都督褚遂良被改為桂州都督。七月，許敬宗、李義府稟皇后的旨意，誣奏說：「侍中韓瑗、中書令來濟，與褚遂良正在暗中謀劃叛亂，因為桂州是用武之地，所以他們提出讓褚遂良當桂州都督，目的是想用他作為外援。」唐高宗聞奏大驚，遂下詔貶韓瑗為振州刺史，來濟為台州刺史，終身不得還朝。又貶褚遂良為愛州刺史，貶柳奭為象州刺史。尚書左僕射于志寧在廢立皇后的激烈論爭中，因怕惹事生非，故首鼠兩端，不敢明確表示自己的意見，武后對此也很反感。這時也乘機給他加上一個「黨附無忌」的罪名罷去其相職，于志寧本欲明哲保身，但未能如願，最後被貶為榮州刺史。

經過反覆鬥爭，到了顯慶四年（六五九年）初，武則天已在朝中培養了自己的勢力，關隴集團土崩瓦解，只剩下難以撼動的皇上元舅、輔政大臣、太尉長孫無忌一個孤家寡人了。長孫無忌不贊成唐高宗立武則天為皇后，武則天便懷恨在心，尋找有利的時機向長孫無忌開刀。她深知要搞垮長孫無忌並不容易，他畢竟是大唐開國功臣、三朝元老，正是由於他的鼎力相助，當時的晉王李治才得以被立為皇太子。他是唐高宗的元舅，身為太尉，居三公之首。在他輔佐唐高宗期間，政治清正廉明、百姓安居樂業，頗有貞觀遺風。起初長孫無忌深受唐高宗信任，武則天不敢輕易對他動手，只能先命許敬宗偵察他的行蹤，等找到一個可以下手的機會行事。

機會終於等來了。顯慶四年（六五九年）四月，洛陽人李奉節上告太子洗馬韋季方與監察御史李巢，說二人朋比為黨，與朝中顯貴往來頻繁。唐高宗即命中書令許敬宗、侍中辛茂將共同審理此案。許敬宗在審訊過程中用嚴刑拷打進行逼供，韋季方一時承受不了皮肉之苦，企圖自殺未遂。逼迫受審人自殺而未死，本是審理官員的失誤，但許敬宗卻借題發揮，誣奏韋季方欲與長孫無忌陷害朝廷忠良和皇室親戚，為的是可以由長孫無忌來操縱朝廷大權以便伺機謀反，因其陰謀被察覺而畏罪自殺。唐高宗聽了，起初並不怎麼相信，但經不住許敬宗的巧言令色，最後將長孫無忌貶出朝廷。唐高宗念及長孫無忌是自己的舅父、國家元老重臣，雖然貶官卻仍按一品官的優厚待遇供給其日常生活用品，算是對他的特殊照顧。

武則天見長孫無忌已被貶出朝廷，又進一步迫害長孫無忌等人。先是將柳奭、韓瑗等人帶上長枷，押送到京師受審，沒收其全部家產；接著又命李勣、許敬宗等人複查長孫無忌罪狀。許敬宗派中書舍人袁公瑜等前往黔州按察長孫無忌反狀。袁公瑜是支持武則天的最得力人物之一，他仰許敬宗鼻息，到了黔州把長孫無忌折磨得死去活來，長孫無忌最後承受不住，只好自縊身死。長孫無忌一手扶植起來的親外甥最終把自己送上了死路，這是他連做夢也不曾想到的。褚遂良、韓瑗、柳奭等人也先後被殺或病死。長孫氏、柳氏、于氏家族受株連而被流放、貶降者二十二人。在長孫無忌一派徹底垮臺之時，李義府又被調回京城，任吏部尚書、同中書門下三品。

為了實現自己野心勃勃的政治抱負，武則天一方面將舊有的朝廷勢力一步步分化瓦解；另一方面利用各種手段擴大自己對官僚階層的影響，不斷培植和更新擁戴自己的官僚隊伍，從而奠定了她稱帝的基礎。

03 重訂《姓氏錄》：提高武姓地位

唐太宗李世民修《氏族志》是為了提高李氏家族的社會地位，為了鞏固和加強李氏家族的統治，維護社稷江山的安全。而唐高宗時期武則天修《姓氏錄》卻是為了提高武氏家族的社會地位，為了加強武氏家族的統治力量，以便奪取李家江山。

唐太宗時期曾採取修訂《氏族志》的方式來提高關隴貴族的地位，而武則天的出身並不高貴，為了提高武姓族人的地位，她效仿唐太宗修訂了《姓氏錄》。

唐高宗時期，《氏族志》已歷經了四十多年，關中高門士族長孫無忌、于志寧、柳奭等家族已身敗名裂，並徹底垮臺了，過去的《氏族志》顯然不能反映現實情況。門閥士族興起於曹魏與西晉時期，盛極於東晉，到了南北朝時期漸漸衰落。唐代繼承了魏晉南北朝的風氣，社會上仍然重閥閱、尚門第，名門望族往往瞧不起寒門新貴，寒門庶族出身的人也自慚形穢，總覺得比士族矮一截。武則天的父親武士彠雖然做了當朝三品高官，卻屬於寒門新貴之列，仍是被人瞧不起，這一點明顯地表現在皇后廢立的爭議中。如褚遂良就認為王皇后出身於太原的高門望族，不可廢；武昭儀出於寒賤之門，不可立為皇后。雖然武則天經過一場驚心動魄的鬥爭，衝破阻力榮登皇后寶座，但她的寒微出身卻是無法改變的事實。這對她來說，確實是一件頗感沒有顏面之事。而許敬宗等人恥於《氏族志》上無名，建議武則天奏請唐高宗提出修改譜牒的動議。許敬宗的奏請理所當然地得到了武則天的鼎力支持，因為這幾年後宮的鬥爭，出身寒微是武則天的先天不足，她常為此所困。而出身寒微的宰相李義府對此舉也是喜出望外，自然不遺餘力支持。因此唐高宗很快頒下詔書，決定再一次在全國範圍內重新修改譜牒。

貞觀時唐太宗命高士廉等人依照官位定族姓的原則，修撰《氏族志》。但是《氏族志》並沒有跳出魏晉以來重門閥的舊制，所列九等兩百九十三姓中仍有官職很低的舊士族，特別是它把武姓家族排斥在外，這更是武則天所不能容忍的。顯慶四年（六五九年），長孫無忌被貶出京城兩個月後，許敬宗、李義府等立刻修訂《姓氏錄》將武姓列為第一等，其餘按官品高下分為九等，這就徹底打破了氏族大姓排在首位的舊制。此次改譜牒問題而產生的鬥爭，具有鮮明的士庶鬥爭色彩。

這次修改譜牒經武則天授意，由許敬宗「總知其事」，專委吏部郎中孔志約等人修訂，成書兩百卷，取名《姓氏錄》。唐高宗為此書裁定類例，並親自作序。《姓氏錄》中以皇后、太子三師、開府儀同三司、僕射為第一等，文武二品及知政事官三品為第二等，「各以品位為等第，凡為九等」。於是武則天便成為第一等高門。李義府也由一向為人們所瞧不起的寒門，一躍而成為第二等高門。在當朝得到五品官者都可以升為士流，進一步貫徹了唐太宗貞觀時期修

《氏族志》「止取今日官爵高下作等級」的精神，擴大了政權的基礎，把魏晉以來的門閥制度攪了個粉碎。

為了有利於在全國推行新修訂的門第等級，經李義府奏請，把過去頒行各州縣的《氏族志》全部徵收上來通通燒掉。新修訂的《姓氏錄》雖然有些粗製濫造，不為舊士族所承認，但畢竟是以皇帝詔命的形式頒行於全國的，寒門新貴的社會地位得到了明顯的提高，它對於打破舊的門第觀念無疑起到了衝擊作用，對於鞏固武則天的皇后地位也起了一定的積極作用；通過修訂譜牒而提高了武姓的門第，武后的政治地位也日趨鞏固。武則天不僅進一步鞏固了手中的權力，而且給當時的社會政治帶來了一些新氣象，所以很得人心。武則天參政以來，通過提高武姓本家和在職群臣的社會地位、擴大親信隊伍等一系列工作，逐步擴大了自己的影響力，充分體現出一個政治家的野心和計謀。

04 數易太子：憑誰問「虎毒不食子」

權力之爭無疑要付出代價，這個高昂的代價就是人性的扭曲。武則天在通往權力的道路上不惜犧牲一切，甚至是自己的親骨肉，令人瞋目。

唐高宗冊立太子頗費了一些周折。武則天親生四個兒子，長子李弘、次子李賢、三子李顯（又名哲）、四子李旦（又名旭輪）。顯慶元年（六五六年），唐高宗李治廢太子李忠，改立李弘。李弘自幼喜讀儒家經書，承繼了君君臣臣、父父子子的傳統儒家思想，性情仁厚、品行謙虛謹讓、忠孝仁厚，頗得唐高宗的歡心。李弘數次參與朝政都表現出了很好的治國才能，不僅唐高宗喜愛而且大臣們也非常信賴他。

咸亨二年（六七一年），唐高宗與武則天巡赴東都，命皇太子李弘監國。這期間，太子李弘因一件事情得罪了母親武則天。蕭淑妃所生的義陽、宣城兩位公主因受母親的連累，被武則天長年幽禁於掖庭。她們此時均已超過出嫁的年齡，卻仍然沒有婚嫁。畢竟是手足情深，太子李弘見了於心不忍，便上表唐高宗請求將兩位公主嫁人，武則天得知後惱羞成怒。當時，武則天正值得志之時，朝廷上的事情大多由她來做決斷，太子李弘奏請將義陽、宣城兩位公主下嫁之事觸到了她的痛處。她責怪太子多嘴多事，一怒之下當日即將兩位公主分別嫁給上翊衛權毅和王道古為妻。上翊衛是輪番保衛皇帝的兵士，將公主下嫁給衛士，真是世間罕見，武則天這樣做是想給兒子李弘一點顏色看看。不久，太子李弘又娶右衛大將軍裴居道之女為妃，裴氏出自名門望族，頗知書達理，唐高宗高興地表示從此不必擔心千秋之後事了，而武則天卻另有所想。

唐高宗覺得自己的身體每況愈下，在群臣的建議之下有了禪位於太子李弘之意。可是就在上元二年（六七五年）四月的一天，太子李弘隨從父皇、母后去洛陽合璧宮時突然死於綺雲殿，年僅二十四歲。唐高宗傷心至極，頒下詔書：「朕方欲禪位皇太子，而疾遽不起，宜申往命，加以尊號，可賜為孝敬皇帝。」太子李弘之死，有種說法是被武則天毒殺的。武則天的確在覬覦皇位，唐高宗現在要禪位皇太子，太子一旦即位將是她做女皇的最大障礙，因而毒殺太子也不是不可能的事。

太子突然死去，對年老多病的唐高宗來說打擊不小，他感到再也沒有精力為國事操勞了，便打算把皇位交給此時已氣勢逼人的武則天，但朝臣卻極力反對，唐高宗只好匆忙立二十二歲的第六子李賢為皇太子。然而唐高宗欲交皇位給武后的提議對武則天蓄謀已久的野心是一個很大的激勵，她更加想坐上那個寶座了。

太子李賢自幼見識不凡，李賢在武則天所生的四個兒子中天分最高，他聰明好學，深受唐高宗鍾愛。李賢的個性與前太子李弘相比有很大的差異：李弘性情恭孝仁厚，舉止謙敬有禮，為人膽小謹慎；李賢則個性較強，性格剛強猛烈，舉止活潑好動，不為禮法所拘，處事頗有膽識。唐高宗立李賢為太子以後，便命大臣們極力培養李賢，又命太子監國。李賢處理政務頗為能幹，唐高宗對這位皇太子十分滿意，認為他是比較理想的皇位繼承人。唐高宗安排的宰相班子基本上是太子李賢的人，這些人老成持重、德才兼備，他們反對武則天的執政專權，對唐高宗或者說對李氏家族忠心耿耿，由他們輔導太子大大地提高了太子的德行才識。另外，太子的下層屬官如太子洗馬劉納言、司議郎韋承慶，以及太子典膳丞高政，這些教導太子讀書習禮的人都不是平庸之輩，他們有的是初唐名臣之後，有的是學富五車的儒士。以如此強大陣容來輔佐太子，應該能夠培養出一位卓越的皇位繼承人。

武則天為了勸導兒子李賢，專門命北門學士著《孝子傳》《少陽正範》等頒賜太子，還一再寫信苛責他，太子李賢為此很不情願。他認為母親對兒女缺少母愛、要求過於嚴苛，早就積鬱在心，現在對母親的勸導不僅不予理睬，不滿情緒促成逆反心理。就在太子李賢對母親生恨的時候，大臣們關於前太子李弘被武則天毒殺的傳言，經過宮人之口傳到了他的耳中。巧的是宮中又有傳言說李賢不是武后親生，而是她的姐姐韓國夫人所生，李賢聯想到母親對他的苛刻便信以為真。為此，他是又恨又怕，恨的是武則天殘酷無情；怕的是唯恐她也會對自己下毒手。自從被立為太子後，李賢也和武則天招攬北門學士一樣，收羅了一批名臣學士，以注《後漢書》為名發展自己的勢力。這一舉動很快地被大權在握的武則天黨羽發現，兩人之間的衝突必不可免，武則天又一次面臨失去權力的危險。她立即指使人搜羅罪狀，告發太子好聲色、寵近男色、私藏鎧甲、懷逆謀，興師動眾地搜查太子的東宮。

調露二年（六八〇年）八月，太子李賢在武則天的操縱之下被廢為庶人，並從洛陽押回長安，不久被遷往巴州。文明元年（六八四年）二月，武則天又派人去巴州殺死了李賢。太子李賢一案牽連了很多人，不僅他的一批黨羽被殺、被流放，李唐宗室子孫也有多人受到牽連。蘇州刺史曹王李明、沂州刺史嗣蔣王李煒都是李賢一黨，李明降封零陵郡王，在黔州安置；李煒除名，在道州安置。太子李賢被廢，引起了大臣們的私下議論，大臣們害怕的是武則天向執政道路上又邁出了一步。唐高宗身體越來越差，太子卻接連出問題，他們覺得擔憂的事情即將發生。武后為了堵住眾人之口，上表唐高宗免杞王李上金、鄱陽王李素節之罪，貶李上金為沔州刺史，李素節為岳州刺史。義陽公主和宣城公主與丈夫在外地，武則天也請求唐高宗授予他們官職，這樣才讓大臣們的議論稍微平息了一些。

太子李賢被廢，事隔一天武則天的三子李顯被立為皇太子。弘道元年（六八三年）十二月，五十六歲的唐高宗在洛陽皇宮中駕崩，遺詔皇太子繼帝位，軍國大事聽從天后處理。「二聖」時代從此結束，這為武則天上臺鋪就了坦途。

李顯繼皇位，號唐中宗，尊武則天為皇太后，任命裴炎為中書令。武則天能夠容忍兒子李顯繼帝位，是因為李顯不及他兩個哥哥聰敏，即使登了帝位也容易被她控制。而且此時她稱帝的時機還不成熟，朝廷以外的勢力還沒有被她完全掌控住。唐中宗登基以後，準備將岳父韋玄貞升為宰相，顧命宰相裴炎不同意，這位年輕的皇帝不明白自己處於受制於母親的傀儡地位，還擺架子說：「我要把天下都給韋玄貞，又有什麼不可。何況一個宰相之位呢？」裴炎聽後告知了武則天，武則天便馬上召集百官到乾元殿，一句話就將李顯從皇位上拉了下來。繼位不到兩個月的唐中宗被廢為廬陵王，武則天又立她的小兒子李旦繼皇位，即唐睿宗。雖然讓李旦繼承皇位，但武則天卻不准他參與政事的處理，自己臨朝專政、獨斷專行，她積極地開展了改朝換代的準備。

武則天為了實現做皇帝的夢想，不惜採取各種手段來掃除她前途上的一切障礙。不管這種障礙是來自朝中百官、異姓家族，還是來自自己的親骨肉。唐高宗時期頻繁地更換太子，年輕太子一個接一個地英年早逝，便是武則天不擇手段登上皇位的有力證明。

05 諒賢而用：視死如歸的劉苑

武則天雖然在打擊異己力量上毫不手軟，其手段之毒辣令人瞋目，但也頗能識人用人讓一批文臣武將為其效命，有力地維護了武周政權。

武則天自從做了皇后，朝廷上下讚揚她和反對她的人同時增多。她憑其超人的智慧和非凡的氣魄，同來自各方面的勢力進行了頑強的鬥爭。

起初，唐高宗李治立庶子燕王李忠為太子，武則天入主後宮之後，慫恿李治廢了李忠，改立自己的長子李弘為太子。不久，發現李弘背叛了她，李弘死亡，讓李治另立她的次子李賢為太子。接著，又感到李賢不能按她的旨意行事，於是藉故將李賢貶為平民，並立自己三子李顯為太子，還將李顯兩個月的兒子重照定為皇太孫。兩年後，李治病死，李顯繼位，即唐中宗。但五十六天後，武則天又把李顯廢為廬陵王，幽禁於深宮，其子重照則被活活杖殺。同時，立自己四子李旦為皇帝，但卻不讓他過問朝政，舉國大事皆由武則天自己決斷。武則天的獨斷專行，引起了李唐宗室和忠於李唐王朝的大臣的強烈不滿。

西元六八四年，揚州司馬徐敬業起兵，打著倒武旗號很快地聚集了十多萬人。事發後，武則天任命李孝逸為揚州大總管，率領三十萬人馬前去鎮壓，很快地平息了反叛，徐敬業也為部將所殺。而這次叛亂的主要謀士劉苑、王任卻下落不明，武則天為消除隱患又下令全國緝捕二人。

六年後（六九〇年），武則天廢掉了唐睿宗李旦，改唐為周，自稱聖神皇帝。此時，劉苑、王任被緝拿歸案，武則天便令人把二犯押來親自審問。劉苑一見武則天就破口大罵：弒君篡國，大逆不道；殺子害孫，慘無人道；爭風吃醋，過河拆橋；諸如此類，沒完沒了。直罵得武則天惱羞成怒，令武士狠狠杖打，劉苑被打得頭破血流、皮開肉綻，但劉苑並不屈服，他以血為墨，以指為筆，隨手又在地上寫詩痛罵武則天。武則天氣得渾身發抖，又令人在他頸後割去一塊肉。與劉苑一起受審的王任見劉苑鮮血淋淋、面目皆非，頓時嚇得魂不附體，他怕自己也受此毒刑，就連連叩首、求饒，武則天鄙視地望了他一眼，便令武士把他推出去斬首，同時也喝令把劉苑拉下去。而劉苑毫無懼色，他掙扎著爬起來，理了理散亂的鬚髮，揩去血跡，又扯扯衣袖，準備慷慨就義。

武士們正架著劉苑往外走，忽聽武則天大喝一聲：「慢！」接著，武則天走了過來，親自為劉苑解開繩索，令人放他出去。劉苑出宮後，住在姐姐家中養傷。剛剛痊癒，大家便勸他另找地方隱蔽起來，以免武則天反悔後再算舊帳。但劉苑早已視死如歸，他不但不躲，反而故意出頭露面。大家正心急火燎地為他擔憂，武則天忽然派人把劉苑帶到皇宮，大家都以為劉苑此去凶多吉少，想不到突然快馬來報：劉苑被女皇封為禮部侍郎。

這出人意料的舉措震驚了滿朝文武，也使劉苑深感迷惘。當他得知武則天是欣賞他的才幹和傲骨而諒其罪過時，不禁感慨萬千，終於下定決心改弦易轍，發誓為女皇效勞終生。

武則天以過人的政治謀略和手段籠絡了大批經天緯地之才，鞏固了自己的統治地位，劉苑不過是其中一例罷了。

06 武周帝位：革唐命，竟是武家天下

武則天出生於武氏家族，但是武則天嫁給李家後就是李家的人了。武則天登上皇位後，如何來平衡李氏家族與武氏家族的利益，是她能否坐穩皇位，令天下臣服的關鍵。

武則天操縱幼子豫王李旦即位後，李旦也如她所願安安心心地做著傀儡皇帝，他的日常行動一切聽任母親擺布。武則天以太后身分臨朝稱制，放心地為自己的改朝換代做準備。東都洛陽改為神都後，唐朝文武百官的名稱也進行了改動：尚書省改成文昌台、左右僕射改為左右丞相、中書省改為鳳閣，明顯體現了女性特徵。御史台分成了左肅政和右肅政兩台，由左台負責監察朝廷，右台負責糾察地方郡縣。垂拱四年（六八八年）五月，武則天的侄子武承嗣派人進獻「寶圖」，它是一塊上面刻著「聖母臨人，永昌帝業」的白石。武則天非常高興，為此自加尊號「聖母神皇」，此後自稱為「陛下」，甚至製造了神皇寶璽。這個聖母神皇便是武則天稱帝前的一次演習，以此作為對天下人的一種試探，可見武則天的改朝換代只剩時間問題了。

天授元年（六九〇年）九月九日，正是秋高氣爽、豔陽高照的九九重陽節，六十七歲高齡的武則天正式實現了她的女皇夢，在朝野上下一派勸進請願的熱鬧氣氛中，武則天從容登上了九五至尊的寶座，實現了前無古人、後無來者的女皇之願，自號「聖神皇帝」，以十一月為歲首，改元天授，建立了大周王朝，史稱「武周政權」。

武則天革了唐命，正式稱為皇帝，對有關的事項也做了相應的改動。東都洛陽成為武周政權的都城，以西京長安為副都，唐睿宗李旦降為皇嗣，並賜給武姓，除去了唐宗室屬籍。按照天子七廟的宗法制度，在神都洛陽正式立武氏七廟。武則天追尊周文王姬昌為始祖文皇帝；把曾遷都洛邑的平王少子姬武尊為睿祖康皇帝；武則天的五世祖武克己尊為嚴祖成皇帝；高祖武居常為肅祖章敬皇帝；曾祖武儉為烈祖昭安皇帝；祖父武華為顯祖文穆皇帝，父親武士彠為太祖孝明高皇帝。

武則天做了皇帝，武氏家族也隨之飛黃騰達。武則天的侄兒武承嗣被封為魏王，另一個侄兒武三思被封為梁王，武攸寧被封為建昌王，其他遠房的一大幫侄子如攸歸、重規、載德、攸暨、武懿宗、嗣宗、攸宜、攸緒、攸止等皆封為郡王，諸姑姊妹全都封為長公主。武氏家族的勢力急劇增長，他們有恃無恐、飛揚跋扈、不可一世，其中以武承嗣、武攸寧尤其惡劣，他們欺男霸女、巧取豪奪、無惡不作。儘管武氏家族眾人扶搖直上，極具榮華富貴，但他們似乎還沒有得到滿足。武承嗣等人以為姑母做了皇帝，以後朝廷就是武氏的天下，並會得到世代相傳。於是他便萌發了做皇太子之心，期待自己能在女皇百年後榮耀地登上大寶之位。細心的鳳閣舍人張嘉福窺知了武承嗣的這一想法，本想出面上奏女皇，但又覺得不便於明言直說，便唆使洛陽人王慶之出頭上奏。

天授二年（六九一年）九月，王慶之召集了數百人，打著請命的旗號上表女皇武則天，呼籲請立武承嗣為皇太子，遭到了宰相的反對。文昌右相、同鳳閣鸞台三品岑長倩認為東宮已有皇嗣，是法定的儲君，不應再有更立太子的動議，並請女皇嚴懲這些上書者以平息事端。武則天聽後一時猶豫不決，詢問地官尚書、同平章事格輔元，格輔元也表示反對。

岑、格二相冒犯了諸武，諸武由此展開了報復。他們先奏請女皇讓岑長倩西征吐蕃，將他逐出朝廷。岑長倩還在西行的途中，忽然又被調回京城，回到京城不久即被諸武陷害下獄。搞垮了宰相岑長倩後，武承嗣又開始向格輔元施行報復。臭名昭著的酷吏頭子來俊臣為了迎合武承嗣的心意，親自出馬脅迫岑長倩的兒子岑靈原，逼他誣陷格輔元與司禮卿兼納言歐陽通等數十人共同「謀反」。來俊臣審訊歐陽通，雖然他的刑具令人膽戰心驚，但在這鐵骨錚錚的硬漢子面前，他的酷刑失靈了，歐陽通始終不肯承認有什麼謀反之事。最終來俊臣謊稱歐陽通服罪，匆忙結案，數十人被殺。這年十月，岑長倩、格輔元二相受株連含冤而死。

王慶之見處死了反對派岑長倩與格輔元，膽子似乎更大了，便又想讓武則天立武承嗣為皇太子。他一再請求，武則天只好召見了王慶之，對他說：「皇嗣我子，奈何廢之？」王慶之巧舌如簧，極力爭辯說現在是武家天下，然而卻立李氏為皇嗣於理不合。武則天並沒有被他說動，命他離去，但王慶之卻伏在地上不肯起來，還兩眼垂淚表示要以死相請。武則天便順手將加蓋了印璽的紙片交給他說：今後你要來宮裡見我，把這張紙出示給門衛看，他們便會放行了。王慶之以為得了寶貝，懷著僥倖的心理一再入宮，屢次請求見女皇，引起了武則天的極大反感，大怒之下便賜他以杖刑，命鳳閣侍郎李昭德執行。李昭德是個心向李唐的大臣，奉旨後，即喝令武士把王慶之捆綁起來，押出洛陽宮，來到光政門，向朝臣宣告說：「此賊欲廢我皇嗣，立武承嗣。」說完，命武士將王慶之推倒地上，一陣棍棒後將其打死。其餘擁護武承嗣的人見王慶之落得如此下場，再也不敢提及此事。在一些朝臣的打擊下，武承嗣求做皇太子的野心始終未能得逞。

武則天作為女皇君臨天下，在父權社會成功登上政治頂峰，可說是驚世駭俗，她建立了象徵天子之家的武氏七廟。李唐王朝的太廟被改為享德廟，不過依然能夠得到享祀。

07 打擊異己：哪裡有壓迫哪裡便有反抗

武則天臨朝稱制，並進行了一系列改朝換代的活動，引起了政治上一些失意舊臣的反抗。武則天並沒有手軟，她採取了打擊並剷除李氏家族勢力的方法，堅決掃除自己皇權路上的所有障礙。

文明元年（六八四年）九月，被武則天貶黜的柳州司馬徐敬業等人，公開打出反抗武則天的大旗於揚州起兵。徐敬業是大唐開國元勳，已故功臣英國公李勣的孫子。武氏家族得勢以後，徐敬業等人在官場中受到排擠，心中憤懣不平，此時正趕上他的好友給事中唐之奇、長安主簿駱賓王、詹事司直杜求仁也被貶官免職。這些儒家文士素有「以天下為己任」的抱負，他們痛恨武則天權力的惡性膨脹，認為如果再任其發展下去，不但國將不國，連他們自己的身家性命也會被碾成齏粉。他們已經被逼得走投無路了，於是鋌而走險、揭竿而起。

徐敬業襲用被廢唐中宗李顯的年號「嗣聖」，並找來一個長得很像唐中宗李顯的人，假稱唐中宗就在起義軍中。這樣一號召，十幾天內成千上萬的民眾投奔起義軍，號稱有雄兵十萬人。起兵開始，著名詩人駱賓王起草了《為徐敬業討武曌檄》為起義大造輿論，文章聲調鏗鏘，文思如長江大河洶湧澎湃，有一種咄咄逼人、銳不可當的氣勢，傳布各州縣，深入人心，也對武則天的名聲造成了損害。

面臨這樣重大的軍事危機，武則天內心非常恐慌，她緊急調動三十萬大軍，任命李孝逸為揚州道大總管，率軍從洛陽出發，沿運河汴水南下平叛。徐敬業義軍的領袖幾乎都是文人書生，他們並沒有打仗的經驗，更缺乏總攬全域、目光深遠的謀略，這就注定了他們的失敗。武則天追削徐敬業祖先的官爵，把他祖父李勣的屍骨從墳中挖出進行戮屍，徐敬業聽說後誓與武氏決一死戰。但在武則天強大的軍事攻勢下，徐敬業、駱賓王接連敗退，由於手下的部將叛變投降了官軍，徐敬業也被部將殺害。一個月以後，十萬義軍煙消雲散，徐敬業等人的頭被掛在洛陽城樓上示眾，武則天迅速平定事態，度過了這場災難性的危機，顯示出她的政治才幹。

就在揚州平叛戰爭最緊張的時候，武則天向宰相中書令裴炎徵求對策，裴炎不但沒有積極組織平叛，反而說：「皇帝年長，不親政事，這給那幫小子提供了藉口，若皇太后返政於皇帝，則叛亂不討自平。」這明擺著是乘外亂之際要脅武則天還政給唐睿宗李旦，引起了武則天的憤怒，她看出裴炎作為宰相有獨斷專行之勢，要她還政唐睿宗，不過是為了自己的政治野心。武則天的鐵血個性怎麼會容忍裴炎的存在，於是她以裴炎與徐敬業暗中勾結、有謀反之心為由將其處死。

裴炎死後，武則天開始對朝臣及宰相的人選進行調整。朝廷上有一些同僚積極贊同裴炎意見，見裴炎下獄就出面為他疏通。鳳閣舍人劉景先、鳳閣侍郎胡元範等人都證明裴炎絕無謀反之心，這使得武則天堅信裴炎在朝廷上結黨，更要除之而後快。劉景先、韋弘敏、郭待舉先後被罷，武則天增補蹇味道、李景諶為宰相。李當月被降為司賓少卿，又補沈君諒、韋方質、武承嗣、韋思謙等為相。不久，武、韋、蹇又被免去宰相職務。武則天將胡元範流放瓊州（今屬海南）。時任單于道安撫大使的左武衛大將軍程務挺也因裴炎一案株連，被武則天問斬。光宅元年（六八四年）和垂拱元年（六八五年）兩年間，宰相的任免發生了很大的變化。這都是武則天鑒於過去在與李賢的爭奪中外廷失控的教訓，著力權衡、調整宰相，重新建立自己的親信輔臣的結果。

史載唐高祖李淵有二十二個兒子，唐太宗有十四個兒子，唐高宗有十個兒子，這還不算眾多的公主。以這些李氏宗親為中心組成了眾多的家庭，當然又有與之相連的堂、姑、表等親族。武則天要廢掉大唐，就必須剝奪這些以李唐正統自居的宗室貴族的世襲權力，鎮壓他們的反抗，將他們一網打盡。這注定是一場殘酷的、你死我活的鬥爭。

武則天對待這些皇族宗室的手段是非常有策略的。她當時初做皇后，而唐高宗依然健在，只打擊庶姓中的政敵，如長孫無忌、王皇后的親族等，對於李唐皇族採取了懷柔政策。唐高宗駕崩、武則天臨朝攝政時，為了防止宗室的反抗，除了澤王李上金、許王李素節被幽禁在外地，其餘人等都被授予宮廷中最高的官銜。同時，武則天又授給他們兼職的官銜，讓他們出京到外地為官。這些人有職無權，外派到地方去做官，可以防止李氏宗室中人在京城結成死黨。

當時，唐太宗的兄弟韓王李元嘉、霍王李元軌、常樂公主以及宗室諸王被朝廷的一系列告密捕殺之風攪得惶恐不安，他們知道武則天遲早會對他們下手，洛陽曾一度有消息稱武則天欲將李氏家族一網打盡。武則天將舉行拜洛大典，並命諸王前去參加，一場屠殺已在所難免。外界謠言四起，唐室王公之間彼此密書往來，除了在「如欲活命，勿來京都」一項上達成了共識之外，似乎也沒有什麼更好的應對辦法。

起兵征討的信號是由韓王李元嘉之子首先發出的，他偽造了唐睿宗的璽書：「朕被幽禁，爾等宜各發兵救我」。這封用暗語寫成的密信與偽詔一起很快就送到了越王李貞的手中。李貞之子琅琊王李沖性情急躁、魯莽，他立即致函各王迅速進兵京都，自己則帶領剛剛招募來的五千兵勇率先攻打濟州。當此消息傳到神都洛陽，武則天並沒有張惶失措，她命張光輔為督軍節度，率領十萬大軍西出洛陽，平息諸王之亂。七天之後，琅琊王李沖在濟州兵敗身死。他的戰死使越王李貞、常樂公主等人決定孤注一擲，倉促起兵。不到十天，越王李貞兵盡糧絕，在豫州城外自殺身亡。至此，僅十餘天的諸王之亂如曇花一現即被武則天平息。

李唐宗室的叛亂，在如此短暫的時間內就被平息，使武則天高興不已，她看到李唐王朝的確是氣數已盡了。儘管李唐宗室族人打出了匡復李唐的旗號，但臣民們竟無人響應，這使武則天清楚地看到了人心所向。在武則天拜洛大典舉行的同時，一場殺戮也在秘密進行中：霍王李元軌、紀王李慎在流放途中被殺；東莞公李融及江都王李緒被斬於市曹；濟州刺史薛顗、其弟薛緒被殺後，屍體被曝晒示眾；常樂公主在獄中飲鴆自盡。在平息反叛的過程中，武則天追根刨底，凡參與謀劃的李氏王公個個伏誅，無一倖免。經過一番爭鬥，李氏諸王被誅殺殆盡，武則天的皇帝寶座已坐得更牢固，再無障礙。

武則天成功地平定了徐敬業的兵變與李唐宗室叛亂。這兩場動亂都沒能掀起多大的風浪，很快就被平息了，足見武則天在當時的政治格局中已佔據了絕對的優勢，這使得武則天更加快了前進的步伐。她一方面大興冤獄、任用酷吏，把當政的絆腳石一個個搬掉；一方面又放手招官，以官賞為誘餌，吸引更多的人為己所用，為自己的武周政權吶喊助威。武則天恩威並施，一派順我者昌、逆我者亡的作風，朝廷內外一時間皆唯唯諾諾、俯首貼耳。

08 任用酷吏：以高壓政策對決父權社會

在當時父權社會的環境之下，武則天想建立和鞏固作為女主的地位，強大的反對力量可想而知。雖然鎮壓了公開的起兵叛亂，但還有一股潛在的政治勢力無時無刻地在威脅著新王朝的生存。面對潛在的反對力量，武則天如坐針氈，她運用酷吏手段，繼續打擊李唐宗室和關隴貴族的勢力，以此來鞏固和加強武氏家族的統治。

在大開殺戒除掉李唐宗室的同時，武則天又利用了一個懲治政敵的絕招：告密，通過告密來捕殺異己。為了更多地收集天下臣民對自己的看法，武則天於垂拱二年（六八六年）在朝中專門設立了四個大銅匭，用來收集各種告密文書，並規定任何人都可以告密。敕令正諫大夫為知匭使、侍御史為理匭使，受理天下告密文書。這項措施的目的雖然在於加強政治控制，但對廣開言路、通達下情也起到了一定的作用。為了方便告密者，武則天又詔令各州縣，凡有欲進京投書告密者沿途給予驛馬和五品官待遇。告密者不分貴賤，武則天一律命人接見，告密屬實便升官賞賜，不實者也不去追究。這樣一來，四方告密者蜂擁而來。對於這些堆積如山的告密文書，武則天專門提拔一批酷吏來處理。如索元禮、周興、來俊臣等二十七人就是專門負責辦理此類案件的，其中以來俊臣最狠毒凶殘。

來俊臣原是個鄉村無賴，他見告密可以升官，就上書武則天說刺史東平王李續謀反。武則天正要剷除李唐宗室，見來俊臣對自己表露忠心，便提拔他做侍御史、加朝散大夫，不久又提升他為左台御史。來俊臣為了顯示自己很能幹，就與御史侯思止、王弘義、郭霸、李仁敬等人勾結，召集流氓數百人，並讓他們去告密。如他們想陷害某個人，就採取幾個人同時從幾個地方告發的方法，事情大同小異，然後由來俊臣辦案，以致很多人冤死。來俊臣等人創造了名目繁多的審訊酷法，如「驢駒拔橛」「犢子懸車」「仙人獻果」「玉女登梯」「方樑壓髁」「碎瓦搯膝」「鳳凰晒翅」「獼猴鑽火」等。他造了十號大枷，一名定百脈、二名喘不得、三名災地哮、四名著即承、五名失魂膽、六名實同反、七名反是實、八名死豬愁、九名求即死、十名求破家。這些駭人聽聞的酷刑使囚犯瑟瑟發抖，於是一整套完整的執行恐怖政策的制度和機構便建立起來了。

在恐怖政策下，武則天放手任用酷吏，被冤殺和遭流放者動輒幾十、幾百，甚至上千人。武則天在麗景門設立了推事院，令來俊臣任院主，掌管重大案情。百姓稱推事院為「新開門」，凡是被告入新開門的，一百人中難得一二人能夠保全性命。來俊臣每次審問囚犯，不論輕重都拿醋灌進犯人的鼻子裡去，或者把人裝在大甕中拿炭火在甕的四周熏烤。甚至斷絕犯人的飲食，到犯人十分饑餓的時候，來俊臣便叫人拿骯髒的棉絮給犯人吃。每次捉到罪犯，便先讓他在刑具前走一遍，還沒有動刑就已被嚇得魂飛魄散了，幾乎都含冤屈招。來俊臣還寫了一本《告密羅織經》就是教人如何去告密、審案，其中有十種主要的審案刑法，與他造的十號大枷同名。一聽到這些名字就令人毛骨悚然，因此人們對來俊臣這些酷吏恨之入骨，甚至恐怖到朝臣每次上朝前都與家人訣別：「不知還能不能再見面。」武則天得知這種情況後心中大喜。

李唐宗室是酷吏們打擊的主要對象，這些人不甘心先帝的事業落在異姓手裡，極端仇視武則天。然而反抗越烈，打擊越重。宗室子孫除李顯、李旦及其子女尚能保全外，只有唐高宗的千金公主因百般獻媚而得以安寧，其餘的或被殺、或自殺、或流放。在武則天正式登基稱帝時，唐宗室已全然無力反抗了。在來俊臣的幫助之下，武則天在位期間利用這些非常手段殺害了李唐宗室數百人、大臣數百家，刺史郎將以下更是不可勝數。酷吏們打擊的另一對象便是元老大臣。這些人每每以李唐家族的老臣自居，以匡救社稷為己任，對武則天的「倒行逆施」深惡痛絕。因此武則天對他們防範甚嚴，只要稍露形跡，甚至只憑誣告就對他們下手。據說，武則天臨朝稱制期間宰相共二十四人，在六年零七個月中被殺或貶流罷相的就有十七人。宰相的班底在武則天的酷政下劇烈地變動，因而當武則天篡唐時朝廷難以形成一個反對她的核心集團。

武則天一方面積極利用酷吏行刑，另一方面又很注意收攬民心。當酷吏濫殺無辜，到了群情過度緊張的時候，她就殺一些酷吏來緩和形勢。武則天稱帝的第二年就殺了索元禮，表明懲罰其濫殺之罪。

天授二年（六九一年）一月，酷吏丘神勣被殺。這時候，有人告發另一個酷吏周興與丘神勣共謀，武則天便命來俊臣去查辦。來俊臣與周興是同道中人，他在吃飯時裝作沒事的樣子問周興說：「如果囚犯死不招供，該當如何？」周興不知他的用意，想也沒想就說：「這很簡單，取一個大甕把囚犯裝進去再用炭火炙烤，沒有不立即招供的。」來俊臣聽後立即命人按周興說的辦法取來一口大甕，周興不知道他要幹什麼。這時來俊臣起身離開飯桌，對周興說：「有人密告老兄謀反，現奉密令推問，請君入甕吧！」周興一聽，嚇得跪倒在地情願伏法，結果被流放嶺南，途中被仇家殺死。

當來俊臣犯了眾怒再不能袒護時，武則天便決定讓來俊臣做替罪羊以平民憤。萬歲通天二年（六九七年），武則天下詔將來俊臣斬首於市，死年四十六歲。來俊臣死後，他的仇家爭著吃他的肉，有人挖去他的雙眼、剝去他的面皮，有人剖其腹割掉他的心肝，有人將其屍體剁成肉醬，很短的時間就屍首不存，只剩幾根骨頭。那些後到的仇家不能親啖其肉，就牽來馬匹將他的骨骼踩踏成泥以洩心頭之恨。天下臣民相互慶賀說：「今天晚上可以睡一個安穩覺了。」由此可見來俊臣的殘暴程度。武則天看到群情如此激憤，便下詔書列舉來俊臣的罪惡，並且滅其族「以雪蒼生之憤」。武則天這樣做，既讓公卿百官有所畏懼，同時又不讓他們感到失去希望。

武則天運用鐵血手段，加上她本身性格的殘忍，從臨朝稱制到稱帝前期共實行了十餘年的酷吏政治。武則天以女性的身分鞏固自己既得的權力，進而保證在皇位爭奪中穩操勝券，酷吏政治取得了預想的效果。她的統治基礎並沒有因殺唐室宗親過多而產生動搖，反而得到了庶族勢力的大力支持。這是因為武則天所殺的反對派，大都是那些不贊成她稱后稱帝的李唐宗室和掌大權享高位的關隴貴族，在客觀上抑制了士族勢力，扶持了庶族勢力。武則天畢竟是一位成熟的政治家，她任用酷吏是有限度的，二十七名酷吏除傅遊藝外，如周興、來俊臣、丘神勣、索元禮等無一授相職，只是讓他們執法而不讓他們執掌大權。在司法機構中又保留了狄仁傑、徐有功、杜景儉、李日知等一批執法公允的良臣。儘管這批能幹優秀的大臣被酷吏們視為眼中釘，一再受到誣陷，但總是受到武則天的保護，這對整個政局的穩定起到了重要作用。儘管武則天任官不是嚴加選擇，但在實際任用過程中她卻注意嚴格考察，不稱職者很快地就會被免職。由於她明察善斷，當時的英豪賢能也都能夠為她所用，像後來唐玄宗開元時期的名相姚崇、宋璟、張說等都是這時選拔培養起來的。

09 內寵之亂：位高權傾，姑息養奸

作為一個女皇、一個精明的政治家，武則天畜養男寵主要是為了顯示權力、樹立自己的絕對權威和尊嚴。但對男寵委以朝中重任而導致內宮大亂，甚至政變的發生，卻是她始料未及的事。

武則天稱帝以後，按帝王設立後宮的制度大蓄男寵，也就是女主選男妃。武則天在宮內設置的控鶴監（後來改稱奉宸府），就是用來安置這些男寵的。

唐高宗駕崩時，武則天已步入花甲之年。兩年以後，她開始寵幸薛懷義，到她去世時的二十年裡又先後養了沈南璆和張易之、張昌宗兄弟二人。武則天也曾下令選天下美少年入宮，但被大臣諫止。入侍武則天的薛懷義原名馮小寶，他原是洛陽街頭賣膏藥的小販，因為身材魁梧，健壯有力，又能說會道，被唐高祖的女兒千金公主推薦給武則天。武則天先將他剃度為僧，任白馬寺住持，自由出入禁中，又令他改姓薛，名懷義，寵重一時。武則天對薛懷義非常滿意。垂拱四年（六八八年），薛懷義憑著過人的聰明督建明堂和天堂，耗資巨萬，建築物雄偉華美令人瞠目。薛懷義因功被擢升為正三品左武衛大將軍，封梁國公，後來還多次擔任大總管，統領軍隊遠征突厥。他利用當時流行對彌勒佛的信仰，和法明等僧人編寫了《大雲經》四卷，獻給武則天，稱武則天是彌勒佛下生，應當取代唐朝成為天子。從而為武則天提供了對抗儒家男尊女卑理論的思想武器，更助於她名正言順地登上皇位。後來御醫沈南璆成為武則天新的男寵，薛懷義受到冷淡，又因他日益驕倨令武則天感到厭惡。後有人告發他圖謀不軌，太平公主下令壯士將他縊殺。

萬歲通天二年（六九七年），太平公主為武則天選薦男寵張宗昌，張宗昌又推薦其兄張易之。「二張」皆塗粉施朱，得到了女皇的寵幸。這兩位美貌少年是唐太宗時鳳閣侍郎張九成的兒子，聰明伶俐、通曉音律，武則天馬上給二人加官四品。從此二張如王侯一般跟隨女皇上早朝，待聽政完就在後宮陪侍，二張成為武則天晚年最親信的人。因武則天年事已高，政事多委任張氏兄弟打理，一時間二張權傾朝野，在武則天女皇的溺愛和寵幸下，他們的勢力迅速膨脹。武則天重用內宮侍臣養為親信，這就形成了在李唐、武周兩派勢力之外的第三派勢力。由於武則天的寵信，朝中的當權者爭先恐後獻媚二張。就連武則天的侄兒武承嗣、武三思等人都爭著為二張執鞭牽馬，可見二張的勢力有多大。二張恃寵而驕，不僅在後宮恣意專橫，而且結黨營私干預朝政，使上層統治集團中的矛盾鬥爭更加複雜而引起了眾怒。神龍元年（七〇五年），宰相張柬之等發動復辟唐朝的政變，二張被誅殺。

10 難議子嗣：於自家與夫家中取捨

武則天與之爭鬥一生的是父權社會，她雖然登上了皇位，但卻沒能創立與父權制度相抗衡的母權制度，所以她所代表的母權社會只能是曇花一現。

武則天革唐命，建立周朝，做了女皇帝，標誌著她改朝換代的成功。然而從稱帝那一天起，她就面臨一個十分棘手的問題，那就是在她千秋萬歲後，究竟應該由誰來繼承這個皇位？稱帝後七八年的時間裡，這件事讓她舉棋不定、猶豫不決。是選擇武氏家族同姓還是選擇自己的兒子李姓？傳同姓，武氏諸輩都只是侄兒；傳兒子，又都是李家的後代。如果要她傳位給兒子，勢必復辟李氏王朝，那麼自己不惜一切、慘澹經營的武周政權就要一世而亡，這當然不是她心甘情願的；但如果要保持武周政權，那麼只能傳位給自己的武姓侄子，但姑侄關係總不如母子關係，而且享受宗廟血食也就成了問題。這是她作為一個女皇面臨的前所未有的新問題。

在武則天面對這個棘手問題的時候，朝廷兩派勢力圍繞著皇位繼承權也展開了激烈的鬥爭。其中一派是武氏家族，以女皇侄子武承嗣、武三思為首，他們想方設法要篡奪太子之位，以便將來能像其姑母那樣堂而皇之地榮登大寶；另一派勢力則以大臣李昭德、狄仁傑為主，他們積極擁戴李氏皇子，力圖恢復李唐天下。長壽二年（六九三年）元旦，武則天在萬象神宮（**明堂**）舉行祭典大禮，竟讓武承嗣為亞獻、武三思為終獻，公開擺出武家天下的陣勢，作為皇嗣的李旦則尷尬地站在一邊。由此，李、武兩姓爭奪儲位的矛盾白熱化了。武則天也意識到解決好儲君問題，是進一步穩定政局的關鍵。

在武姓家族中，最早覬覦太子之位的是武承嗣。但積極為他經營的王慶之被鳳閣侍郎李昭德杖殺，其他的黨徒也四散而去，武承嗣的陰謀即宣告破產。這場風波平息之後，李昭德曾規勸武則天說：「天皇，陛下之夫；皇嗣，陛下之子。陛下身有天下，當傳之子孫為萬代業，豈得以侄為嗣乎！自古未聞侄為天子而為姑立廟者也！且陛下受天皇顧託，若以天下與武承嗣，則天皇不血食矣。」武則天聽了這話想了想，同意了李昭德的說法。如意元年（六九二年）五月，李昭德又秘密向武則天進言，此時他已升為夏官侍郎。他說魏王武承嗣的威權過重，武則天聽後不以為然，認為武承嗣是自己的侄子，故「委以腹心」。李昭德極力爭辯，說侄與姑母，怎麼能比得上母親與兒子的親近關係？兒子還可能弒父篡權，更何況是侄子奪姑母天下呢？武承嗣已經是親王，又做了宰相，他的威權與武則天差不多了，我恐怕你不能長久安穩地坐在天子位上！武則天聽了李昭德這一番話深有同感，不久就罷免了武承嗣的文昌左相和鳳閣鸞台平章事的職務，改授為特進，這是一個閒散的官職。

在親李唐的朝臣的幾番運作下，武承嗣謀做太子一事受到了很大的挫折。但武承嗣仍是賊心不死，因為他曾經為姑母武則天建立武周政權而搖旗吶喊過，他原本以為可以永遠地建立武家王朝，希望有朝一日能夠繼武則天女皇之後爬上皇帝寶座。他見堂弟武三思也有此心，便想與他合作。武三思是武則天的另一個侄子，比武承嗣要小幾歲，他也是處心積慮地想要做皇太子。兩人見武則天一天比一天衰老，還經常生病，求做太子之心更是急不可待。天授二年（六九一年）九月，武承嗣與武三思一再唆使朝臣上表武則天，說什麼「自古天子未有以異姓為嗣者」。異姓是指當今皇帝武姓以外的人，其用意十分明白，就是李氏不能繼承皇位，那麼皇嗣之位只有武姓能做，當然就是武承嗣或武三思了。武則天聽了雖然覺得有些道理，但最終仍不能下定決心。

武則天把唐睿宗李旦降為皇嗣，他仍在東宮居住，又被賜武姓。同時，武則天又大封諸武為王，在武承嗣謀取太子呼聲極高之時，武則天的確也傾向於武姓。武則天對於皇嗣（李旦）也從周邊進行過打擊，實際上李旦形同被軟禁了，公卿以下都難與他相見，但是武則天在這件事上並沒有採取輕率的態度。儘管在武則天臨朝稱制時，將主張歸政於唐睿宗的宰相裴炎、劉禕之等人先後處以死刑，之後一般大臣不敢再明言恢復李氏皇統，但像李昭德那樣真正傾心於唐室的大臣卻不乏其人，狄仁傑就是其中的一位。狄仁傑勸武則天要立子不立侄的立場與李昭德所說的大致相同，都是以身後的利害關係來勸說武則天，武則天便有些回轉心意又傾向於李姓。周圍又有一些大臣經常勸武則天立廬陵王李顯為太子，也使她感到「天下士庶未忘唐德」，如果立武姓實在是難孚眾望。

聖曆元年（六九八年）武則天將盧陵王李顯從房州迎回，立為太子，確立了兒子的繼承權。有意思的是，她又賜李顯以武姓。魏王武承嗣見姑母武則天決意傳位給李姓，自己多年的努力將付諸東流，心情非常不痛快而抑鬱成疾，就在這一年命歸黃泉。盧陵王李顯被立為太子後，武則天便決定了讓他繼位，她下決心讓太子與群臣在外庭朝謁皇上。朝廷內外知道女皇已決定將來由太子繼承皇統，人心遂安定下來，盧陵王的復位使武姓與李姓之間一度緊張的氣氛趨於緩和。武則天為了防止諸武與太子在自己死後再度紛爭殘殺，便召集太子李顯、相王李旦、太平公主與武姓族人，讓雙方在明堂發誓，祭祀天地，立下鐵券藏於史館，讓他們和平共處。由此，武則天贏得了最後一段比較安定輕鬆的日子。復立李顯為太子的事件，是武則天作為政治家放棄酷吏政治之後的又一巨大成功。

11 五王政變：還政李族，無奈的結局

武氏家族與李氏家族之爭實際上代表著母權社會與父權社會之爭。李氏家族有強大的父權社會傳統意識作為後盾，而武氏家族所依靠的母權社會卻還沒有建立起來，兩者力量相差懸殊，武氏家族完敗是情理之中的事。李家江山打了個漩渦後，又回來了。

武則天再次冊立廬陵王李顯為皇太子，此時的李顯已年近半百，雖然勝過武承嗣被立為太子，然而他面臨的政治環境卻不容樂觀。武則天的寵臣張昌宗、張易之恃寵而驕，不僅在後宮恣意專橫，而且干預朝政，武則天又有意把政務委託給他們處理，二張的勢力迅速膨脹。文武大臣都為二張的干政而慌張，朝野上下議論紛紛。

長安四年（七〇四年）末，武則天臥病在床，身邊只有二張侍奉，宰相與朝中其他重臣數月都不能與她相見。滿朝文武大臣都擔心一旦女皇晏駕，她身旁既無太子，又沒有宰相大臣，而張易之、張昌宗兄弟一旦玩弄權柄，後果是很難設想的。宰相崔玄暐上奏武則天，認為太子

李顯與相王李旦都是仁明孝友的人，完全能夠為母皇侍奉藥膳；宮禁為重地，不應讓異姓人進出，以防患於未然。這裡所指的「異姓人」當然是張易之、張昌宗兄弟二人。他希望武則天在養病期間，能把張氏兄弟從宮中趕出去，由女皇的兒子們來侍奉她，以免節外生枝。武則天看過崔玄暐的上疏，雖然口頭上說：「深領卿厚意。」但仍不更改，這就促使了宮廷政變的發生。

再說張易之、張昌宗兄弟見武則天病情加重，也是心神不寧、坐立不安。他們心裡清楚之所以能肆無忌憚地為所欲為，都是仰仗武則天給他們撐腰。女皇一旦駕崩，他們的地位必定盡失。當時的形勢對二張很不利，但他們不甘心坐以待斃，極力地謀求自安之道，開始暗中交結朝官，以便應對政局的變化。宰相韋承慶、房融及司禮卿崔神慶等朝官都傾附張氏兄弟。在這種情況下，宰相張柬之、桓彥範、敬暉、袁恕己、崔玄暐五大臣發起了一場成功的宮廷政變。這五人後來都被封為王，所以這場政變也被稱為「五王政變」。久視元年（七〇〇年）九月，名相狄仁傑去世前託付此五人以倒周復唐的重任，他們將狄仁傑臨終所囑託的事放在心中，秘密做好各種準備，時機成熟了便發動政變。

左、右羽林軍駐守在洛陽宮北門玄武門，是發動宮廷政變必須掌握的一支重要軍事力量。早在張柬之調到京城任職時，楊元琰接替了他的荊州都府長史職務。在交接之際，二人坐船同遊長江。船到江心，見四處無人，二人便談到武則天革唐命以及諸武擅權之事，楊元琰慷慨激昂，一心要匡復李唐皇室。張柬之升為宰相後，通過奏請把楊元琰調到京城任羽林將軍，楊元琰已經意識到自己任羽林將軍所擔負的重任，於是暗中做好準備，以配合張柬之的行動。

此外，張柬之又任用桓彥範、敬暉及右散騎常侍李湛分別為左、右羽林將軍，進一步掌握了禁軍之權。張易之、張昌宗兄弟見禁軍將領頻頻更動，心中也起了猜疑。他們明白掌握禁軍是使自己立於不敗之地的保證，於是便奏請女皇讓親信武攸宜為右羽林大將軍，心中才稍為安定。過了幾天，兵部尚書、同鳳閣鸞台三品、充靈武道行軍大總管姚元之回到了洛陽。姚元之是遭到張易之、張昌宗兄弟詆毀而出任靈武道的，他一向憎惡張氏兄弟的恃寵弄權、胡作非為。張柬之、桓彥範聽說姚元之回到洛陽的消息十分高興，認為大事必能成功，於是便將欲發動宮廷政變的計畫告訴了姚元之。姚元之也十分贊同，並參謀籌畫。一場驚心動魄的宮廷政變將蓄勢待發。

神龍元年（七〇五年）正月，張柬之、崔玄暐與桓彥範、敬暉等人率領左威衛將軍薛思行所轄左右羽林兵五百餘人來到玄武門；又派遣李多祚、李湛及內直郎、李顯的女婿駙馬都尉王同皎等人到東宮去迎接太子李顯。武則天此時在迎仙宮住著，張易之、張昌宗兄弟都在那裡侍奉，聽見外面有動靜，二人出來探看，被張柬之命人拖到廄廡下斬首。然後眾人擁著太子李顯進到女皇的臥房長生院，士兵及眾臣團團環繞侍衛著。女皇在昏睡中被驚醒，問道：「誰在作亂？」張柬之答道：「張易之、張昌宗謀反，臣等奉太子之命誅殺了他們，因為怕走漏消息，所以事先不敢奏明陛下。臣等在宮禁中用兵，真是罪該萬死！」武則天聽明白了以後，內心百感交集。她沒想到自己防備多年，最終仍沒能籠絡住這些朝臣，而在有生之年看到了自己最不願看到的情形。武則天沒再說什麼，她深知自己已不能主宰局勢只能聽之任之，她已感疲倦，躺下又昏睡過去了。

第二天，武則天撐著病體下詔：由太子監國，大赦天下。朝臣們為安定人心，任命袁恕己為鳳閣侍郎、同平章事和其他使者分赴十道各州去宣慰。第三天，女皇下詔：傳位給太子。第四天，太子李顯登基，即唐中宗。復大赦天下，當年被周興等酷吏枉殺的人，下令全部昭雪，子女沒籍為奴的一概放出，唯有張易之黨羽不赦。任相王李旦為安國相王，拜太尉、同鳳閣鸞台三品；任太平公主為鎮國太平公主。李姓皇族被沒者，子孫都恢復屬籍，按情況敘官。第五天，武則天遷到上陽宮居住，由李湛宿衛。第六天，唐中宗皇帝李顯率領百官到上陽宮拜見母皇，上尊號為「則天大聖皇帝」。自此以後，唐中宗每十日率百官探視女皇的起居一次。這次政變，諸武之王全不知情，事成之後竟無人敢動。

武則天被迫離開做了十五年天子的皇宮，遷居到洛陽宮城西南的上陽宮。武則天乍然走下風雲變幻的政治舞臺，搬到上陽宮閒居，她內心的失落是可以想像的。武則天彷彿一夜之間蒼老了許多，當唐中宗再次到上陽宮向她請安時，發現一直容顏不衰的母親已經成了名副其實的老太婆。八十二歲的武則天已是風燭殘年，最後十個月的生命就是每天伴著上陽宮的落日餘暉走向盡頭。神龍元年（七〇五年）十一月，武則天淒冷地死在上陽宮的仙居殿。臨終遺囑：去帝號，稱「則天大聖皇后」，歸葬乾陵（唐高宗的陵墓），赦免王皇后、蕭淑妃二族及褚遂良、韓瑗、柳奭的親屬。也許這是她在臨終前回憶起往事有所悔悟的表現，覺得自己過去對王皇后、蕭淑妃及褚遂良等大臣過於殘酷了，這樣做或許能使她的心得到寬慰，從此便可以安眠於九泉之下了。

神龍二年（七〇六年）正月，武則天的靈柩在唐中宗李顯的護送下運回長安，與唐高宗合葬在乾陵。因武則天臨終遺囑兒子李顯為她樹碑但不需立傳，從而留下了「無字碑」。武則天的謚號曾幾經變化，唐睿宗即位後，改稱「天后」，景雲元年（七一〇年）再改為「大聖天后」，延和元年（七一二年）又追尊為「天后聖帝」，不久改為「聖后」。唐玄宗當皇帝後，開元四年（七一六年），改謚「則天皇后」，天寶八年（七四九年），最後定謚號為「則天順聖皇后」。這些謚號的變化表明，武則天一直保持著受到李姓子孫尊崇的地位。

武則天作為一個女政治家，能夠審時度勢，雖然一度改變了以男子為中心的政局，卻不能改變以男子為中心的社會制度，最終，她還是從前臺退回幕後，心甘情願做李唐的皇后。武則天的女皇時代結束了，但她也心安泰然地配享太廟，受到李氏子孫的尊崇與禮遇。

第五章　孱弱天子　唐中宗、唐睿宗

唐中宗李顯與唐睿宗李旦同是武則天的親生子，也許是繼承了父親唐高宗的軟弱個性，或者是迫於母后武則天的陰狠權威，這兩位帝王在位時都表現出了孱弱與和事佬的情形。

唐中宗在位時因懼怕皇后韋氏，後宮干政的情況十分嚴重，政局動盪不安。唐睿宗在位時，又多搖擺於太平公主及太子李隆基的權力爭鬥漩渦之中，他不得不一次又一次地平衡兩個人的矛盾。這種帝位坐起來使他自己都感疲憊，最後唐睿宗順水推舟將皇位讓給了兒子李隆基，自己則當了太上皇帝。

01 廢立之間：任皇權擺布的棋子

唐中宗李顯第一次登基，因為沒有平衡好李氏家族、武氏家族和韋氏家族的權力，被武氏家族從皇帝寶座上趕了下來。李顯第二次登基，仍然沒有解決好同樣的問題。遺憾的是，終其一生他都如同一枚任皇權擺布的棋子。

唐高宗於弘道元年（六八三年）十二月在洛陽駕崩時，遺詔中命令太子李顯柩前即位，史稱唐中宗。

唐中宗親眼目睹了兩個兄長被立為太子後的下場，他雖然做上了太子，但是心裡並不踏實，而是時刻擔心他的命運有一天也會和兩個兄長一樣。有了這種擔心，李顯在武則天面前表現得畢恭畢敬、小心翼翼，從不多說一句話。這種態度果然見效，他的太子位置還算比較平穩，也因此成為武則天的兒子中順利即位的太子。

唐中宗即位時正當二十七歲的青年，他坐上龍椅後以為可以為所欲為了，以往小心謹慎的處事態度早已拋到九霄雲外。他甚至沒有顧及到他父皇唐高宗的遺詔中「軍國大事有不決者，兼取天后（武則天）處分」，這句話的實質是軍國大事、設官任職、出征和戎等都要聽他的母后安排，最起碼也是要與她商議。他自作主張地把韋后的父親韋玄貞提拔為豫州刺史，還想擢升其為侍中（宰相），又想授乳母的兒子五品高官。嗣聖元年（六八四年）二月，武則天命人勒兵入宮將唐中宗廢為廬陵王，任命唐中宗的弟弟李旦做了傀儡皇帝，也就是唐睿宗。唐中宗才做了一個多月的皇帝就被灰溜溜地趕下來了。

唐中宗被廢黜不久，接著被發配到房州（今湖北房縣）。剛到房州五天，又轉到了均州（今湖北均縣西）。第二年的三月，他再被遷回房州，從此開始了艱難的生活，苦苦熬過了近十五個年頭。這些年裡朝廷發生的翻天覆地的變化，唐中宗都是個遠遠的觀望者：弟弟李旦遜位給母后武則天，武則天走出帷簾革了李唐王命，登上了皇帝寶座，改國號周，成為一代女皇，被殺戮的李唐宗室子弟數不勝數，聽得唐中宗魂飛魄散。這期間，揚州發生了徐敬業等人的兵變。不久，宗室琅玡王李沖、越王李貞等人也相繼起兵，他們都打出了反對武則天、匡復廬陵王的旗號。這一切不僅沒讓李顯看到多少希望，反而更加劇了他內心的恐懼，母親會利用手中的大權除掉自己。李顯一直惶惶不安，常常在睡夢中被噩夢驚醒，有時甚至被嚇得想自殺。

聖曆元年（六九八年）三月，武則天在困擾已久的繼承人問題上最終選定了兒子李顯，便向房州發了一道詔書。詔書結束了李顯囚徒般的艱難生活，他回到洛陽再次被立為太子。此時的李顯再不像第一次登基那樣輕狂了，畢竟歲月讓他明白了一些東西。他很注意處理好與武氏家族的關係，還採取了與武氏聯姻的辦法。他將自己的女兒永泰公主嫁給了魏王武承嗣的兒子武延基，將最寵愛的女兒安樂公主嫁給了梁王武三思的兒子武崇訓。李顯想通過這種裙帶關係來穩固自己的地位。

隨著武則天年事已高，她對男寵二張兄弟的恣意妄為也視而不見，這就激起了朝廷中的反抗情緒。與太子李顯有著共同政治利益的還有他的弟弟李旦與妹妹太平公主，他們經常往來磋商，一個想要除去二張兄弟後擁戴太子李顯復位的計畫在密謀籌畫中。經過「五王政變」，李顯重被擁立為皇帝。武則天無奈傳位，唐中宗復位大赦天下，加封相王李旦為安國相王，拜太尉、同中書門下三品；太平公主加封為鎮國太平公主，二人的擁立之功得到了表彰。

唐中宗李顯二次登基又開始了帝王生涯。和第一次登基不同的是，他一方面要面對仍然保留帝號的母親武則天及武氏家族；另一方面還要應對自己的韋皇后的強悍擅權。他此次登基仍然處在一個相當複雜的政治環境中。

02 縱容韋后：後宮干政，朝綱大亂

武則天雖然被李氏家族從皇帝寶座上趕了下來，但母權社會與父權社會之爭並未就此結束。隨之而來的是母權社會新的代言人出現了，那就是以韋后為首的韋氏家族。李唐江山的穩固再次面臨嚴峻的挑戰。

唐中宗皇后韋氏是京兆萬年縣（今西安市）杜陵人，可以算得上是名門之後。唐中宗是在元配趙氏被廢後才和韋氏結婚的。趙氏並不得武則天的喜歡，後來因為女兒常樂公主得罪了武則天，趙氏受牽連被廢幽，後死於內侍省。韋氏一入宮就成為了太子妃，唐中宗即位後，立韋氏為皇后。

唐中宗與韋氏稱得上是患難夫妻。韋氏為唐中宗生了四個孩子：李重照、李永泰、李永壽、安樂公主。唐中宗被廢時韋氏與他同甘共苦，在前往房州的途中生下了安樂公主，夫婦倆對安樂公主特別疼愛、嬌慣，所以安樂公主長大成人以後養成了隨心所欲的個性。唐中宗一家人過了十幾年幽禁的生活，子女們倍感煎熬，夫婦倆也是度日如年。那時，每當聽到朝廷使者

的到來，唐中宗的精神便極度緊張，韋氏反倒比他鎮靜，一邊輕輕安撫、勸慰他，一面又要和朝廷來使周旋。韋氏好好地款待來使，使他們回去不在武則天面前生出是非，總算保全了一家人的性命。唐中宗非常感激這位體貼能幹的妻子，從心裡佩服她的膽量與見識，而這樣的生活經歷和感情基礎促使韋氏養成了強悍的個性。被嚇破了膽的唐中宗，在第二次登基當上皇帝以後，政治上缺少應有的主見，韋后卻很有主意。在這種情況下，她就像唐高宗時的武則天一般干預朝政了。

唐中宗目光短淺、胸無大志，不僅沒有徹底剷除武氏勢力，而且縱容韋后和女兒安樂公主肆權。安樂公主又與武家相聯繫，這在朝中就形成了韋武集團的勢力。韋武集團的領導者是韋后，骨幹有武三思、上官婉兒等人。成員中一部分是原武氏家族的餘黨，另一部分是韋后的親信以及依附她的貴族、官僚，這兩部分人的思想體系是一致的，結合在一起便是自然而然的事情。唐中宗繼位以後，武則天病死，但武氏集團卻沒有就此煙消雲散，上官婉兒、武三思便是其中的重要分子。上官婉兒，是上官儀的孫女，早年因罪配入掖庭，由於她聰明伶俐、能言善辯，又明習吏事，還寫得一手好文章，武則天當年就十分喜歡她。此時的韋武集團代替武氏集團掌握了朝政大權，唐中宗成為了傀儡皇帝。

張柬之等人擁立唐中宗發動政變，沒能涉及武三思等武氏勢力。武則天遷居上陽宮後，唐中宗對武三思並不在意，還時常去這位親家家裡作客。張柬之等人曾幾次勸他除掉武氏家族的人以免後患，唐中宗都沒有聽進去。唐中宗沒有對武三思採取行動，主要是沒能看出武三思存在的危險性。武三思善於投機鑽營，是個慣於看風使舵的人。他謀娶了唐中宗愛女安樂公主，唐中宗復位後不但沒受株連，還成了有功之臣。武三思以兒子武崇訓與安樂公主的婚姻為紐帶，加強了與唐中宗的聯繫。武崇訓拜為駙馬都尉、太常卿兼左衛將、司中書門下三品。這位昔日二張兄弟的好友，搖身一變成為了誅滅張氏死黨的有功之臣。

武三思為了穩固自己的地位，將舊日相好上官婉兒推薦給唐中宗，並藉機親近韋后。上官婉兒的美貌與才學朝野聞名，唐中宗一見她就十分喜歡，馬上封其為婕妤，不久又封為昭容。唐中宗對上官婉兒十分寵愛，並委以重任，讓她專掌制命，與韋后一起做事。韋后對於上官婉兒的入宮並不覺得反感，反倒覺得多了一個好幫手，上官婉兒也經常為她出謀劃策。武三思和韋后的關係極為密切，兩人還發生了不軌之事。唐中宗耳邊經常聽到韋后和上官婉兒說武三思的好話，對他更加信任，昏庸懦弱的唐中宗對武三思與韋后的關係也並不介意。

武三思見張柬之屢次上表唐中宗欲加害自己，於是就想辦法對付張柬之。他與韋后密謀，將張柬之等五人封王晉爵，稱為五王，表面上是唐中宗對他們的寵遇，實際是削奪了他們的實權。那些不附順武三思的人都遭到貶斥，原來被放逐的人又官復原職。唐中宗對武三思權勢的急劇擴張糊裡糊塗地並不在意，而那些站出來揭發韋后與武三思的人竟然被治罪。武三思的計謀陰險又狠毒，徹底讓張柬之等五人喪失了權柄，從而為他的進一步報復與打擊創造了有利條件，最終也決定了這些功臣的悲慘下場。唐中宗忘記了自己即位前的風風雨雨，忘記了張柬之等人冒著極大的風險發動宮廷政變，才使自己得以恢復帝位，昏庸地中了武三思與韋后等人的詭計將張柬之等五王貶出朝廷。武三思於唐中宗準備離開洛陽回長安時，暗中派人把韋后與他的私情和其他不光彩的事寫到一張紙上，並宣言要廢掉皇后，然後貼在了城內的天津橋上。唐中宗獲知後十分惱怒，武三思藉機嫁禍於五王，要求對五王繩之以法，韋后極力支持，安樂公主也在唐中宗面前說五王的壞話。於是唐中宗將張柬之等人貶流嶺南，不久他們都被殺害。

神龍二年（七〇六年）七月，唐中宗在大臣的強烈要求下立衛王李重俊為太子。李重俊不是韋后所生，他被立為太子後與韋后產生了矛盾。武三思與韋后是一根繩上的，他當然對太子沒有好臉色。安樂公主的氣焰更囂張，她與丈夫武崇訓常凌侮太子，有時竟當面稱太子為「奴」。安樂公主在武崇訓的挑唆下，屢次奏請唐中宗廢掉太子，立自己為皇太女。太子李重俊實在不堪忍受眾人對他的侮辱，而韋、武的詆毀也使他的地位岌岌可危，於是他起而抗之。太子因個人地位受到威脅而產生的憤恨，與朝野中反對韋武勢力的政治潮流相適應，所以也就得到了更多的同情和支持。太子李重俊藉口武三思、上官婉兒與韋后陰謀構亂宮掖，在神龍三年（七〇七年）七月，聯合左右羽林大將軍準備仿效兩年前張柬之等人發動政變。他矯詔發左右羽林兵及千騎營三百餘人，先將武三思、武崇訓父子及其親黨數十人殺死，接著又派兵攻守宮城諸門。

緊接著，太子率眾斬關入內宮。大臣楊再思、宗楚客等統兵二千餘人據守太極殿。不久由左羽林大將軍李多祚率眾攻打玄武門。韋后等人聞知兵變的消息，急忙簇擁著唐中宗逃到玄武門的門樓上，並令左羽林將軍劉仁景等率羽林飛騎營百餘人在樓下護衛。不一會兒，李多祚衝到玄武門下被劉仁景擊退。這時，李多祚的軍中有人喊道：「先殺了上官婉兒那個賤貨。」上官婉兒在門樓上聽到呼聲，轉身對韋后和唐中宗說：「看叛逆之人的來勢，已殺了武三思父子，又要索婉兒的人頭，接下來就將矛頭指向皇后，最後一定是要危及皇上了。」韋后見李多祚的兵馬被壓在玄武門一時還上不來，心裡安定了一些，便對唐中宗說：「現在應該由皇上出面懲治禍首。」唐中宗便打起精神，扶著樓上的檻欄對李多祚的千騎營戰士說：「眾將士皆是我的宿衛之人，素稱忠義，為何跟著李多祚造反？朕知道大家都是脅從，反者只是李多祚等人。若是有人能殺了禍首，何患不輕取富貴榮華！」這番話產生了一定的效果，千騎營中一些兵士反戈一擊，殺死了李多祚等人。太子見情形不好衝出禁宮向終南山逃去，最後也被人殺死。在大臣宗楚客的建議下，用太子首級祭奠了武三思、武崇訓。唐中宗於八月將玄武門改為神武門，九月改年號為「景龍」，然而唐中宗並沒有從這起突發的事變中吸取應有的教訓。

太子李重俊發起的此次政變，標誌著唐中宗時期統治階級內部矛盾的加深。政變只是處決了武三思父子，並沒能觸動韋后臨朝垂簾聽政的狀況，卻使其勢力更加張狂。東宮虛位，進一步刺激了韋后奪取最高權力的欲望。八月，韋后發動群臣給唐中宗上尊號為應天神龍皇帝，接著又暗示百官為她上了尊號「翊聖」，於是韋后成為「順天翊聖皇后」。

03 狠毒妻女：野心膨脹，為所欲為

陰險奸詐的韋氏母女不擇手段地奪取權力，李唐江山在這對野心膨脹的母女手中將走向何方？

太子李重俊兵敗，無形中助長了韋后與安樂公主擅權的氣焰。安樂公主是唐中宗李顯的第七個女兒，小名叫裹兒，是李顯與韋氏去往房州途中所生，因當時情況窘迫，李顯匆忙中撕下所穿襟袍的一部分做繈褓裹其身，遂得名裹兒。李裹兒是李顯與韋后在患難狀況中撫養長大的，三人感情特別深，夫妻二人對李裹兒十分寵愛，自幼聽其所欲，漸漸地養成了驕橫任性的脾氣。安樂公主並沒有因丈夫武崇訓的死而收斂，她很快地有了新丈夫，他是武承嗣的次子武延秀。丈夫武崇訓被殺，安樂公主毫不傷心，因為她早與武崇訓的堂弟武延秀有了私情，武崇訓之死正好給兩人創造了成為夫妻的機會。唐中宗李顯樂見女兒很快地走出「喪夫之痛」，於是把武延秀配給了安樂公主。但對於安樂公主要做皇太女一事，唐中宗卻始終沒有給她明確的答覆，也許他覺得此事太過驚世駭俗。安樂公主幾乎天天跑到唐中宗那裡胡攪蠻纏，唐中宗不勝其煩，只得讓她參與中樞決策、分享皇權，同時對她在生活上的腐化更加縱容。

由於唐中宗的默許授權，安樂公主公然插手朝政，勢傾朝野。她把國家官爵按品級明碼標價公開兜售，不管是屠夫酒肆之徒，還是奴婢，只要有錢便可由公主授官，一時所授官職竟有五六千人。安樂公主還常常自寫詔書拿進宮去，一手掩住詔書上的文字，一手捉住了唐中宗的手在詔書上署名。唐中宗竟然也不看她到底寫些什麼就簽名了事。當朝官員都去巴結安樂公主，一些有案底的亡命徒走了安樂公主的後門，詔書下來卻成了高官，不但吏部衙門不知道，連唐中宗也是莫名其妙。唐中宗顯然只是一個傀儡，但即便如此韋武勢力仍然嫌他礙事，總想把他廢掉。安樂公主想讓韋后臨朝攝政，自己就能做上皇太女，之後再當皇帝。

景龍四年（七一〇年），唐中宗結束了窩囊的一生。可以說，他在各方面都是個失敗者：在天下大事上，第一次當皇上當得毫無意義，第二次當得毫無主見；在日常生活中，先被母親管制了二十幾年，後被妻女擺布。唐中宗主政期間，后、妃、公主等強勢女人干政的程度達到頂峰，甚至超過了武則天時期。

唐中宗李顯死後，韋氏馬上封鎖消息由自己總管朝政。她把宰相們都召進宮內，調集各府兵五萬人守衛皇宮，命令自己的親戚韋捷、韋濯、韋璿、韋錡、韋播、高嵩分別統領；派韋元巡察六街；命令薛思簡率領五百士卒守均州，防備譙王李重福；任命自己的親信裴談、張錫為宰相，留守東都；還任命親信張嘉福、岑羲、崔湜當宰相。上官婉兒起草遺詔，立溫王李重茂做皇太子，任韋后管理政事。韋后在一切準備就緒後才宣布唐中宗的死訊，宣稱由她臨朝攝政，韋溫統率全國軍隊，李重茂繼位，史稱唐殤帝。宗楚客、武延秀、葉靜能、司農卿趙履溫和韋家諸人都勸韋后效仿武則天做女皇帝。京城、皇宮和皇帝的衛戍部隊、各中央機構均被韋氏子弟掌握，韋武集團黨羽內外勾結都聚攏過來。宗楚客又秘密上書，引用圖讖謊說韋氏應該革李唐的命。此時的韋武集團轉而想謀害殤帝，但是又害怕相王李旦和太平公主，便密謀先除掉他倆。

兵部侍郎崔日用原是韋武集團的黨羽，與宗楚客關係十分密切。唐中宗死後，他衡量當時的政治形勢和雙方的力量，分析韋后難以取得成功，便立刻脫離韋武集團投向李唐宗室。他將宗楚客等人欲殺害相王李旦與太平公主的陰謀，密告相王李旦之子臨淄王李隆基並建議先下手為強，趕快起兵平亂。李隆基聞知後，立即與鍾紹京、劉幽求、王崇曄、麻嗣宗商量對策，決定馬上起兵，葛福順、陳玄禮、李仙鳧也參與了謀議。同時李隆基也派人與姑母太平公主聯繫，取得了她的支持，太平公主派自己的兒子衛尉卿薛崇簡去當李隆基的幫手。如此一來，李唐宗室的力量便聯合在一起了。

韋后集團控制了朝廷大權，又掌握了禁軍大部分兵力，對李隆基和太平公主而言形勢十分嚴峻。他們直接控制的人馬不多，不過政治基礎相對較好，李隆基身為李唐宗室正統，相王李旦的遭遇得到了統治集團中多數人的同情，人心有利於李唐。李隆基剷除韋武集團的政變準備進行得比較隱蔽，只能以出其不意來制勝。計謀已定，有人提醒李隆基應當稟告他父親相王李旦，李隆基說：「我拯社稷之危，赴君父之急，事成福歸於宗社，不成身死於忠孝，安可先請，憂怖大王乎！若請而從，是王與危事；請而不從，則吾計失矣。」事實證明李隆基這樣做是完全正確的，他敢於隻身挑起舉兵除逆的重任，充分顯示了他的深謀大略和決斷才能。

唐隆元年（七一〇年）六月二十日，李隆基改穿平民衣服，在隨從的陪同下離開「五王宅」外出與劉幽求、薛崇簡、麻嗣宗等人會面。近傍晚時分，李隆基等數十人自禁苑南潛入，聚集在苑總監鍾紹京處。到了夜晚，萬騎將領葛福順、李仙鳧也來到苑中請求下令行動。等到滿天繁星如雪，劉幽求認為是動手的時候了，葛福順奉命返回羽林將士屯守的玄武門。韋武集團僅僅防備李旦，對李隆基卻毫無防範，他們的疏忽使李隆基得以出其不意，攻其無備。政變成功，李隆基消滅了不得人心的韋武集團，史稱「唐隆之變」。李隆基與太平公主、劉幽求、宋王李成器商量，讓剛即位十餘天的殤帝讓位給相王李旦。李旦隨後即位，即唐睿宗。

04 搖擺之間：明哲保身，但求無過

韋武集團被剷除後，李氏家族牢牢地坐穩了大唐江山。然而家族之爭雖然告一段落，母權社會與父權社會之爭卻並沒有停止。母權社會的代言人太平公主與父權社會的代表太子李隆基之間的爭鬥，還在繼續……

唐睿宗李旦與其兄李顯一樣也有兩次登基的歷史，第一次登基是由於母親武則天廢了唐中宗李顯，第二次便是李唐宗室勢力誅滅了韋武集團的勢力。隨著母親武則天一步步走上政治巔峰，唐睿宗識時務地將李家皇位讓給了母親，從而保全了自己的性命。當哥哥李顯被母親武則天召回時，唐睿宗又稱病讓位給唐中宗，他不願捲入皇位繼承的鬥爭中，避免了兄弟二人之間的不和諧。然而他在位期間卻陷入妹妹太平公主與立為太子的兒子李隆基的爭鬥漩渦中，他常感到疲憊。

唐睿宗再次登基以後在選擇繼承人的問題上頗費了些腦筋。他的三子李隆基因誅殺韋后、安樂公主以及擁立有大功；而李成器（李憲）是嫡長子，在唐睿宗第一次稱帝時曾經被立為太子。在嫡長子與功勳卓著的三子之間取捨，著實讓唐睿宗犯難。出人意料的是，李成器意外地主動退避使問題得以順利解決，唐睿宗最終選立李隆基為皇太子。在這之後，太平公主和太子李隆基之間因為權力之爭發生了諸多矛盾，明裡暗裡地展開了較量。

太平公主個性、氣質酷似其母武則天，唐睿宗對這個胞妹特別偏重，經常和她商議軍國大政。太平公主是一個很有能力的女人，到唐中宗後期韋后被誅，有很多人都指望著太平公主能夠努力恢復貞觀之風。李隆基與姑母太平公主的關係本來是融洽的，並沒有什麼利害衝突。在唐隆元年（七一〇年）六月政變（誅韋武）過程中，姑侄二人彼此支持、互相配合。唐睿宗立李隆基為太子，得到了包括太平公主在內的一致贊同，分歧和不睦的情況出現在李隆基當上太子之後。太平公主本以為自己支持過李隆基，而年僅二十五歲的李隆基沒有多少從政經驗，會依照她的意圖辦事，然而僅過了幾個月她就覺得不對了。太子李隆基非常精明，自有一套政治主張，從不因姑母之勢而屈居。擁護過太子的一批大臣如姚崇、宋璟等，紛紛以革除「弊政」的姿態活動於政治舞臺，不能不觸犯太平公主的私利。太平公主自恃功高，企圖獨攬大權，同樣因功高而被立為皇太子的李隆基也非等閒之輩，於是太平公主把太子李隆基看成了政敵，想利用自己的權勢換一位容易控制的人。太子與公主之間的矛盾不可避免地發生了，新的鬥爭拉開了序幕。

太平公主有一個冠冕堂皇的理由來廢黜李隆基這個太子，那就是所謂「太子非長，不當立」。按照傳統繼承法，李隆基不是嫡長子，不該立為太子。但當時議立時，太平公主是贊同以功建儲的。不到半年，太平公主出爾反爾打出維護嫡長制的旗號，顯然是非法的活動。太平公主並不是嫡長制的真誠維護者，她替李成器爭太子地位完全是為了自己的私利，因為李隆基的精明不利於她的專權，太平公主企圖立的不是嫡長子，而是「暗弱者」。李成器在太平公主的眼裡便是「暗弱者」，擁立他可以成就她的長久專權。

唐睿宗遇事採取不偏不倚的平衡權術，既不得罪太平公主，又與太子保持政治上的聯繫。近半年來，目睹妹妹與兒子之間的矛盾日益激化，他放縱公主「怙權」，但又要維護李隆基的太子地位，唐睿宗在二人的政治較量中保持著他的皇統地位，同時希望他們彼此能夠和平共處。唐睿宗對太平公主的縱容，使太子李隆基在當時的政局中處境不安，以致有人故意在太子面前說：當今天下，只知太平公主而不知道還有什麼太子殿下！

太平公主結黨營私、氣焰囂張，她與皇太子之間的衝突日益加劇並公開化了。

隨著宮廷內爭的激化，性格「寬厚恭謹，安恬好讓」的唐睿宗終於萌發了不願意當皇帝的念頭。景雲二年（七一一年）二月二日，他命太子李隆基監國，並發出了要傳位的信號，這是唐睿宗面對矛盾束手無策的心情，既然無法調解乾脆就「傳位太子」，以免引起新的爭奪。消息一經傳出，無論是太子集團抑或公主集團都驚訝不已，誰都料不到即位僅十個月的唐睿宗竟然公開聲稱要「傳位」了。太子隆基立刻上疏推辭，就連監國也要讓掉。而屬於公主集團的殿中侍御史和逢堯，則對唐睿宗說：「陛下春秋未高，方為四海所依仰，豈得遽爾？」唐睿宗時年半百，照正常的情況傳位確實早了一些。彼此對立的兩個政治集團，出於各自利害關係的考慮，竟在「傳位」問題上都持否定的態度，唐睿宗只好作罷。

　延和元年（七一二年）七月，天空出現彗星。太平公主一黨藉術士之口向唐睿宗報告：「根據天象，彗星出現預示除舊佈新。帝座及前星有災，這顯示皇太子合做天子，不合更居東宮。」太平公主企圖利用這次星象的變異來挑撥唐睿宗、李隆基父子間的關係，以激怒唐睿宗廢掉太子李隆基。他們的本意是藉天象唆使唐睿宗對皇太子的政治前途做出決定，也就是說，唐睿宗要麼傳位，要麼就應當另立太子，不然天災就會降臨。

　古人把彗星當作災難的預兆，因此太平公主和太子李隆基雙方都非常敏感，甚至連唐睿宗也神經緊張起來。令太平公主沒有想到的是，她弄假反而成真。唐睿宗似乎不領會「術人」的心計，堅決表示「傳德避災，吾志決矣」。公主及其黨羽眼看大事不妙，便紛紛力諫以為不可傳位，所謂「太子合做天子」完全是鬼蜮伎倆。針對公主的勸阻，唐睿宗強調要借鑒往日的經驗教訓，表明了自己再次讓位傳德的決心。太平公主弄巧成拙，唐睿宗竟然決心「傳德避災」傳位於李隆基。由於他的態度堅決，不僅太平公主等人的反對沒有效果，就連太子李隆基自己也弄不明白。唐睿宗向太子表達了自己傳位的意願，太平公主卻執意想讓太子李隆基成為一個傀儡皇帝。就在當月，唐睿宗正式下達傳位制書，不願就此甘休的太平公主又提出唐睿宗雖然傳位，還應當「自總大政」。

　唐睿宗為了求得政治的穩定，以讓位的方式終結了這次短暫的帝王生涯。實際上他的讓位是拋棄了太平公主，現在他當然就不能不考慮太平公主的意見，於是唐睿宗又一次搞他的平衡術，說自己傳位以後三品以上高官的任命和重大的刑獄要與李隆基共同兼理。延和元年八月三日，唐睿宗舉行了正式傳位的大典。他被尊稱為太上皇，自稱朕，發布政令曰誥、令，每五天在太極殿接受群臣的朝賀。新君李隆基即位，他就是歷史上的唐明皇，史稱唐玄宗。唐玄宗每天在武德殿上朝，處理政事，自稱予，處理政事的檔案格式叫做制、敕。

05 太平之死：為皇權，姑侄一爭到底

母權社會的代言人太平公主及其集團在這場皇權之爭徹底失敗，父權社會的代表太子李隆基及其集團則大獲全勝。這次皇位之爭發生在李氏家族的內部，沒有對李氏江山造成大的威脅。

太平公主可謂李唐王朝最為耀眼的公主，父親唐高宗李治，母親是大周的皇帝武則天，長兄李弘被追謚為章敬皇帝，次兄為章懷太子李賢，三哥和四哥分別是唐中宗和唐睿宗皇帝。

太平公主有過兩次婚姻。第一次是嫁給薛紹，薛紹的母親是唐太宗皇帝的女兒城陽公主，薛紹和太平公主是表兄妹，算是門當戶對。薛紹與太平公主是一對恩愛夫妻——短暫的七年姻緣生育了四個孩子，但是這段本該美滿的姻緣卻中途夭折。早在太平公主出嫁以前，武則天就對準駙馬薛紹的兩位兄嫂大為不滿，認為二人出身寒微，配不上做自己女兒的嫂子。她強逼著薛紹的兩位兄長休妻，幸虧有人力勸說她們也是出身世家大族，只是不夠豪貴而已，武則天方才作罷。後來武則天將馮小寶納為男寵，為了給情人長些身分，又硬逼著薛紹認馮小寶為叔

父。薛家受不了這份窩囊氣，於是密謀造反，結果事情敗露。儘管薛紹並沒有參與此事，但武則天卻因為薛紹認馮小寶做叔父的態度極勉強，而對這個女婿很生氣，趁這個機會發洩出來，結果薛紹被關進大牢活活餓死。事後，武則天選擇她的堂侄武攸暨做太平公主的丈夫。武攸暨此時已有妻室，武則天暗中派人殺掉他的妻子，強行讓他做太平公主的丈夫。載初元年（六九〇年），太平公主嫁給了武攸暨，兩個月後武攸暨被封為千乘郡王。太平公主與武氏聯姻，使她被武則天很好地保護起來，避免了武則天登基以後李氏子弟可能遭到的不測。武攸暨與太平公主育有兩男一女，和太平公主一起生活了二十二年。

太平公主在擁立唐中宗及廢除韋武集團的事情上都表現出了政治頭腦，但唐睿宗「傳位」給太子李隆基當上了太上皇，不能不說是太平公主弄巧成拙所致。唐玄宗李隆基雖然當上了皇帝，但是主要的權力卻仍然掌握在唐睿宗手裡。當時朝中的七個宰相，有四個是太平公主的黨羽，文武百官也大多數依附於太平公主，所以雙方的鬥爭依然激烈地進行著。先天二年（七一三年）七月，雙方的鬥爭達到了白熱化的程度。太平公主認為時機已經成熟，於是她和黨羽密謀廢掉唐玄宗，掌握羽林軍的常元楷和李慈經常出入太平公主家中策劃廢立之事。

這時，不僅唐玄宗面臨著生命危險，唐朝也又一次處於治亂興亡的關鍵時刻。如果不除掉太平公主，朝政就可能會再次出現混亂局面。唐玄宗清楚地認識到了這一點之後，便迅速、精心地做了相應的準備。

王琚對唐玄宗說：「事情緊迫了，應該趕快行動。」尚書左丞張說從東都派人獻給唐玄宗一把佩刀，意在請唐玄宗能夠快刀斬亂麻。荊州長史崔日用也悄悄對唐玄宗說：「太平公主蓄意謀反已經很長時間了。陛下以前在東宮還是一個臣子，若想要討她還得用謀、用力。如今已經繼位，下一道制書就行了，誰敢不服從？萬一奸人得計，後悔可就來不及了！」唐玄宗說：「你說的都對，不過這樣做恐怕要驚動太上皇。」崔日用說：「天子的孝順在於安定四海。若奸人得志，社稷都變成廢墟了，孝順還在哪裡呢！請先安定北軍，然後抓逆黨，就不會驚動太上皇了。」唐玄宗贊同他的意見，任命他做吏部侍郎。同年七月初，魏知古報告唐玄宗說太平公主準備在四日發動叛亂，叫常元楷、李慈率領羽林軍突入武德殿，殺唐玄宗等人，竇懷貞、蕭至忠、岑羲等人將在那裡起兵回應。對此，唐玄宗和李範、李業、郭元振、龍武將軍王毛仲、殿中少監姜皎、太僕少卿李令問、尚乘奉御王守一、內給事高力士、果毅李守德等人決定先發制人。七月三日，唐玄宗從王毛仲處調閑廄馬及兵三百餘人，率李令問、王守一、高力士、李守德等親信十數人自武德殿入虔化門，先召常元楷和李慈，兩人不知有變應召前往，到了唐玄宗跟前被擒殺。太平公主在北門四軍中的親信將領立即被肅清。隨後，唐玄宗派人擒賈膺福、李猷於內客省，執殺蕭至忠、岑羲。竇懷貞乘亂逃出，知道難免死罪便自殺了。

唐玄宗李隆基突然出兵，擒獲了太平公主的親信及家人。太平公主因住在宮外，聽說宮中有變後逃入深山寺廟隱藏起來，三日後方下山，請求侄兒放自己一條生路。太上皇李旦也為妹妹向兒子求情，但是唐玄宗李隆基不為所動，將太平公主賜死在公主府裡。她的兒女中只有薛崇簡反對其母所作所為，全家因此逃過一劫。這一年，太平公主大約五十出頭，曾經煊赫一時的太平公主就這樣離開了人世，諸子及黨羽同死者數十人，史稱「先天之變」。唐玄宗下令抄其家產，「財貨山積，珍奇寶物，侔於御府，馬牧羊牧田園質庫，數年徵斂不盡」。

太上皇李旦聞變，慌忙登上承天樓。此時此刻，早已有郭元振前來「護駕」，並說皇帝奉太上皇命誅竇懷貞等。諸事都已按預定計劃完成，唐玄宗來到承天樓謁見，太上皇見事已如此，只好順水推舟下誥治竇懷貞等人的罪名。

次日，太上皇下令：「自今軍國政刑，一皆取皇帝處分，朕方無為養志，以遂素心。」然後徙居百福殿。至此，政權全歸唐玄宗。這年，唐玄宗李隆基二十八歲。

太平公主集團勢力被徹底消滅。太平公主作為一個政治人物活躍在李唐的歷史舞臺上，她一生參與了三次大的政治鬥爭。第一次，在武則天時期除掉男寵「二張」；第二次，在唐中宗時期除掉韋后，勸小皇帝殤帝退位；第三次，就是與侄兒李隆基爭奪皇權。神龍以來，京師長安宮廷深院內政變迭起，動盪長達七年半之久，李隆基與太平公主間的矛盾鬥爭，是李唐皇室政權內部最嚴重的一次較量。同年十二月，唐玄宗改元「開元」。李唐王朝從此開啟了嶄新的局面，為歷史增添了一筆絢麗的色彩。

第六章　高處不勝寒　唐玄宗

唐玄宗李隆基是唐睿宗李旦的第三個兒子。在李唐皇族中唐玄宗在位時間最長，長達四十四年。唐玄宗的諡號為「至道大聖大明孝皇帝」，歷史上常稱他為「唐明皇」。

唐玄宗統治下的李唐王朝是一個大起大落的時代。統治前期，唐玄宗勵精圖治，選用賢相，開創了值得稱道的「開元盛世」；統治後期唐玄宗任用奸佞，政壇上烏煙瘴氣，最終導致了安史之亂悲劇的發生。可以說，唐玄宗一手把自己開創的光輝時代埋葬掉了。

01 外貶功臣：欲使其「悠閒自保」

打天下要功臣，坐江山要忠臣。為鞏固李氏家族的統治，唐玄宗李隆基大貶功臣，使其「悠閒自保」。與劉邦和朱元璋瘋狂屠殺功臣相比，李隆基要仁慈高明得多，稱得上是一位傑出的政治家。

唐玄宗李隆基，出生於垂拱元年（六八五年）八月五日，父皇唐睿宗李旦再度登基後，李隆基由於功勞較大而被立為皇太子，最終繼承皇位。在唐玄宗的統治下，李唐王朝進入了一個輝煌的發展階段，這一時期的唐朝國力強盛、百姓富裕。天寶元年（七四二年），國家戶數達八百五十二萬戶，人口約四千八百九十一萬人，長安城成為人口眾多的國際性大都會。唐玄宗登基後，積極尋求治國撫民、穩定發展的方法，施行政治、經濟多方面的改革措施，並取得了重大成果。唐玄宗對宮廷內外、朝野上下和家族關係內部也進行了一番調整，既展示了他的鐵血無情，又表現出溫情慈愛的一面。

唐玄宗為了整頓朝綱，先後任用了姚崇與宋璟。拜姚崇為兵部尚書、同中書門下三品、進中書令，他革除弊政深得朝野的好評。唐睿宗時期，姚崇從皇權主義的觀點出發，維護時為太子的李隆基的地位，反對太平公主的廢黜陰謀，因此遭到貶斥外任刺史。太平公主勢力被消滅之後，唐玄宗起用姚崇。姚崇「以十事上獻」提出了一整套施政方略，其中重要的內容就是加強皇權，他認為皇權與臣權各有所用，妥善地安置功臣是關係到政局安定的大問題。功臣在姚崇的主張之下紛紛從高位上下來，不少人外任地方官。

最早被罷免的功臣是郭元振，他後來又被處以流刑。郭元振被處流刑後，並沒有施以刑罰。開元元年（七一三年），大赦後被任用為饒州司馬，遭此挫折心情抑鬱而死於赴任途中。

張說先是唐玄宗做太子時的侍讀，後來鼓吹太子監國，並獻計誅殺太平公主，因功拜為中書令。姚崇上任後，張說被罷職，後又左遷相州刺史，不久又被他事牽連，再貶為岳州刺史。

劉幽求是唐隆之變和先天之變的主謀者之一，誅殺太平公主後被任命為左僕射、同中書門下三品。就在張說左遷當天，劉幽求也被貶為太子少保，沒有了實權。開元二年（七一四年），劉幽求講怨言發牢騷，又被貶為睦州刺史，接著遷杭州刺史。次年，他在從杭州遷徙到郴州任刺史的路上抑鬱憤懣而死。

鍾紹京曾參與六月唐隆政變，升遷為戶部尚書，唐玄宗即位後任命他為太子詹事。鍾紹京與太子少保劉幽求一樣發牢騷，被降為綿州刺史，後因他事牽連又遭貶為琰川尉，階封全被收奪，後又遷溫州別駕。開元十五年（七二七年），在東都洛陽入朝拜見唐玄宗，唐玄宗念及當年他曾立過大功，升其為銀青光祿大夫、右諭德，後遷少詹事。

王琚是唐玄宗為太子時的舊友，也是先天之變的直接參與者，因功被封為趙國公，但不久唐玄宗便疏遠他。開元二年（七一四年）二月，王琚與劉幽求、鍾紹京同時被貶，為澤州刺史。王琚後又任諸州刺史，天寶以後又為廣平、鄴郡太守。

崔日用也是參與了唐隆政變，又獻計誅殺太平公主。開元初期，出為常州刺史，削實封三百戶，轉汝州刺史。

魏知古作為唐睿宗時期的宰相，曾揭發太平公主陰謀叛亂一事立了大功，唐玄宗即位後其官至黃門監。開元二年（七一四年）五月，罷知政事，除工部尚書。

唐玄宗採納姚崇的提議將功臣一個個流貶、罷相，是因為他總結了以往政局動盪的經驗教訓，為了防止發生新的動亂必須將功臣調離朝廷。沒有功臣們的努力，唐玄宗難以登上皇位，但是要鞏固皇權就不能忽視他們的一舉一動，因為功臣中大多是一些善於搞政變的人物。這些人對唐玄宗而言是善變的功臣，而不是踏實的忠君之士。重用姚崇，貶謫功臣，是唐玄宗安定天下的必然方式。

賢相姚崇於開元四年（七一六年）辭職，宋璟繼任仍推行安定皇位的政策。當時，太常卿姜皎及其弟御史中丞、吏部侍郎姜晦當朝做事。姜皎是唐玄宗舊時的好友，曾密議誅殺韋后集團，唐玄宗對他極為寵信，這在皇權主義者看來，不是「久安之道」。經過宋璟的多次奏請，唐玄宗將姜皎放歸田里令其自娛自樂，並將其弟姜晦遷為宗正卿，解除他的權力。同時，下詔舉以西漢功臣被誅殺的史實為鑒，提倡東漢元勳的「悠閒自保」方式，其實質都是從根本上鞏固皇權以防止動亂。只要擁護皇權，不干預時政，功臣們完全可以縱情享受娛樂、永保富貴。

開元初期功臣外放，對於鞏固皇權起了重要的作用。但唐玄宗並沒有一味地貶逐，同時也做了一些必要的撫慰工作。唐玄宗可以稱得上是傑出的政治家，他沒有枉殺功臣，能夠充分肯定別人的功勞，表現了他寬廣的胸襟及寬容的氣度。當皇權已逐漸穩定以後，唐玄宗又念及他們的功勞，寬容優厚地對待功臣，這種做法也是有利於政局的安定。

02「友愛」兄弟：故作姿態難掩猜忌

大唐江山無疑是只有李氏家族能當權的江山，但即使是一家的江山，眾兄弟為了皇位的繼承還是要拼個你死我活！

唐玄宗即位之初，在韋后和太平公主勢力已除、功臣安撫之後，政局可以說已經很穩定了，但仍然有被視為不安定的因素存在著，那就是唐玄宗的眾位兄弟。在京師長安的有宋王李成器（後李成器改名為憲，封為寧王）、申王李成義（即李撝）、邠王李守禮、岐王李範、薛王李業等，他們聲望特別高，稱為「五王」。宋王李成器是唐玄宗的同胞大哥、申王李成義是唐玄宗同胞二哥、邠王李守禮是唐高宗李治之孫、章懷太子李賢次子，名分非常特殊。岐王李範、薛王李業曾分掌左、右羽林軍，後來又參與討殺太平公主之後而立功，地位非同尋常。五位王爺在當時的條件下雖然沒有覬覦皇位的野心，但他們的特殊名分和在皇室中的地位，很容易被別有用心的人利用，如果處理不得當，極易成為皇位不穩固的潛在因素。為此，姚崇、宋璟曾建議削弱宗室諸王的權力和地位，結果卻不了了之。

唐玄宗為了控制皇族宗親的財力，對食封制度進行了一些改革。唐中宗時期宗室王、公主的封戶倍增，神龍以後至開元初年，新執政者為施恩惠在每次政局動盪之後都會大加賞賜。於是諸王、公主的封戶節節上升。按唐朝開國初年的制度，親王食實封八百戶，最多也就一千戶。公主三百戶，長公主可加三百戶，最多也不過六百戶。唐高宗以後，武則天所生諸王、公主的食封都超過祖制，相王李旦和太平公主封戶都達三千戶；唐中宗初期，相王和太平公主同至五千戶，安樂公主為兩千戶；後來相王增至七千戶，安樂公主增至三千戶，其他親王、公主也多在千戶以上。唐睿宗時期，太平公主又猛增至一萬戶。唐玄宗即位也毫不例外地要施恩於諸親王。宋王李成器為五千五百戶；岐王李範、薛王李業為五千戶；申王李成義為四千戶；邠王李守禮為一千八百戶。公主食封也都達一千戶。國家的租調大量落入諸王貴戚的家中，政府的財政收入卻大大減少，百姓的負擔成倍增加。針對此種情況，唐玄宗規定：封家的租調一律改歸政府，合在租庸調內統一徵收，然後在京師由太府根據封家的食封戶數統一發放，避免諸王貴戚直接向封戶徵收。於是原宗室諸王、公主「衣食租稅」的特權便產生了某些變化，向封戶無限制的剝削行為有了限制。

唐玄宗又進一步對諸王、公主的封戶數加以限制。在開元以前已封出的，保留其封戶數；開元以後，規定皇子封王者賜封兩千戶，皇女為公主者賜封五百戶，都約以三千戶為限。所謂積重難返，唐玄宗對於封戶數的限制措施並不徹底，並沒有恢復到唐初親王八百戶、公主三百戶，限以一千戶的程度。因為唐玄宗必須適當地對親王、公主做出妥協，才能取得他們的支持。

唐玄宗同時又調整了封戶的人丁數，原先封戶人丁皆三丁以上，稱之為「真戶」。封戶的租稅，食封者十分取九，一分上交朝廷。由於封戶的人丁數沒有限度，因此食封者千方百計取多丁者為封戶，使一些貪婪者有機可乘，太平公主、安樂公主就是如此。唐玄宗針對這種制度上的弊端，規定封戶以三丁為限，租賦全入封家，使朝廷可以控制食封者的實際租稅額。

除了對宗室諸王在食封上進行控制之外，唐玄宗還「伺察諸王」，甚至進行了「立約禁止」之事。唐玄宗並非嫡長子，卻得以繼承大統，他內心深處對兄弟諸王頗有猜忌。唐玄宗時常暗中派人偵察寧王李憲的行動，當他知道寧王迷醉於音樂也就稍稍放心了。唐玄宗還明文禁止諸王的某些交往，諸王與朝臣的「交結」會造成麻煩，有礙於皇位的穩固。立約禁止，正是唐玄宗擔憂心理的反映。

有一次，張說與岐王李範聯繫時，恰好被姚崇遇到。姚崇找機會在殿謁見唐玄宗提到了此事。重臣與皇族宗室交往是觸及唐玄宗皇權統治的極敏感話題，他當然不能輕易放過，便毫不客氣地將張說貶為相州刺史。開元八年（七二〇年），光祿少卿、駙馬都尉裴虛己和岐王李範遊宴，唐玄宗得知此事後將裴虛己流於嶺外新州，並判公主離婚。與此同時，對參加遊宴的萬年尉劉庭琦和太祝張諤也做了處理，分別貶逐，但是唐玄宗並沒有因為這些事追究岐王李範。在唐玄宗看來，諸王與群臣「交結」無疑是危害皇權的大患，然而嚴懲的卻是「趨競之輩」，因為這些人往往仰仗宗室成員為靠山，無事生非、製造禍端。只要嚴加處置「趨競之輩」，就不會有「交結」問題，也就無須責及兄弟了。

接下來，又發生了一件事情。內直郎韋賓和殿中監皇甫恂「私議休咎」，結果被揭發出來。唐玄宗對此是絕不仁慈寬貸的，立刻下令杖殺韋賓，左遷皇甫恂為錦州刺史。韋賓是薛王李業妃子的弟弟，王妃韋氏擔心受到牽連降服待罪，薛王李業也不敢入謁唐玄宗。唐玄宗聽說後急令召見薛王，李業來到殿廷階下，惶惶請罪，而唐玄宗卻走下臺階，拉著他的手安慰一番，表現出並沒有對兄弟的猜忌之心，共同攜手入內進宴。後又安慰薛王李業的王妃，恢復她的地位。韋賓事件暴露了唐玄宗時期皇室內部的勾心鬥角。

這些接二連三的事使唐玄宗對宗室兄弟的防範心理由猜忌到了提高警惕的程度。開元十年（七二二年）九月，唐玄宗重申禁約，不僅禁止諸王與群臣的「交結」，而且禁止皇親國戚之間的「交結」。尤其是裴虛己事件之後，他對駙馬都尉也嚴加管教，不准他們與朝廷要官往來，以免搬弄是非。

唐玄宗對待兄弟諸王，一方面是猜忌、伺察與防範；另一方面則是大力鼓吹「友愛之道」。唐玄宗諸兄弟的青少年時代是在「五王宅」裡度過的，那時的生活情景成為此時唐玄宗鼓吹「友悌」的話題。開元初，「帝友愛至厚，殿中設五幄，與五王處，號五王帳。」顯然「五王帳」是從「五王宅」脫胎而來的。自興慶舊宅改為宮殿後，諸王自然不能住在原處了，於是唐玄宗賜寧王李憲和薛王李業宅於勝業坊，申王李成義和岐王李範宅於安興坊，「邸第相望，環於宮側」，這樣的布局有兄弟共處的深刻含意。唐玄宗打理朝政的閒暇時間，常與諸王登樓同榻歡宴，禮儀好像家人一般。有時還親自去往諸王邸第，賞賜他們金帛。唐玄宗為了表示與兄弟諸王永遠共同分享富貴，將自己服用的丹藥也分贈給諸王。

唐玄宗幾乎給每個兄弟都贈謚了「太子」封號，史上罕見，這是一種特殊的「友愛」姿態。開元十二年（七二四年）十一月，申王李成義病逝，唐玄宗追贈其為「惠莊太子」。開元十四年（七二六年）四月，岐王李範病逝，唐玄宗追贈其為「惠文太子」。開元二十二年（七三四年）七月，薛王李業病逝，贈謚其「惠宣太子」。唐玄宗久歷政變與動亂，為了皇位的穩定，有必要為了宣揚「孝友」而贈謚諸王兄弟以「太子」封號，其中又以對待長兄的態度最能表現出唐玄宗的「友愛」之情。唐玄宗當年能夠成為太子，是因為身為嫡長子的大哥李成器（後來改名李憲）相讓的結果，這一點他是永遠不會忘記的。唐玄宗經過暗中考察，對這位長兄非常放心，因為寧王一不干涉時政，不任以職事；二不與群臣交結，專以聲色娛樂。申王、岐王、薛王先後去世，只有寧王李憲一個人還健在，唐玄宗更加恩待他。寧王病逝時，唐玄宗悲涕交集，追謚為「讓皇帝」。不能不說唐玄宗表彰長兄的謙讓精神，當然也是他出於鞏固皇位的需要而做出的一種姿態。

唐玄宗在皇權問題上是極為警惕的，他不擔心諸王們的享樂，只擔心他們會有所企圖，因此對於越是鍾情享受榮華富貴的兄弟他便越放心，因為如此才能讓他的皇帝寶座坐得越安穩。同時為了掩蓋真實的內心，他又做出優待兄弟的表面文章，真可謂煞費苦心了。

03 掌控禁軍：以忠誠之士確保帝王安危

唐玄宗對北門禁軍的控制，是他即位以後鞏固皇權的一個重要措施。唐玄宗非常清楚歷次政變無不與禁軍有關，要防止「禍變」再起，保障穩定的統治秩序，就一定要牢牢地控制住禁軍。

先天二年（七一三年）十月十三日，唐玄宗在驪山腳下舉行了一次誇張的閱兵儀式。此儀式是吸取了「禍變」教訓而採取的行動，除了向動亂勢力示威外，更大大地伸張了皇權的威勢。在這天的閱兵式中，唐玄宗以突然襲擊的方式解除了功臣郭元振的兵權。郭元振早在武則天時就是一員名將，後來於西土邊陲立功，唐睿宗即位後官至兵部尚書同中書門下三品，參與先天事變又立了大功。想不到事隔僅三個月餘，唐玄宗便以「軍容不整」的罪名將他流放到了新州。

與此同時，唐玄宗以「制軍禮不肅」為由宣布要處斬給事中、知禮儀事唐紹，此舉意在樹立威信，並不是真的想殺唐紹，然而金吾衛將軍李邈沒有領會唐玄宗的真實用意，立刻宣敕將唐紹斬了，倒楣的唐紹就這樣冤死了。

「禁軍」的稱呼遠在唐高祖時就有所謂「元從禁軍」。唐太宗時期開始在玄武門設左右屯營軍，稱為「飛騎」，又從中挑選驍勇體健者，稱為「百騎」，作為皇帝的護衛隊。龍朔二年（六六二年），北門（玄武門）左右屯營正式改名為左右羽林軍；景龍元年（七〇七年）七月，由於太子李重俊政變與「千騎」有牽連，故做了一次整頓，改名為「萬騎」。「千騎」與「萬騎」都是皇帝的護衛隊，它們隸屬於羽林軍，沒有獨立的編制，此外還有「飛騎」。唐玄宗為太子時發動唐隆政變那天，韋后就是逃入「飛騎營」而被殺的。這「飛騎」是指羽林軍中的騎隊，與貞觀時期「飛騎」名同而實質有差別。

景雲二年（七一一年），李隆基為太子監國時，由於「萬騎」有討誅韋后的大功，地位急劇上升，而且人數眾多，增設了「龍武將軍」名稱，以統率「萬騎」。首次組建了北門四軍，即左、右萬騎與左、右羽林軍，從前隸屬於羽林軍的左右萬騎兩營，如今正式有了獨立的編制。龍武將軍任用的都是一些功臣，所以稱為「唐元功臣」。北門四軍的組建與擴大，對於誅滅太平公主勢力起到了重要的作用。

開元時期，由於邊防軍事上的需要，左右羽林大將軍常率眾在外，禁宮宿衛主要由左右萬騎負責。龍武軍的建置是從羽林軍中分出來的，唐玄宗非常注重北門禁軍將領的選擇。陳玄禮初為萬騎營長，因淳樸自檢又參與過唐隆政變立了大功，唐玄宗任命他統率北門禁軍。將左右萬騎營歸於龍武軍管轄，說明唐玄宗對萬騎態度的變化。從開元晚期至天寶末年，龍武大將軍陳玄禮一直忠誠地守護著唐玄宗的安全，哪怕是「馬嵬兵變」時也依然如此。

飛龍禁軍是又一支特殊的禁衛力量。飛龍禁軍作為唐玄宗儀仗內的衛隊，是由宦官高力士掌握的。高力士是唐玄宗最寵信的宦官，也最忠心於唐玄宗。天寶十一載（七五二年）四月，邢縡企圖策動龍武萬騎作亂，殺李林甫、陳希烈、楊國忠等人。被告發後，邢縡率黨徒數十人持弓刀格鬥，走到皇城西南角被高力士率領的飛龍禁軍四百餘人斬首，餘黨全都被擒。可見高力士率領的飛龍禁軍起了重要的作用。

通過對禁軍的控制，唐玄宗在位四十多年基本上「天下太平」。因為唐玄宗的知人善任，將自身的生命安全交給最親信的人，讓最忠誠的人掌管禁軍，才使得政局安定、皇權鞏固。

04 廢后不立：控制內宮勢力

唐玄宗撥亂反正、整頓朝綱、銳意進取、大量改革，使李唐王朝各方面都蓬勃發展起來，然而與此不相適應的卻是他的後宮之中出現了爭寵事件。

唐玄宗登基時立原配夫人王氏為皇后。王氏在唐玄宗誅殺韋后、除掉太平公主時都「頗預密謀，贊成大業」。王氏的父親王仁皎與同胞兄長王守一都是這幾次冒險活動的積極參與者和支持者。唐玄宗對這兩位外戚極為善待，王仁皎遷開府儀同三司、封祁國公，王守一娶唐睿宗的女兒薛國公主為駙馬都尉。王皇后婉淑賢順，宮中上下衷心擁戴，但唯一的遺憾是王皇后一直沒有為唐玄宗生下一男半女。隨著後宮妃嬪寵姬不斷增多，王皇后越來越受到唐玄宗的冷落。

唐玄宗即位不久便喜歡上了武惠妃，他對武惠妃百般寵愛。武惠妃是武則天的堂侄、恆安王武攸之的孫女，年幼時便被選入掖庭，她的長相舉止與武則天有些相像，聰明秀麗、能曲意承歡。武惠妃恃寵後便想取代王皇后，王皇后見武惠妃野心勃勃有些看不順眼，就對唐玄宗發牢騷。她言多不免有失，引起了唐玄宗的反感。過了幾年，武惠妃接連生下幾位皇子後越加驕橫，常在唐玄宗身邊搬弄是非，使唐玄宗生出廢后之念。好在王皇后日常對手下人都很仁愛，宮中沒有人說她的不是，任憑武惠妃軟語硬磨，唐玄宗無計可施也沒有強行廢立。

誰知王皇后的哥哥王守一見妹妹的中宮地位動搖而感到不安，為了幫助王皇后改變現狀就勸她行厭勝之術，希望能從旁門左道謀求生路。這一法術從漢魏以來較為流行，但在宮中卻是被明令禁止的，唐律中更將「造畜蠱毒、厭魅」定為十惡罪之「不道」。王皇后冒險按照哥哥出的主意去做，她也認為如果自己能懷上龍種，必然可以打擊武惠妃的囂張氣焰。沒料到這事被武惠妃的心腹探知，武惠妃心中暗自高興，趁機向唐玄宗告發。開元十二年（七二四年）秋，唐玄宗親手起草敕書把王皇后廢為庶人，又逼王守一自殺。王皇后既後悔又傷心，在冷宮抑鬱成疾，於當年十月便去世了。後宮上下念及王皇后的為人，大多為她的死悲痛落淚。唐玄宗見此，也難免有些後悔，下令以一品之禮將王皇后安葬於長安無相寺。直到三十多年後唐代宗李豫即位，才重新尊其為皇后。

過了兩年，開元十四年（七二六年），太子李瑛的生母趙麗妃又突然死去。宮闈之中不斷泛起的陣陣漣漪，顯然都與中宮之位有關，唐玄宗此時向朝臣提出想立武惠妃為皇后。沒想到多數大臣都表示反對，他們說：「與武氏家族乃不共戴天之仇，豈可以為國母！」有的則認為武惠妃不是太子生母，若立為皇后，勢必動搖儲君之位。顯然，武韋之亂儘管已平息近二十年，但人們仍然心有餘悸，武韋集團那種「干紀亂常，遞窺神器」的猙獰面目從沒有消失。大臣們普遍認為唐玄宗對武惠妃的迷戀不管到什麼程度都無關緊要，但如果想立她為皇后，就等於讓李唐宗室重溫武氏家族的噩夢，這是他們堅決不能允許的。以武惠妃的身世背景，唐玄宗不願冒險激起朝中對武周政治的痛苦回憶。作為一位成熟的政治家，他深深懂得沒有必要因為立武惠妃為后一事與朝中大臣鬧翻，因為他現在的局面完全不同於當年唐高宗立后之時。唐玄宗感到歷史留下的陰影太過深刻，如果強行冊封武惠妃為后，是多數大臣所不能接受的，勢必會引起政治波動。唐玄宗將立后之事擱置起來，但是對武惠妃的寵遇卻一如既往，在宮內武惠妃完全享受著皇后的一切禮遇，儼然是實際上的尊貴皇后。這是唐玄宗給她的一種政治待遇與生活禮遇。武惠妃死於開元二十五年（七三七年），至死都沒有獲得皇后的名分，死後唐玄宗追贈她為「貞順皇后」。

唐玄宗時期廢王皇后不立，其後中晚唐時期的皇后要到死後才得以加諡，只有唐肅宗在安史之亂中立張氏為皇后，唐昭宗在唐末混亂之際立何氏為皇后。其他如唐玄宗寵愛的楊玉環，只是加貴妃的封號，並不給皇后的名分。再如唐德宗皇后王氏是在她死的當天冊立的，如唐憲宗懿安皇后郭氏等也都是死後加冊的。

05 明皇手段：以儉治國，毀財樹威

為了鞏固李氏家族的統治，唐玄宗不得不做出節儉的樣子，以此來矇騙天下。

由於久經戰亂，唐朝初年的社會經濟異常凋敝，迫使上自皇帝下至臣民都崇尚節儉。然而隨著社會經濟的恢復發展，社會生活的穩定，統治階級的消費觀念也發生了很大的變化，自武則天執政後奢靡之風再起，且愈演愈烈。

延和元年（七一二年）唐玄宗李隆基繼位，為向天下人表示以儉治國的決心，他採取了一項驚人的行動。開元二年（七一四年）六月，唐玄宗下令將收繳來的太平公主的玉製寶物和宮中珍物，在宮中庭院公開銷毀。只見一股股烈焰騰空而起，劈啪作響、濃煙蔽空，宦官們將一匹匹色彩斑斕的綾羅綢緞、一捧捧絕美的珠玉飾物投入火中，衛兵還將庫藏的寶物不斷運出來焚燒，唐玄宗親自監督。

唐玄宗的這把火燒掉了數以千萬的財富，只是為了樹立他以儉治國的形象，警告官僚不要崇尚奢侈之風，從而為「開元盛世」的締造起到了積極的作用。

只可惜唐玄宗骨子裡也是奢靡之君，他在決然焚毀宮中珍寶玩物之後，卻變本加厲地開始了搜刮過程。他所開創的「開元盛世」曇花一現，李唐王朝在他的統治後期逐步走向了衰落。

06 一日誅三子：最難皇家骨肉情

封建時代，為了爭奪至高無上的皇權，宮闈內手足相殘、同室操戈的慘劇時有發生。精明能幹如李隆基，也不能倖免於權力對骨肉親情的分離和對人性的扭曲。

在李唐王朝的皇帝中，唐玄宗李隆基的子女數量是最多的，他有三十個兒子、二十九個女兒。唐玄宗為了控制兒子們在政治上的經營，特意在長安和洛陽兩京修建了十王宅、百孫院，並改變了以往皇太子居住在東宮的制度。自東漢以來，東宮就是皇太子的代名詞，唐玄宗東封泰山以後，不再讓太子居住在東宮，而是移居於皇帝起居所在的「別院」，改變了數百年來沿襲的舊制，這對皇位繼承制度和國家政治體制產生了巨大影響。此外，唐玄宗還營造了興慶宮，取代長安太極宮和洛陽大明宮成為新的政治中心，並改變了往日長安宮城的布局，對唐朝中央中樞政治的運作產生了重大影響。

唐玄宗初立太子是在開元三年（七一五年）正月。當時既非嫡出、又非長子的李嗣謙（後改名為李瑛），是唐玄宗為藩王時的寵姬趙麗妃所生。趙麗妃因「有才貌，善歌舞」而得唐玄宗寵信。唐玄宗剛即位時，趙麗妃寵冠後宮，李瑛被冊立為皇太子，他是唐玄宗的第二個兒子。後來武惠妃得寵，李瑛的皇太子地位岌岌可危。武惠妃想成為皇后，而太子李瑛的存在是大臣們反對立她為后的重要理由之一。另一方面，如果不另立太子，即使她將來當了皇后，地位也是不穩固的，因此搞垮太子瑛對武惠妃來說是非常重要的。

開元二十四年，太子李瑛已年近三十歲。唐玄宗五子鄂王李瑤、八子光王李琚，是諸皇子中「有學尚才識」者，特別是光王李琚表現更突出，「有才力，善騎射」，曾受到唐玄宗的眷顧和青睞。鄂王李瑤、光王李琚，因「同居內宅，最相愛狎」。李瑤的母親是皇甫德儀，李琚的母親是劉才人，都是唐玄宗為臨淄王時「以容色見顧」，後都因武惠妃專寵而漸遭疏薄。武惠妃得寵以後，便開始為兒子的政治地位經營。子以母貴，唐玄宗的第十八子，即武惠妃所生的壽王李瑁越來越得到器重。武惠妃在宮中氣勢凌人，使太子李瑛備感鬱悶。李瑤與李琚在十王宅的諸王之中關係最為親密，二人與太子李瑛常在一起，言語之間不免流露出對武惠妃的怨恨。宮廷內部的關係是複雜的，三人的怨恨之言被武惠妃的親信捕捉到了。武惠妃的女兒咸宜公主的駙馬楊洄受武惠妃指使，暗中監視太子李瑛等人的言行舉動，然後進行彙報。年末，太子李瑛與李瑤、李琚在「內第」相聚，又心生抱怨，楊洄探知後告訴了武惠妃。於是武惠妃便向唐玄宗告狀，說太子暗中結黨、拉攏親信想加害她們母子，甚至指斥唐玄宗。唐玄宗聽後大怒，把宰相找來商議廢除太子李瑛以及懲治鄂王李瑤、光王李琚。

這時擔任宰相的有中書令張九齡、侍中裴耀卿和禮部尚書、同平章事李林甫。張九齡聽了唐玄宗的意見，認為這是唐玄宗由於偏愛武惠妃而遷怒於無罪無辜的太子李瑛及鄂、光二王，便規勸唐玄宗說「太子天下本」，不能因一點小事便廢黜。唐玄宗見張九齡力加反對，心中很不高興。但廢立太子畢竟是朝廷大事，皇帝雖有至高無上的權力，終究還是要取得宰相大臣們的支持才能行事，所以唐玄宗只好忍下。在張九齡擔任宰相期間，太子李瑛及鄂、光二王都沒有遭遇不測。唐玄宗本來很賞識張九齡的文才，但由於寵妃武惠妃、奸相李林甫兩個人的內外夾擊，他對張九齡日漸冷淡。過了一段時間，奸相李林甫找了個機會使唐玄宗將張九齡貶為荊州長史，李林甫取而代之當上了中書令。

開元二十五年四月，楊洄又誣告太子李瑛、鄂王李瑤、光王李琚與太子妃兄駙馬都尉薛鏽「潛構異謀」。這回的發言權在李林甫手中，當唐玄宗首次找宰相們商議廢太子時，李林甫一言未發，表明他不同意張九齡等人的意見，可礙於張九齡是中書令不便當面反對，特別是見到唐玄宗因張九齡的反對而不敢下決心時，他更不敢公開表態。所以此次退朝後，李林甫即對頗有權勢且深得唐玄宗寵信的宦官高力士說：「此主上家事，何必問外人。」把太子廢立說成是皇帝的「家事」，意思是要唐玄宗自己拿定主意，不必徵求宰相們的意見。原來李林甫早已暗中投靠武惠妃。

還在未擔任黃門侍郎以前，李林甫見武惠妃愛傾後宮，壽王李瑁特見寵異，便進行政治上的鑽營投機。通過武惠妃的關係，唐玄宗對李林甫「眷遇益深」，開元二十二年即以禮部尚書、同中書門下三品，列於相位。那時，李林甫畢竟位在中書令張九齡之下，還不敢當面頂撞張九齡，只能暗中做動作。此時，張九齡已被貶出朝廷，李林甫大權在握，在他的支持下，唐玄宗終於下定決心將太子李瑛與鄂王李瑤、光王李琚廢為庶人。廢太子李瑛等三人為庶人的制書是由宦官奉命宣布的，唐玄宗似乎要表示此事確實是他的家事，所以不必在朝廷上宣布。不久，太子李瑛、鄂王李瑤、光王李琚三人又被賜死於京師城東。一天之內，三位皇子被送上茫茫黃泉路，朝野上下大為震驚。天下百姓都認為他們冤死而為之憐惜，史書上稱此為「三庶之禍」。

李林甫與武惠妃相勾結，終於將太子李瑛廢黜了，接下來武惠妃便打算立自己的兒子為太子。就在武惠妃想說動唐玄宗冊立壽王李瑁為太子的時候，不巧她卻得了重病。她病得如一個狂人般地大叫「三庶人饒命」，鬧得宮中雞犬不寧。三庶人就是太子李瑛和鄂王李瑤、光王李琚。唐玄宗知道後也有些害怕，不敢冊立李瑁為太子，同時也非常後悔自己不該一時發怒而殺掉三個親生兒子。到開元二十五年（七三七年）十二月，武惠妃病勢越來越重，不久就死了。顯然，這時宮闈間的鬥爭開始與朝廷中官僚集團間的矛盾交織在一起，這種勾心鬥角的方式是封建社會統治階級內部矛盾鬥爭的普遍現象。

開元二十五年的大半年中，唐玄宗並沒有對太子人選輕率地做出決定。十二月武惠妃死後，他內心仍在諸皇子間反覆權衡著。繼承人不能最終確定，這使唐玄宗大傷腦筋，寢食不安、茶飯無味。後來在高力士「推長而立」的提醒之下，唐玄宗於開元二十六年（七三八年）選定了皇三子忠王李璵為太子，即後來的唐肅宗李亨。

07 奸相當道：口蜜腹劍，試圖扳倒太子

太子之爭是李氏家族內部為皇位之爭。太子之爭往往又與外部的種種勢力交織在一起。因此太子之爭已不完全是李氏家族內部的爭鬥，更是各既得利益集團間的權力之爭。

唐玄宗在痛失三子之後，對冊立太子一事極為慎重。宰相李林甫因為與武惠妃相勾結，在武惠妃死後仍然主張立壽王李瑁為太子。李林甫是個巧用心計、善於整人的奸相，「口有蜜，腹有劍」的典故說的就是他。李林甫在張九齡被罷相後便當上了中書令，由於他的專權，唐朝開國時的諫官議政制度都被取消了。李林甫不擇手段排斥異己、屢起大獄，加深了李唐統治集團內部的矛盾。

開元二十六年（七三八年）六月，忠王李璵被立為太子，天寶三載（七四四年）二月，改名李亨。李林甫最初竭力主張立武惠妃生的兒子壽王李瑁為太子，想不到唐玄宗最後卻依高力士之見改變了主意，立李亨為太子，這使得身居宰相重位、握有國家大權的李林甫非常尷尬，

他非常擔心新立的太子因為他的政治立場而對他進行報復。

太子李亨在政治上處於有利地位，只要不出現重大的差錯早晚會繼承皇位，但是他當時的境遇是內受制於唐玄宗，外朝又是極難對付的李林甫。如果順其自然，勢必受制於人、坐以待斃，廢太子李瑛的悲慘下場就在他的眼前，因此他開始悄悄地培植自己的勢力。太子李亨清醒地認識到，朝廷中有些官員為了對付李林甫的專權，必定會自然而然地逐步彙聚到自己的周圍來，但是自己羽翼未豐，行動必須十分小心謹慎。

太子培養的私黨主要有韋堅、李適之、皇甫惟明和王忠嗣等人，其中最活躍的是韋堅。韋堅是太子妃兄，負責江淮租庸轉運，因為通漕有功為唐玄宗所寵信。韋堅又與李適之友善，李適之是李承乾的孫子，李承乾即是唐太宗時期的廢太子。李適之時為左相，他與李林甫矛盾很嚴重。韋堅結交了李適之，就使太子李亨在朝廷相臣中取得了一位重要的支持者。此外，太子李亨的勢力範圍還有西北軍鎮。

由於邊鎮戰爭的長期性，到了唐玄宗時天下軍鎮逐步演變成三大軍事集團。西北包括安西、北庭和河西、隴右、朔方等節度使，其任務主要是防禦突厥、吐蕃、大食等；河東節度使在天寶初期以前，常參與防禦吐蕃或突厥的戰爭，因而它也屬於西北軍事集團。東北包括范陽、平盧節度使，其任務主要是防禦奚、契丹兩族，河東節度使於天寶後期轉屬於這一集團。西南方面主要是劍南節度使，其主要任務是防禦吐蕃和南詔等。各軍事集團的鎮將為了自身的利益，都分別在朝廷中尋找靠山。同樣，朝廷官僚集團中的人物為了鞏固自身的地位，也要在軍鎮集團中尋找支持者，有些人更直接兼任邊鎮的軍事長官。於是朝廷中不同官僚集團與邊鎮軍事集團相互糾結、互為倚靠，而且壁壘森嚴，各有一定的勢力範圍。天寶以後，東北諸鎮為安祿山所領，安祿山與李林甫關係十分密切，因而東北諸鎮自然是李林甫集團的勢力範圍。西南邊帥為章仇兼瓊和鮮于仲通，與楊國忠關係密切，自然是屬於楊國忠的勢力範圍。西北諸鎮，在開元末李林甫雖曾遙領過河西、隴右節度使，但時間不長；在相當長的一段時間內，駐鎮這一地區主要的將領是王忠嗣和皇甫惟明，所以西北軍鎮成了太子李亨的勢力範圍。也許是唐玄宗想利用西北諸鎮的軍事力量牽制東北安祿山的軍事力量，所以不讓李林甫插手，致使西北諸鎮逐漸落入太子李亨集團的控制之下，這也很可能是唐玄宗有意安排的，目的是使邊鎮各軍事力量互相牽制，以便於自己操縱控制。西北軍鎮的地位十分重要，其兵力大大超過東北和西南軍鎮的兵力。皇甫惟明、王忠嗣擁護太子李亨的態度又非常明朗，因此，不能不使李林甫緊張起來。他感到有必要及時採取措施，阻止太子的勢力進一步發展。

天寶五載（七四六年）正月十五，一場傾覆太子私黨的大獄由李林甫發動而起。這一天是長安一年一度的觀燈佳節，太子李亨入夜後出宮門去長安街中遊樂，途中正好與韋堅相見，緊接著韋堅又和皇甫惟明「會於景龍觀道士之室」。李林甫早已派遣楊慎矜監視韋堅等人的行動，所以這一切都被楊慎矜掌握。李林甫得到報告後即刻向唐玄宗奏明，控告韋堅與邊帥皇甫惟明結謀，「欲共立太子」。唐玄宗藉口韋堅「干進不已」、皇甫惟明「離間君臣」等罪名，對他們大加責罰，太子李亨的幾個主要黨羽都遭到了貶抑。唐玄宗此時的態度比較克制，他不想株連過多的人，畢竟罪狀不十分明顯，他還在靜觀形勢的進一步發展。

韋堅被貶為縉雲太守，皇甫惟明被貶為播州太守，李適之則被罷去左相職務，降為太子少保。到了這年的年底，一波未平，一波又起。太子良娣杜氏的父親贊善大夫杜有鄰，與女婿左驍衛兵曹柳勣都在太子李亨手下做事。柳勣喜交結豪俊，與淄川太守裴敦復，以及當時名士北海太守李邕、著作郎王曾等皆結為友。後柳勣與杜有鄰不和，於是誣告杜有鄰與太子交結，並說唐玄宗的壞話。唐玄宗下令嚴加查辦，查辦結果柳勣乃是首謀，於是杜有鄰、柳勣、王曾等都被杖死於大理寺，太子李亨被迫將良娣杜氏逐出為庶人。裴敦復與李邕被李林甫的爪牙杖死，鄴郡太守王琚，就是當年唐玄宗的親信、開元功臣，因與李邕是舊交也受牽連被貶江華司馬。此案一出，「中外震慄」，影響非常大。李林甫乾脆一不做，二不休，啟奏唐玄宗分遣御使將已貶出京師的太子李亨的黨羽通通「賜死」，以除後患，唐玄宗表示同意。於是皇甫惟明和韋堅兄弟等人在貶所被殺；李邕在青州被殺；李適之在嶺南自知性命難保，服藥自殺；王琚在江華也趕忙服藥而亡；李適之的兒子李霅迎父喪至洛陽，也被李林甫誣告害死；還有給事中房琯曾與李適之友善也被貶宜春太守。

奸相李林甫對韋堅恨之入骨，將他殺了後還不甘休，又派人沿著漕河在中原及江、淮州縣，羅織韋堅主持漕運時的所謂罪行。結果使得一大批無辜小吏和平民百姓遭殃，許多人死於非命，這場冤獄鬧得漕河沿途的州縣雞犬不寧，直到李林甫死後才算了結。

08 寵遇楊氏：外戚專權，終招大禍

周幽王博褒姒一笑而亡國。千年之後，唐玄宗李隆基為博楊妃一笑，導致外戚專權，終招大禍，使得李家江山由盛而衰。

唐玄宗因最寵愛的武惠妃之死，內心極度憂傷。高力士不愧為唐玄宗的「老家奴」，他見唐玄宗如此憂鬱便四處尋找絕色佳人，以便能夠使唐玄宗再回到從前的振奮狀態。於是唐玄宗那傾國傾城的兒媳楊玉環便出現在了高力士的眼中，楊玉環便是武惠妃的親生兒子壽王李瑁的妻子。在高力士的操縱下，壽王妃楊玉環進了道觀號為「太真」，接著又被唐玄宗納為貴妃成為名正言順的妃子。楊貴妃與當年的武惠妃相仿，所享受的待遇與皇后的級別是一樣的。

俗話說：一人得道，雞犬升天。自從楊玉環受寵被冊封為貴妃，不只是家裡的兄弟姐妹各有冊封，就是她的遠房親戚也跟著沾光。楊國忠是楊貴妃的遠房哥哥，原名楊釗，他的祖父與楊貴妃祖父是兄弟。因為楊國忠是皇親國戚經常出入宮廷，他的話唐玄宗多半都聽，所以李林甫就把他拉做幫凶，先是提拔他當監察御史，後來又提拔為度支郎中兼侍御史。他沒想到的是楊國忠同樣地野心勃勃，善於耍弄權術與詭計。最早，楊國忠依附李林甫一派勢力，參與製造冤案，隨著官位的提高便有了謀取宰相之職而取代李林甫的野心。

楊國忠見楊貴妃漸漸得寵，便和她的姐妹兄弟勾結在一起，形成一股外戚集團勢力，肆意干預朝政，致使政事加速腐敗。朝廷上由於李林甫的長期排斥異己、專斷朝政，矛盾本來已經十分激化，再加入以楊國忠為首的一股惡勢力，統治階級的矛盾就更加尖銳，因而朝政的腐敗越發不可收拾。唐玄宗寵遇楊氏外戚當然源於取悅貴妃楊玉環。然而這種寵遇已大大超過了應有的限度。一般情況下，唐玄宗授予外戚的官職僅限於閒職、散官，如最初對王皇后到後來對武惠妃的家屬都是這種官職。但此時，對待楊貴妃的外戚一族卻授予朝廷實職、要職，任憑他們的權勢不斷擴大，尤其是對楊國忠重加擢升任用。唐玄宗逐漸疏遠李林甫，轉而扶植楊國忠，一方面是藉以牽制李林甫的專權；另一方面也為取代已經衰老了的李林甫做準備。讓大臣相互掣肘是唐玄宗慣用的手腕，然而這種意圖卻使得李唐王朝才出虎穴又入狼窩，大權從一個奸相手中轉移到了另一個奸相手中。

在唐玄宗的扶植和寵遇之下，楊國忠終於爬上了位於一人之下、萬人之上的地位，朝中大臣們都很懼怕他。天寶十三載（七五四年年），楊國忠把陳希烈排擠出相位，因為他是李林甫的舊人；同時他看到文部侍郎韋見素軟弱可欺較容易控制，便建議唐玄宗任命韋見素為宰相，唐玄宗答應了他的請求。韋見素上任後，基本上為了明哲保身不敢議論朝政。這跟當年李林甫任用陳希烈為宰相的想法一樣，都是想自己一人說了算。朝堂上如此，地方上楊國忠也是到處安插自己的親信黨羽，如派司勳員外郎崔圓任劍南留後，實際行使節度使職權，以協助他管理西南各地；又任投靠他的魏郡太守吉溫為御史大夫，擔任京畿、關內採訪等差使，說明他也控制了京畿地區，從而形成了進退可據的勢力網絡。

楊國忠完全繼承李林甫上午巳時（上午十一點）回家的做法，甚至回去得更早。大小政務由他一個人說了算，對國事的處理極度輕率；在選拔人才方面，楊國忠任人唯親，完全以自己的好惡為評判標準。他提出：「文部選官時，要以資歷而不是才能為標準，凡有空缺，按資歷高低授官。」他這樣做是為了籠絡人心，一批因各種原因不能晉升而久久擔任原職者，按照楊國忠的建議都升遷了，他們喜出望外，對楊國忠也就感恩在心，自然成為他的擁護者。

楊國忠受到唐玄宗寵信的同時，朝中還有另外一個紅人，他就是安祿山。唐玄宗時期在東北邊疆的心腹大患是奚、契丹「兩蕃」，由於大唐帝國在西北實行進攻的態勢，在東北實行防守，如何有效抵禦「兩蕃」的肆擾便是唐玄宗對范陽、平盧節度使寄予的無限期望。安祿山賄賂朝廷官員、攀附宰相，贏得唐玄宗的信賴。他又不惜多次設宴誘騙契丹人，待其醉酒後便將將士活埋，再將首級命人送往京師，以此來贏得唐玄宗的歡心。每當有人向唐玄宗提到安祿山的不好時，唐玄宗就非常不高興，即使是楊國忠和皇太子李亨勸他不要對安祿山那麼寵信也沒有放在心上。安祿山通過各種手段來討好唐玄宗，甚至不惜裝傻犯糊塗來贏得唐玄宗的信任。天寶十載（七五一年）安祿山擔任河東三鎮節度使。天寶十三載（七五四年年）正月，唐玄宗又任命他為左僕射，賜他的一個兒子三品官、另一個兒子四品官。同年二月，唐玄宗又任命他的部下五百多人當將軍，兩千多人當中郎將，安祿山以此來收買人心，為叛亂作準備。

安祿山雖然有各種手段，但是他卻十分懼怕老謀深算的李林甫，害怕李林甫能夠揣摩透他的內心世界。因此李林甫當宰相時，安祿山不敢輕舉妄動。楊國忠的威望與政治手腕遠不能和李林甫相比，因而想拉攏安祿山以進一步達到排斥異己的目的。安祿山根本看不起楊國忠，認為他只是一個資歷和能力非常有限的官僚政客，不願和他平起平坐、同享富貴。眼看著安祿山勢力日益壯大、寵遇日增，拉攏不成又無力制服，楊國忠只好在清除李林甫的殘餘勢力之後，多次向唐玄宗提及安祿山有造反的跡象，他想藉皇帝之手除掉安祿山這個對頭。唐玄宗認為楊國忠這麼說只是出於二人爭寵，也就沒放在心上。楊國忠一計不成，又想一招。他奏請唐玄宗讓隴右節度使哥舒翰兼任河西節度使，哥舒翰向來與安祿山不和，楊國忠提拔哥舒翰的目的是想利用他們之間的矛盾，以增強哥舒翰的實力來共同對付安祿山。安祿山一眼就看穿了這種雕蟲小技，如此一來，楊國忠與安祿山之間的矛盾很快地尖銳起來。

天寶十四載（七五五年）十一月，安祿山以討伐奸相楊國忠為名，與他的部下史思明正式反叛唐朝，拉開了「安史之亂」的序幕。這是唐朝歷史上最嚴重的大動亂。安祿山叛亂的消息傳來時，唐玄宗正在華清宮享樂。十二月十三日，東都陷落。河北二十四郡竟無一人抵抗，唐玄宗派往東都的大將無故棄城千里。最後唐玄宗委任大將哥舒翰出守潼關，潼關堅守半年，取得了成功。但是由於唐玄宗求勝心切，不顧戰場局勢和各地大將的意見，連連派使者督促哥舒翰率兵出關決戰，結果正中叛軍誘敵之計以失敗收場。

這場由地方軍將發動的企圖奪取中央政權的叛亂，前後延續了八年之久，李唐王朝從此由盛而衰。唐玄宗為了躲避戰亂，從長安逃往四川，成為唐代最先逃離京師避亂的皇帝。

09 馬嵬兵變：貴妃既死，誰是主謀

唐玄宗李隆基情迷楊貴妃，結果導致外戚楊國忠專權，進而引發了外戚楊國忠與太子李亨的皇位之爭。最終太子李亨勝出，李氏家族的統治權最終沒有旁落。

天寶十五載（七五六年）初夏，潼關失守，長安岌岌可危。唐玄宗帶著楊貴妃、宰相楊國忠、太子李亨以及皇親國戚、心腹宦官離開都城長安，向四川逃去。一路無人接洽，十分辛苦。第三天，唐玄宗一行來到興平縣西郊的馬嵬驛。隨從護駕的禁軍將士經過一天多的勞頓，饑餓疲乏交加，激起了他們強烈的不滿和憤怒情緒。由於安祿山是打著討伐楊國忠的名義造反的，所以官軍都認為受苦受累是由於受了奸相楊國忠的連累，這筆帳得向楊國忠清算。

禁衛軍中頗具威望的龍武大將軍陳玄禮，曾帶領禁軍參與了唐玄宗平定武韋之亂和誅殺太平公主的政變，是一位開元功臣，深得唐玄宗的信任。他對外戚楊國忠專政和飛揚跋扈的作風早就看不慣了，此時又因為楊國忠的亂政誤國致使皇帝逃離京城，將士們也跟著流離到如此地步，對楊國忠的仇恨就更深了。和陳玄禮的看法相一致的還有禁軍中相當多的將士，他們普遍把一切禍難歸結為楊國忠亂國所致。陳玄禮領頭發難，立刻得到了禁衛軍的支持，一場反楊國忠的兵變正在醞釀中，於是他們積極地尋找機會。

恰好此時，有二十餘名吐蕃使者因為餓著肚子沒有糧食吃，把楊國忠的坐騎圍住了向他訴苦。楊國忠還沒來得及答話，禁軍士兵突然大呼：「宰相與胡虜謀反！」說著便放箭射中楊國忠的馬鞍，奸相楊國忠就此被亂刀殺死，他的腦袋掛在驛門外示眾。隨後，禁軍又殺死了楊國忠的兒子戶部侍郎楊暄，以及楊貴妃的兩位姐姐韓國夫人、秦國夫人。

將士們大開殺路以後情緒激昂，把唐玄宗住的驛館團團包圍住。唐玄宗聽到外面鬧哄哄的，問是怎麼回事，左右太監告訴他，因為宰相楊國忠謀反，兵士們已把他殺了。唐玄宗大吃一驚，走出驛門安撫將士們回營休息，兵士們不理睬唐玄宗的話照樣吵吵嚷嚷。唐玄宗派高力士找到陳玄禮，問兵士們為什麼不肯散去。陳玄禮回答說：「楊國忠謀反，貴妃是楊國忠的妹妹，仍在陛下左右。賊根還在，大家能不擔心嗎？請陛下明斷。」唐玄宗聽到此話非常為難，他怎麼捨得殺掉自己寵愛的楊貴妃呢？他低著頭站了半晌，才說：「貴妃住在內宮，怎麼會知道楊國忠謀反呢？」還是旁觀的高力士精明，他知道不殺楊貴妃不能平息兵士的義憤，於是對唐玄宗說：「貴妃是沒有罪，但是將士們殺了楊國忠，如果留著貴妃，將士哪會心安？希望陛下慎重考慮，將士心安，陛下也安全了。」唐玄宗聽他這樣說，知道如果不殺楊貴妃連自己的命也難保，到那時楊貴妃還是難逃一死。他只好狠了狠心，叫高力士把楊貴妃帶到外面用帶子勒死了，可憐楊貴妃只有三十七歲便魂斷馬嵬坡。陳玄禮等聽說楊貴妃被縊死，讓士卒們散去，將領們也都放下佩劍、脫掉甲冑趴在地上向唐玄宗叩頭請罪。

其實「馬嵬兵變」暗中是有一股勢力的，可以說太子李亨才是這場事變的主謀。自從在天寶五載遭李林甫打擊後，太子李亨的羽翼盡被剪除，他默默地忍受著這一切。楊國忠上臺後，他又遭到楊國忠的傾軋，而這一切都是按照唐玄宗旨意安排的。所以長期以來太子李亨對楊國忠充滿著仇恨，對唐玄宗也極為不滿。在長安時期，太子李亨和楊國忠明爭暗鬥、爭權奪勢，均以打倒對方為目標。外逃之前，唐玄宗想讓太子監國，處理安史之亂的危機，楊國忠串通楊貴妃阻止了唐玄宗交權給太子的計畫，這使他們之間的仇恨就更深了。潼關之戰，唐玄宗聽了楊國忠的話，逼哥舒翰出關作戰致使大局不可收拾。這次唐玄宗逃難四川，逼著太子李亨一起西逃，實際也是楊國忠的深謀遠慮。四川是楊國忠的勢力範圍，可以挾天子以令諸侯而置政敵於死地。太子李亨當然有危機感，倘若真的到了蜀中，李亨在楊國忠勢力的控制下就更無出頭之日了。李亨對自己的前途將受到更加嚴重挑戰，有著非常清楚的認識，因而他一直在謀劃對策如何盡早除掉楊國忠。唐玄宗逃到馬嵬驛發生士兵譁變，為太子李亨除掉楊國忠提供了大好機會。當時朝野上下皆切齒痛恨楊國忠，想要殺他的也大有人在。太子李亨鼓動反楊情緒，製造謠言、煽風點火，最終達到了自己的目的。馬嵬事變是楊國忠積怨的必然結果；太子李亨與楊國忠之間矛盾的尖銳化使這場事變發生了。

事變發生時，太子李亨的兩個兒子雖擁有親兵但實力不及禁軍，所以他必須爭取陳玄禮所統禁軍的支持。陳玄禮並不是太子李亨的私黨，他長期護衛唐玄宗深得信任，是唐玄宗的心腹禁軍將領。陳玄禮一方面忠於唐玄宗，同時又痛恨亂政誤國的楊國忠。在與楊國忠的矛盾上，陳玄禮與太子李亨有著共同的政治要求，所以他們才可能結合在一處。從政治鬥爭的角度講，陳玄禮只是一個配角，唐玄宗心裡也明白這一點，正因為如此才沒有懲罰陳玄禮，而且繼續由他負責統領禁軍護駕入蜀。

「馬嵬兵變」標誌著唐玄宗時代的結束。唐玄宗做了四十多年的太平天子，在「馬嵬兵變」中卻救不了寵妃楊玉環，這的確是一個巨大的諷刺。經過這場兵變，唐玄宗像驚弓之鳥般地逃到成都去了，太子李亨被當地百姓挽留下來主持朝政。李亨從馬嵬驛一路收拾殘餘的隊伍北上，在靈武（今寧夏靈武西南）即位，史稱唐肅宗。

10 淒涼晚景：繁華盛世，過眼雲煙

「要江山更要美人」。唐玄宗李隆基就是這樣的一個人，他為美人誤國，使皇權「旁落」，結果只得做了太上皇。

唐玄宗逃往四川時，太子李亨在一些人的支持下與唐玄宗分道北上靈武，擔負起反擊叛軍、光復兩京的重任。這時中原群龍無首，太子李亨在軍民的擁戴下在靈武即位稱帝，改元至德，是為唐肅宗，唐玄宗被尊為太上皇。

唐肅宗從河西、安西徵調了萬餘名精兵，又調回了河北前線的朔方節度使郭子儀和河北節度使李光弼所率領的五萬軍隊，靈武一時軍威強盛。接著，他又任命朝官與將帥建立了一套新的軍事系統，對抗擊叛軍做了全面部署。應唐肅宗之請，回紇派來精銳騎兵助戰。這時正巧遇上叛軍內訌，安祿山被他的兒子安慶緒殺掉，叛軍的戰鬥力削弱了，形勢急轉。至德二載（七五七年），先後光復長安、洛陽。同年十二月，唐玄宗被迎回京城。唐玄宗在離開長安一年半以後又回到了興慶宮，不同的是他離開時是大唐天子，再次回來已經是太上皇帝了。兩京雖然收復，安史之亂卻並沒有結束，前線的平叛形勢依然艱巨，徹底解決叛亂的前景仍舊不夠樂觀。

做了太上皇帝，唐玄宗不再過問政事。他居住在興慶宮，侍衛他的仍是龍武大將軍陳玄禮與內侍監高力士。另有唐玄宗的親妹玉真公主與舊時宮女、梨園弟子為他娛樂。曾有很長一段時間，他在興慶宮中是可以自由活動的，唐玄宗偶爾會去大明宮，唐肅宗也時常來興慶宮請安。唐玄宗在興慶宮樓上也不時徘徊觀覽，眼望樓下景觀，感慨頗多。從樓下經過的城中父老往往會看到太上皇的顏容，不時也會表達對這位老皇帝的瞻仰，高呼「萬歲」。不知是愧對天下臣民還是對自己處境的無奈，唐玄宗便在樓下設酒食賞賜這些仍舊沒有忘記他的善良百姓。

唐肅宗對於興慶宮的動靜，雖然略有防範但並沒有採取什麼措施。上元元年（七六〇年）六月，唐玄宗在興慶宮召郭英乂等人「上樓賜宴」，另有「劍南奏事官」經過樓下禮拜舞蹈。太上皇命玉真公主設宴，引起了唐肅宗的高度警覺。郭英乂是河隴名將郭知運的兒子，唐肅宗即位之後對這位將門之後委以重任。乾元二年（七五九年）四月，郭英乂以右羽林大將軍之職充任陝州刺史、陝西節度使、潼關防禦使。唐玄宗宴請地方軍將和劍南奏事官，這麼敏感的問題，唐肅宗怎麼能坐視不管呢！於是，乾元三年（七六〇年）七月，發生了唐玄宗被逼遷往西內太極宮的事件。宦官李輔國為了立功以穩固自己的恩寵地位，上奏唐肅宗說：「上皇居興慶宮，日與外人交通，陳玄禮、高力士謀不利於陛下。今六軍將士盡靈武勳臣，皆反仄不安，臣曉諭不能解，不敢不以聞。」他乘唐肅宗患病之機，矯詔強行把唐玄宗遷居西內。在途經夾城時，李輔國又率五百騎劍拔弩張、氣勢洶洶地攔住太上皇一行的去路，唐玄宗膽戰心驚幾乎墜下馬來，幸虧高力士挺身而出，唐玄宗才安全遷居太極宮甘露殿。唐肅宗事後並沒責怪李輔國，反倒安慰了他幾句。

唐玄宗遷居太極宮後，失去了以往的自由，終日以觀看宮人掃除庭院、修剪草木來打發時光。不久，高力士以「潛通逆黨」的罪名被削職除名，流放至黔中道；陳玄禮被勒令致仕；玉真公主也出居玉真觀。剩下唐玄宗隻身一人，煢煢獨處、形影相弔，好不淒慘。之後，唐肅宗另選後宮百餘人到西內以備灑掃。親信離去，舊日的宮人都不讓留在左右，唐玄宗在與外界隔絕的西內之中，完全成為了孤家寡人。剛剛被征還入朝任刑部尚書的顏真卿率群僚上表問候太上皇起居，隨即被貶為蓬州長史。風雲一生的唐玄宗在政治生命終結後，精神鬱悶、百無聊賴，身體也迅速垮掉。據說唐肅宗起初也曾前來問安，後因自己有病，就只派人問候起居。似乎唐肅宗在唐玄宗被遷西內後再也沒有看望過他。權力的傾軋，使唐玄宗父子之間難以享有尋常人家的天倫之樂。唐玄宗曾謂兒子受惑於小人不得「終孝」，倒顯出這位太上皇的明智，只是令人感到幾分苦澀。

寶應元年（七六二年）四月，唐玄宗在鬱悶中於西內太極宮神龍殿內溘然逝世，終年七十八歲。次日，於太極殿發哀。由於唐肅宗病重無法親臨治喪，只在內殿發喪，葬於金粟山，名為泰陵。當月十八日，唐肅宗也在寢宮病逝，距唐玄宗之死只有十三天。唐玄宗死後，孫子唐代宗為他治喪。寶應二年（七六三年）三月，唐代宗在平定了安史餘孽之後整整廢朝一個月，朝野上下舉喪，辦妥了兩皇的後事。

唐玄宗是唐代在位時間最長的皇帝。他統治時期曾銳意改革，使唐朝進入了政治穩定、經濟繁榮、文化發展的鼎盛時期。但後期驕惰怠政，奢侈淫靡，釀成了天寶之亂，從明主墮落為昏君，給人以深刻的反思。唐玄宗開創了一代盛世，把大唐帝國送上了最強盛的巔峰，同時也目睹大唐帝國從巔峰跌入了萬劫難復的深淵。

第七章　國難稱王　唐肅宗

唐玄宗的第三子李亨在安史之亂期間于靈武登基，史稱唐肅宗，後進入長安。唐肅宗登基後即開始了平息安史之亂的工作。當他病死長安時，安史之亂仍未最後平息。唐肅宗是位亂世天子，他的主要精力花在了平叛上，這就使他無法對後宮進行管理、無法對宦官勢力的膨脹加以限制，給安史之亂後的李唐王朝重建留下了極大的隱患，這是唐肅宗皇帝的悲哀，也是李唐王朝的不幸。

01 忍辱負重：險象環生的太子生涯

為了李家江山的安全，太子李亨為將來登上皇帝寶座而經受考驗，默默積累資本。他的養精蓄銳，確實為他日後穩坐江山打下了一定的基礎。

唐肅宗李亨於於唐睿宗景雲二年（七一一年）九月三日出生於東宮之別殿。李亨生母楊氏僅是太子姬妾，在等級森嚴的宮廷中，太子妃的地位要比楊氏優越很多。剛好太子妃王氏一直沒有生兒育女，楊氏便把李亨送到王氏身邊，與她共享為人母的快樂，王氏對李亨呵護備至。開元三年（七一五年）正月，李亨已四歲，他的二哥李瑛被冊立為皇太子，開元十五年（七二七年）正月，他被封為忠王。太子李瑛被廢以後，開元二十六年（七三八年）六月李亨被立為太子，韋氏被封為太子妃。

李亨從當上太子的那一刻起就面臨著重重政治威脅，前有宰相李林甫，後有宰相楊國忠。唐玄宗對於李林甫與太子之間的較量，可以說基本持觀望態度。唐玄宗不出面遏制或阻攔宰相李林甫對太子李亨的輪番衝擊，也許是因為他不願意看到太子李亨羽翼豐滿、勢力擴張，即使李亨是他未來的繼承人。宰相李林甫的攻擊並沒有嚴重到危及太子地位的程度，朝廷之上對冊立皇太子之事也暫時減少了議論與猜測。唐玄宗對於在十王宅中成長起來的皇三子李亨的政治資本一清二楚，對這位兒子沒有什麼不放心的。唐玄宗當然不願再像那年一日廢三子般剝奪李亨的儲君地位，因此在天寶四載（七四五年）年底之前，儘管宰相李林甫與太子李亨的明爭暗鬥不斷，但李亨還是伴著李唐王朝的輝煌度過了一段難得的安定生活。

可是這種安寧的生活，在天寶五載（七四六年）被打破了。這一年，正月十五日元宵夜，李林甫的黨羽見太子李亨先後與韋堅及皇甫惟明見面，便在唐玄宗面前奏稱他們有構謀之心，使唐玄宗懲治了韋堅等人。基於「三庶之禍」的教訓，唐玄宗並沒有遷怒太子，太子李亨有驚無險，李林甫對此也無可奈何。韋堅被貶後，其弟韋蘭、兵部員外郎韋芝上疏為他申冤鳴屈，二人為了達到目的不惜引太子李亨作證，這樣一來反招致了唐玄宗大怒，原本平息的事態一下子變得嚴重了。太子李亨感到很大的恐懼，為了與韋堅兄弟劃清界限，他想到了與韋堅的妹妹即自己的妃子韋氏離婚。唐玄宗得知後對太子李亨大加安慰，卻聽任他與韋氏離婚，韋妃不得不從此削髮為尼。李林甫對韋堅一案卻不依不饒，使得很多人被株連逼死。

一波未平一波又起，天寶五載年底，太子姬妾杜良娣的父親杜有鄰惹上了官司。杜有鄰被杜良娣的姐夫柳勣狀告「亡稱圖讖，交構東宮，指斥乘輿」。由於案情重大，宰相李林甫直接委派人員審訊，牽扯出一大批人，最後李林甫為達目的竟然將太子李亨也牽連進去。唐玄宗立即命京兆府會同御史台官員聯合審問案情，很快查了個水落石出，原來都是柳勣與杜有鄰不睦才生出了是非。李林甫卻授意手下在背地裡指使柳勣繼續誣告，將案情擴大後又引出李邕為證人，咬定此事與太子之間定有關聯。但唐玄宗仍舊態度謹慎，他對下級官員的告密未加寬貸，因柳勣、杜有鄰等與皇室有親戚關係特予免死，將其施杖刑後貶去嶺南。杜有鄰、柳勣沒等到流放嶺南便在重杖之下雙雙斃命，妻兒家小流徙遠方。由於牽連到李邕，李林甫為了死無對證命人將李邕殺害。杜有鄰一案使太子李亨驚魂未定，為了表明自身的清白，他宣布與杜良娣離婚，杜良娣被趕出東宮，廢為庶人。杜家老幼死的死，流徙的流徙，際遇十分悲慘。

兩次大案，兩次婚變，太子李亨身心蒙受了巨大的傷害，精神受到了很大刺激。唐玄宗由此看出太子的忍辱負重，他在案發時沒有向父皇尋求一絲一毫的保護，都是按自己的方式來處理突發事件，因此感到太子可以託付大事。出於對太子李亨的彌補之心，唐玄宗安排他續娶張氏，唐玄宗的母親昭成太后與張氏的祖母竇氏是親姊妹。唐玄宗小時候，母親竇氏被武則天處死，正是張氏的母親將他養大成人，所以唐玄宗對這位姨母有著特殊的感情。唐玄宗即位後，便封她為鄧國夫人，姨母的五個兒子也都封為高官。唐玄宗看見太子李亨憂鬱至鬢髮斑白，便想以婚嫁讓他放鬆一下精神。不久，張氏被選為太子良娣，但李亨並未因為娶了張良娣就感覺太平無事了，他依舊處處小心。

太子李亨續娶張氏的第二年，宰相李林甫死了，太子李亨少了一個政敵，但是繼任宰相楊國忠仍舊是他的死對頭。此後，李亨又與楊國忠明爭暗鬥，度過了幾年貌似平靜，實則險象環生的時光。直到安史之亂爆發後，李亨才找到了反擊的機會。

02 趁亂執政：不失時機，終成大事

太子李亨抓住時機，「馬嵬兵變」成功，從而剷除了外戚楊國忠的勢力，消除了皇權落入他人之手的隱患。

天寶十五載（七五六年）五月十四日，發生了唐朝歷史上有名的「馬嵬兵變」，禁軍殺死了宰相楊國忠，逼死了貴妃楊玉環。很難確定此事的主謀不是太子李亨。太子李亨與宰相楊國忠素來不合，唐玄宗避亂離開長安之時，隨行隊伍總人數約有三千餘人，太子李亨所率領的人馬就有兩千人，其間包括禁軍中的精銳武裝——飛龍禁軍。他的兒子廣平王和建寧王在出逃的隊伍中作為禁軍的領頭人，這給太子李亨發動政變提供了千載難逢的好機會。如果說在宮廷發動的政變，都要先行攻佔玄武門才會取得成功，那麼現在皇帝已遠離禁宮，要領導禁軍發動一場政變必定會成功。

太子李亨在策劃「馬嵬兵變」時，其目的不僅是誅殺楊氏兄妹，實際上也把矛頭指向了唐玄宗，或者說指向了皇位，但讓他沒想到的是禁軍首領陳玄禮對唐玄宗的忠心。在誅殺楊氏兄妹一事上，禁軍首領陳玄禮與太子李亨的意見是一致的，但是在楊氏死後仍然表示效忠於唐玄宗，並確保了唐玄宗的安全。由太子李亨暗中策劃的此次政變雖然意在奪取皇權，但與其他很多政變不同的是沒有危及到皇帝的生命安全，陳玄禮當時選擇的立場最終決定了「馬嵬兵變」的結果。此後，陳玄禮追隨唐玄宗入蜀，唐玄宗猜想他不是主謀，因此並不予怪罪。

兵變結束後，太子李亨打著平叛中原不能無主帥的旗號，與父皇唐玄宗分道而行。天寶十五載（七五六年）七月，太子李亨一行抵達朔方軍大本營靈武。七月十二日，在經過一番籌畫與布置之後，李亨在靈武的南門城樓舉行了簡單的登基儀式，史稱唐肅宗。唐肅宗登基後，改年號為至德，遙尊唐玄宗為太上皇帝。唐肅宗派使者前往四川，向太上皇報告這一消息，唐玄宗也做了順水人情命唐肅宗以平叛為己任。

多年來，險象環生的太子生涯隨著靈武登基而宣告結束，政敵楊國忠也已命喪馬嵬。而唐肅宗的內心是極為複雜的，作為新帝登基終於可一吐怨氣，但是靈武，與京師相距遙遠，叛軍已佔據兩京，收復失地、平叛之事仍任重道遠，他的眉頭又不禁深鎖。但不管怎麼說，唐肅宗靈武即位並打出了平叛的旗幟，消息傳到叛軍佔領區極大地鼓舞了當地兵民的抵抗士氣，從表面意義上扭轉了皇帝逃出京師後平叛戰爭的被動局面。唐肅宗在舉國幾乎分崩離析的狀態下，舉起平叛的大旗，給全國臣民帶來了希望，各地又重新點燃了報國抗敵、誓死與叛軍決戰的熊熊火焰。唐肅宗開始了平叛的戰爭，這一使命讓他有充分的理由能夠發展下去。經過艱苦卓絕的戰爭，至德二載（七五七年）收復了長安。由於唐肅宗靈武即位是先斬後奏，為了使皇位名正言順，他積極從蜀地迎回時為太上皇的唐玄宗。至此，唐肅宗實掌皇權，唐玄宗則退出政治舞臺，享受晚年的清悠生活。

03 良娣弄權：江山殘破，無心內宮

擔國事於亂世的唐肅宗李亨，顧得了平定叛亂，卻顧不了後宮的龍虎鬥，從而給李家江山的安全留下了隱患。

唐肅宗於安史之亂爆發後，隨父逃離長安時為太子良娣的張氏也隨其出逃。她侍奉太子李亨十分盡心。兩人患難相依，非常恩愛。李亨在靈武即帝位，封張良娣為淑妃。張良娣成為後宮第一寵妃之後，漸漸地露出了一些不良的本性。

唐肅宗平叛時，曾打算任命頗懷才略又有較高威信的建寧王李倓為天下兵馬大元帥。但在奇士李泌的建議下，任命了廣平王李豫為兵馬元帥，元帥府就設於禁中。李泌以「侍謀軍國、元帥府行軍長史」名義參加平叛，也於禁中安置。張良娣與李輔國在唐肅宗政變奪權過程中立有大功，權傾一時、氣焰熏天。二人互相勾結，招致了時為廣平王的唐代宗李豫以及建寧王李倓的警覺與不滿。當時，張氏曾懇求唐肅宗立她親生的兒子為太子，遭到建寧王李倓的反對，李倓為了大唐中興對張良娣的專權不滿，他曾勸阻唐肅宗立張氏為皇后。時過不久，張氏的兒子夭折，這件事加深了張氏對建寧王李倓的怨恨。建寧王英毅果敢，經常向唐肅宗陳述張、李二人的專權驕橫。建寧王曾向唐肅宗報告說：「良娣驕奢恣意，輔國內外勾結，想要干涉朝政。」懦弱的唐肅宗並不相信。張氏、李輔國得知後對建寧王更加痛恨。

張良娣陰謀策劃在廣平王和建寧王之間製造嫌隙，她很有謀略地勸唐肅宗把天下兵馬元帥廣平王立為太子，再改任建寧王為兵馬元帥。唐肅宗向李倓說出這個想法之後，李倓一下就猜想到一定是張良娣的陰謀，立即直言不諱地勸阻了唐肅宗。

張良娣與李輔國見一計不成，更加緊了陰謀策劃。張良娣在唐肅宗面前吹枕邊風，李輔國也在唐肅宗面前進讒言，說建寧王因為沒有當上天下兵馬元帥而心懷不滿，準備謀害廣平王。張良娣與李輔國對建寧王大加誣陷，雙方的較量越發激烈。有一天，張良娣對唐肅宗奏道：「建寧王恨不得為元帥，想謀害廣平王。」李輔國在一旁隨聲附和。矛盾一下暴露出來，唐肅宗見雙方都涉及到廣平王，擔心會釀成大禍，於是在張、李二人的蠱惑下不辨曲直、不分青紅皂白就下令將建寧王賜死了。直到廣平王李豫登基為唐代宗時期，這樣一個大冤案才得以昭雪。

張氏與李輔國互為表裡、狼狽為奸，專權用事達數年之久。由於李輔國、張氏結黨營私，在朝廷中已經形成了很大的勢力，懦弱的唐肅宗也只能聽之任之。隨著權力的加大，李輔國變得越來越專橫，逐漸對張氏也不恭敬了，張氏想獨攬朝政大權，便認定李輔國是一大障礙，兩人之間的矛盾也日漸加深。

寶應元年（七六二年），唐肅宗病重，便下詔由太子李豫監國，處理軍國大事。當時李輔國已經權勢熏天，張氏與李輔國之間的權力之爭已達到水火不相容的地步，矛盾的爆發已不可避免。張氏早想廢掉太子李豫，李豫時任天下兵馬元帥深得唐肅宗信賴。太子李豫與張氏不和，張氏的兒子死了之後，她擔心將來控制不了太子，於是便暗中接越王李係入宮，準備立越王李係為太子。可是掌握大權的李輔國卻支持太子李豫，她想除掉太子就必須先除掉李輔國。張氏想出了先藉太子力量來消滅李輔國的辦法，但太子李豫並沒有中她的圈套。

在唐肅宗病危之時，張氏把越王召進宮，越王當太子心切，願意聽張氏的安排。張氏派太監段恆俊選拔宦官二百多人，全副武裝埋伏在長生殿後，準備發動兵變。一切安排妥當之後，張氏矯詔召太子入宮，可是他們的陰謀被李輔國得知了。李輔國急忙調集禁軍數百人埋伏在凌霄門等待太子李豫，太子李豫剛到便被攔下帶走保護起來，然後率兵衝進長生殿，抓獲了越王李係等百餘人。當時，張氏和唐肅宗都在長生殿，張氏聞變倉皇逃入唐肅宗寢宮躲避。李輔國帶兵衝進寢宮，逼張氏出宮，張氏嚇得苦苦哀求唐肅宗救命。唐肅宗不知兵變之事，受驚不小使得病情加重，當天就死在了長生殿。唐肅宗一死，李輔國的膽子更大了，他將張氏、越王及參與兵變的人一併斬首，擁立太子李豫即位，是為唐代宗。

唐肅宗的主要精力都放在了平定叛亂上，因此對後宮疏於管理，以及賦予宦官的權力過大，沒有料想到後果竟如此嚴重，以致嬪妃與內大臣之間的鬥爭都直指皇位，並給以後的繼承者留下了隱患。

第八章　平叛天子　唐代宗

唐朝第九代皇帝是唐代宗李豫。他是唐朝歷史上第一個以長子身分即位的皇帝。「安史之亂」後，唐代宗從父輩手中接過爛攤子時，盛世的繁華還留在人們的頭腦中。唐代宗為了早日平定叛亂，結束動盪的局面，對安史降將採取了姑息政策，最終平定了這場歷經八年之久的動亂，然而卻造成了外藩入侵和地方藩鎮割據的局面。

唐代宗在朝廷內寵信宦官、排斥功臣，使上層統治階級之間的矛盾加劇，朝廷與地方割據勢力的矛盾也不斷上升。十幾年後，唐代宗把藩鎮割據這個難以消除的禍患留給了他的後繼者。從此，李唐王朝的盛世便成為了人們心中無法再現的回憶。

01 宦官干政：內大臣的迅速崛起

因為宦官沒有子嗣，所以就沒有爭皇位之嫌。為保江山的安全，唐代宗寵信宦官，但宦官既不能帶兵，又不能打仗，依靠宦官來保衛江山，江山會安全嗎？

唐代宗李豫二十九歲時爆發了安史之亂，他和弟弟建寧王李倓一起，隨祖父唐玄宗及父親唐肅宗逃離長安避亂，參與了馬嵬兵變。此後，隨唐肅宗北上靈武，成為平叛的重要人物之一。宦官李輔國於唐玄宗天寶年間，就被推薦到時為太子李亨（唐肅宗）宮中服役。安史之亂時，李輔國力勸太子分兵北上收河隴兵，以圖興復。天寶十五載（七五六年）七月，太子帶部分兵士到達靈武，他又勸太子迅速稱帝，於是太子李亨靈武稱帝為唐肅宗，改元至德。李輔國成了勸駕功臣，判元帥府行軍司馬，權傾朝野。

李輔國及宦官程元振擊敗張皇后密謀除掉太子李豫一事之後，簇擁李豫即位，即唐代宗。唐代宗成為李唐王朝第一個完全由宦官擁立的皇帝。唐代宗即位後，除了把平叛當成重要工作之外，對朝廷上下、宮廷內外的人事也進行了調整，並頒布大赦制書：唐玄宗時被廢黜為庶人的王皇后、太子李瑛、鄂王李瑤、光王李琚等均恢復了封號，因擅兵被廢為庶人的永王李璘等也予以昭雪。

唐代宗想通過對皇室成員的平反昭雪來梳理唐玄宗、唐肅宗時期遺留的政治問題，從而找到新朝的執政路徑。由於內政頭緒繁雜，兼以外患交困，特別是宦官勢力過於膨脹，唐代宗剛剛親政就引發了一些敏感問題。李輔國擁立有功，唐代宗即位後對他極為寵信，稱其為「尚父」。李輔國也恃功自傲，氣焰極為囂張。事無大小，群臣都先稟報李輔國，他自覺理所應當，泰然處之。他曾對唐代宗說：「大家（指皇帝唐代宗）但居禁中，外事自有老奴處置。」可見李輔國把持朝政大權已久。唐代宗聽他說這話心裡很不痛快，但李輔國握有兵權，唐代宗表面仍然對他極為尊崇。

後來宦官程元振任左監門衛將軍，李、程二人在朝廷上專權用事、排斥異己，唐代宗無可奈何。李、程二人同在朝廷也免不了勾心鬥角，程元振暗地裡建議唐代宗懲治李輔國，這正符合唐代宗的心意，於是唐代宗解除了李輔國的行軍司馬職，將其遷居外第。最後唐代宗又與程元振商議，秘密將李輔國刺殺了。

唐代宗利用宦官程元振殺了專橫跋扈的李輔國，又將皇室防衛力量的禁軍交由程元振典掌，結果使得程元振的權勢又超過了李輔國。程元振先是逢迎李輔國而得到了重用，後又與李輔國一起擁立唐代宗李豫，得到了唐代宗的寵信，得任右監門衛將軍，掌管內侍省事務。程元振奉唐代宗命派刺客將李輔國殺死在臥房內，之後便得到了元帥府行軍司馬之職，接替李輔國統率全部禁軍。程元振任驃騎大將軍，獨攬大權、專政自恣，凶悍恣肆的氣焰超過了李輔國，他對朝廷中阻礙自己奪權的官員加以陷害。

程元振得到唐代宗的寵信，當時安史之亂已經平息，唐代宗論功行賞，正副元帥及各節度使都贈予官銜，唯山南東道節度使來瑱因與程元振有隙，不但沒有受賞，反而被流放播州，不久賜死。其部將大為不平，共推兵馬使梁崇義為統帥，要求來瑱其訟冤，唐代宗無力討伐，不得不下詔以功臣禮節改葬來瑱。

廣德元年（七六三年）秋，吐蕃引兵入大震關，盡取河西、隴右之地。地方官吏連連上書告急，都被程元振百般阻撓，直到吐蕃攻取涇州，唐代宗才有所察覺，不得不起用郭子儀鎮守咸陽。郭子儀遣使請求援兵，程元振嫉妒郭子儀功高位重，不讓來使進見。吐蕃兵長驅直入，燒殺擄掠、無惡不作，百姓紛紛跑到山中避難。吐蕃以數萬軍隊進犯關隴等地，兵不血刃便打進了京城，唐代宗驚惶失措，出奔陝州（今河南陝縣）。唐代宗出奔陝州後，多次發詔徵諸道兵馬，因各節度使都痛恨程元振竟無一應詔，而護駕大臣又懼怕程元振不敢彈劾。朝中有識之士一致呼籲要求懲治程元振，都指責是他不出良謀所致。太常博士柳伉上疏，請求斬殺程元振以謝天下。唐代宗幡然醒悟，很快地將程元振削官為民、逐出京城，後死在途中。

唐代宗時期，程元振之後專權用事的宦官是魚朝恩，他是唐肅宗身邊不離左右的宦官，是唐肅宗最寵信的人物之一。唐肅宗即位後，派魚朝恩為李光弼的監軍，隨後又被任為三宮檢責使，左監門衛將軍知內侍省事，從此掌握了宮廷事務大權，上升為宦官頭目之一。後來，唐肅宗考慮郭子儀、李光弼均為元勳重臣恐難統屬，所以不置元帥，派魚朝恩為觀軍容宣慰處置使，總監諸軍，承擔著總監九節度使兵馬的重任。魚朝恩不懂軍事，對外面的傳言不辨真假就輕易相信，企圖藉此陷害他人。他和朔方節度使僕固懷恩與李光弼有仇，便上表讓李光弼去收復東都，想將李光弼置於死地。唐肅宗聽信了他們的話，命李光弼出師，結果唐軍大敗，數千人戰死，器械輜重全部丟棄，河陽、懷州落入史思明叛軍的手裡。朝廷聞兵敗邙山，立即免去了李光弼天下兵馬副元帥一職。而魚朝恩則達到了目的，由他專典神策軍出入禁中。神策軍變成中央禁衛軍後，魚朝恩的軍權更加擴大、更加無所顧忌。

魚朝恩在唐肅宗時期任禁衛軍指揮，唐代宗時期又被任命為「天下觀軍容宣慰處置使」，成為當時討伐「安史之亂」的唐朝大軍實際上的統帥，唐代宗還讓他掌管了中央警衛部隊的「神策軍」，使得魚朝恩權勢氣焰又高出一籌。後來僕固懷恩受陷害而舉兵反抗，其部將范志誠率叛軍進攻涇陽，唐代宗下制親征，魚朝恩以平叛為名大索士民私馬，弄得人心惶惶、爭相逃匿。魚朝恩專權，勢傾朝野、十分驕橫，甚至連唐代宗也不放在眼裡。魚朝恩有一養子任內給使，曾與同事發生紛爭，回家後告訴魚朝恩。魚朝恩即帶養子入見唐代宗，要求唐代宗賜給紫衣以提高養子身分。宰相元載看準時機，要求皇帝剷除魚朝恩，唐代宗許諾。

大曆五年（七七〇年）正月，宰相元載窺見唐代宗對魚朝恩已生惡感，便奏請將他除掉。唐代宗有些疑慮：魚朝恩軍權在握、黨羽眾多，恐事難成。元載忙說：「只要陛下將此事全權交我處理必能辦妥。」唐代宗囑其小心。於是元載收買魚朝恩的心腹周皓等人，在魚朝恩上朝見唐代宗時期將他當場勒死，前後時間很短，幹得乾淨俐落。魚朝恩在禁中被秘密處死一事，除少數參與密謀的人，外面一無所知。為防不測，唐代宗暫時隱瞞真相，魚朝恩結黨營私多年，形成了一股強有力的勢力，所以唐代宗仍擔心他的黨羽鬧事。後來，唐代宗下令對其黨羽免於追究，許多人提升官銜，經過安撫基本上沒出現大的變故。魚朝恩死後尚且讓唐代宗煞費苦心，可見其生前是何等的了得。

唐代宗時期的宦官勢力發展十分迅速，李輔國、程元振、魚朝恩等宦官恃寵橫行、干預政事，這都是唐代宗的優柔寡斷造成的。但當宦官權傾朝野、危及皇帝的統治時，唐代宗不滿宦官跋扈，又利用外朝大臣與宦官的矛盾來除掉宦官。這種外大臣與內大臣之間勾心鬥角爭相邀寵的鬥爭，形成了唐朝後期的政治特徵。

02 大亂之後：江河殘破，帝王奈何

平叛之後，唐代宗李豫為了防止類似事情再發生，也為了維護李家江山的安全開始排斥一些忠臣和功臣，結果適得其反，唐代宗李豫不但沒有從根本上徹底根除叛亂，反而加速了藩鎮割據局面的形成。

唐代宗即位後，首要任務便是平定安史之亂的殘部。寶應二年（七六三年）正月，安史叛軍的最後一個元凶史朝義自縊而死，唐朝軍隊凱旋班師。史朝義的死，標誌著歷時八年之久的安史之亂最終得以平息，唐代宗完成了唐肅宗未完成的事業，終於可以告慰祖宗了。舉國上下也為這來之不易的勝利而歡呼，人們一夜之間忘記了連年戰火帶來的痛苦與災難，暫時淡忘了為平叛所付出的沉重代價。收復洛陽的回紇兵大肆擄掠，殺人萬計，城中大火十幾天不滅。朔方兵、神策軍以洛陽等地久陷敵手，也縱兵搶掠達三個月才停止，平叛大軍所過之處滿目瘡痍。正值嚴冬時節，百姓饑寒交迫，有的人衣不蔽體，竟然用紙作為衣裳暫禦風寒，聽起來真是令人難以置信。天災人禍，饑荒瘟疫肆虐於已經破敗蕭條的中原各地。

唐代宗招降了安史叛將以後認為大功告成，於寶應二年（七六三年）七月，改元廣德，大赦天下，對安史舊將及親族一律不加追究，對各級官吏加封官爵。然而安史舊將成為唐朝的節度使後形成了新的藩鎮，他們在各自的轄區內擴充軍隊、委派官吏、徵收賦稅，成為地方割據力量。

唐代宗平叛以後，犯了對一些忠臣無端猜忌的毛病。郭子儀因平叛安史之亂有功，在唐肅宗時期便升為中書令，晉封汾陽郡王。唐代宗即位後，郭子儀在朝中威望最高，唐代宗卻對他百般懷疑。唐代宗對功臣的態度使得掌握軍隊的將領對朝廷增添了顧慮，都不願交出兵權和防地，千方百計地擴大自己的地盤，招兵買馬、擴充實力，這樣就使得割據稱雄者越來越多，藩鎮割據的局面已經失控。成德（今河北正定）、魏博（今河北南部、山東北部）、幽州（今河北北部，北京、保定及長城附近一帶）三鎮是唐朝中後期最大的割據勢力，稱為河朔三鎮。唐代宗不僅給河朔三鎮很高的待遇，也一再姑息其他割據勢力，使得地方節度使肆無忌憚，在政治、軍事、財政上完全獨立，實際上成為獨立的封建軍閥王國。他們的職位或父子兄弟相襲，或由部下推戴叫作「留後」，強迫李唐王朝加以承認。他們在地方上又自署官吏，魚肉人民，所有的作為對唐中央政府形成了極大的威脅。

安史之亂遺留的問題不僅僅是藩鎮割據。唐代宗當年為了平定叛亂，不得不將河西、隴右、安西、北庭等地邊兵東調，削弱了西北邊防的軍力。邊境上的吐蕃、党項等異族乘機屢次侵擾，以往四夷來服、八方朝拜的時代不復再現。河、隴地區的淪陷和東北平盧鎮的南遷，使天寶以來形成的邊疆全面防禦圈逐漸縮小，由此而改變的邊疆民族形勢，給唐朝的國防及內政都帶來了許多新問題。

平叛戰爭還沒有結束，浙東台州（今浙江臨海）等地就爆發了袁晁起義，江南一帶大大小小的地方叛亂更加重了唐代宗時期的壓力；平叛勝利之後，朝廷大軍還沒有凱旋回朝，吐蕃軍隊就攻入關中，渡過渭水，直入長安，唐代宗倉皇出逃陝州，這一事件使得唐代宗時期的朝政雪上加霜。此外，河北降將的不馴，平叛將領僕固懷恩等人走上反叛之路，更讓李唐王朝狼狽不堪。而到了唐代宗執政晚期，河北地區魏博、成德等藩鎮節度使對朝廷的態度時而歸服時而獨霸一方，成為最令唐代宗頭疼的心腹大患。這種藩鎮割據的局面，直到唐憲宗時期才稍稍得以扭轉。

總之，唐代宗繼祖父、父親之後，終於平定了安史之亂，卻為此付出了沉重的代價。由於唐代宗對藩鎮的姑息和中央政府的腐敗，中央的權力越來越小。他不得不面對山河殘破、國不像國的局面，既要重整河山，又要防禦外族對李唐王朝的覬覦野心，何其難矣！

03 異族頻擾：無回天之術

在異族頻擾的戰爭時期，唐代宗李豫自挖牆腳，不但不賞識倚重功臣和忠臣，反而排斥他們。如此一來，李氏江山又怎麼能夠維持安穩呢！

在唐代宗時期藩鎮割據局面形成的同時，西部吐蕃又在不斷地侵擾，唐朝不得不調兵力到京西防備吐蕃的入侵，稱為京西防秋。

吐蕃趁安史之亂爆發、唐廷內亂之機，於至德二載（七五七年）攻取石堡城，並進攻唐隴右、河西兩鎮。廣德元年（七六三年），吐蕃率領吐谷渾、党項、氐、羌共二十餘萬人入大震關（今甘肅清水縣東隴山東坡），攻涇州，直指奉天（今陝西乾縣）、武功（今陝西武功）等地，唐兵潰敗，京師大駭。此時吐蕃軍已逼近長安，唐代宗急忙逃往陜州。第三天，吐蕃攻進長安，掠奪府庫錢財、焚毀民房，原本繁華的長安城頓時滿目瘡痍。郭子儀時為副元帥，他用少數兵卒虛張聲勢地恐嚇吐蕃，吐蕃軍佔據長安半個月後驚惶出城。同年，吐蕃又攻入劍南道的松州（今四川松潘）、維州（今四川理縣）、雲山城、籠城等地，唐朝受到吐蕃的嚴重威脅。

廣德元年（七六三年）後，吐蕃連年入侵，唐在鳳翔、涇州、邠州（今陝西彬縣）、渭北等地設節度使、駐重兵，抵禦吐蕃。廣德二年，僕固懷恩反叛唐廷，又引吐蕃、回紇等數十萬人進攻長安。僕固懷恩本是唐代宗平叛安史之亂的功臣，他自恃功高，不滿意朝廷對他的封賞，加上唐代宗無端對武將猜疑想收回兵權的打算，使他對朝廷更加不滿便造反了。僕固懷恩招引吐蕃、回紇來攻打朝廷，唐代宗命郭子儀率軍禦敵，先鋒部隊攻破吐蕃軍營，俘斬百餘。郭子儀屯重兵於涇陽（今陝西涇陽），吐蕃軍挑戰，郭子儀不出。此時，劍南、嚴武已攻破吐蕃鹽川城，僕固懷恩與吐蕃軍懼怕失去後援，不戰退兵，京師之圍被解。

永泰元年（七六五年）九月，僕固懷恩不死心，又引回紇、吐蕃、吐谷渾、党項等數十萬人入侵至鳴沙（今寧夏中衛東）。吐蕃軍大掠男女數萬人焚舍而去。同年十月，吐蕃軍至鄰州與回紇相遇，合縱入侵，兵逼奉天，郭子儀說服回紇，使回紇與唐聯兵，擊敗吐蕃，斬首五萬餘級，吐蕃退軍，唐邊境形勢得到緩解。此後，朝廷不得不花費巨資在鳳翔、涇州、鄜州、渭北、西川等地派駐重兵以備吐蕃。

唐代宗聽信奸相元載的話認為是菩薩的保佑才阻止了吐蕃、回紇的入侵。退敵成功後，唐代宗對眾僧大加賞賜，對郭子儀等禦敵勇將卻不聞不問，這種賞罰不明的行為使軍將寒心。

大曆二年（七六七年）九月，吐蕃進犯靈州（今寧夏靈武西南），接著兵逼邠州，唐代宗又命郭子儀率師三萬禦敵。十月，郭子儀在靈州擊敗吐蕃，京師才得以平安。次年八月，吐蕃十萬兵馬入侵靈武、邠州，邠寧節度使率軍禦敵，擊破吐蕃兩萬餘人。之後，郭子儀自河中移鎮奉天，吐蕃入侵靈州，靈州守將白元光擊敗吐蕃兩萬軍隊於靈武，唐代宗君臣沉浸在一時的勝利之中。大曆五年（七七〇年）五月，唐代宗在甘肅徙置民眾於山險要害以防吐蕃的入侵。九月，吐蕃進犯永壽。大曆八年（七七三年）八月，吐蕃進犯靈武搶掠而去。同年十月，吐蕃進犯涇州、邠州。渾瑊與涇原軍合力作戰大敗吐蕃軍。不久，郭子儀率軍擊敗吐蕃十萬大軍，唐軍取得重大勝利。大曆九年（七七四年）四月，唐代宗命郭子儀等大閱兵師以備吐蕃，又下詔各地出資備邊以供防秋之用。大曆十年（七七五年）劍南節度使崔寧在西山大敗吐蕃。大曆十一年（七七六年）正月，崔寧大破吐蕃二十萬人。大曆十二年（七七七年）十月，崔寧又破吐蕃於望漢城。大曆十三年（七七八年）四月，吐蕃進犯靈州被朔方留後常謙光擊敗吐蕃。同年六月，吐蕃又進犯鹽州（今陝西定邊縣）、慶州（今甘肅慶陽市）。同年，回紇登里可汗為了掠奪財物也進犯太原，殺唐軍民萬餘人。唐代州都督張光晟擊敗回紇兵，登里可汗才退走。唐代宗為了集中力量抵禦吐蕃，對回紇的不禮採取忍讓態度力求保持友好關係。

唐代宗雖然採取了一些措施防禦吐蕃的入侵，但由於節度使各自獨立難以駕馭，未能從根本上解決問題。李唐王朝在唐代宗時期與吐蕃的戰爭，雙方各有勝負，耗費很大。此後，吐蕃走向衰亡，李唐王朝也日漸衰弱。由於內憂外患的煎熬，唐代宗的身體狀況也越來越差。大曆十四年（七七九年）五月，唐代宗病得無法上朝，下達了讓皇太子監國的制書，當天晚上唐代宗便駕崩了。

第九章 力求革新 唐德宗、唐順宗

唐德宗李适是唐肅宗的長孫、唐代宗的長子。唐德宗的少年時期正是李唐王朝繁榮昌盛的光輝歲月。但隨著天寶十四載（七五五年）安史之亂的爆發，長安失守，十三歲的唐德宗不得不隨著唐玄宗一起離開京師。此後，唐德宗和其他李唐皇族成員一起飽嘗了戰亂之痛，唐德宗在戰火的洗禮與考驗中逐漸成長起來。

唐順宗李誦是唐德宗的長子。在唐朝的皇帝中，唐順宗是做太子時間最長的人，長達二十六年；同時，唐順宗也是在位時間最短的人，還不足兩百天。儘管如此，唐順宗也意在革新、整頓朝綱，並在如此短暫的帝王生涯中，還做了太上皇帝。

01 對待朝臣：用人當疑還是用人不疑

英明的君主善於用人，不干預大臣行使權力為國家做事，事情往往會取得成功；多疑的天子不善於用人，只相信自己而不相信別人，勞心又勞力，往往會事與願違，甚或失敗。唐德宗李适不善於用人，使李氏家族的統治力量減弱。

唐德宗的父皇唐代宗，於大曆十四年（七七九年）五月患病不起，幾天後便結束了五十三歲的人生，三十七歲的太子李适即位，史稱唐德宗。唐德宗即位時正當盛年，熱情很高，一心想做一位中興之主，即位之初很信任宰相，但後來發生了一些變故，使他對大臣的猜忌心理越發嚴重，並形成了遇事剛愎自用的個性。唐德宗時期官員變動頻繁，尤其是宰相更換的頻率更高，使唐德宗空有宏圖之志，卻不能一如既往地貫徹執行下去。

唐德宗時期的宰相楊炎匡救時弊，曾被譽為「救時宰相」。但是楊炎為人缺乏肚量，公報私仇，他與劉晏積怨頗深，便尋找機會進行報復。劉晏在唐肅宗、唐代宗時期任職期間為了解決政府的財政困難，大膽改革鹽政實施專賣制度，整頓漕運也取得了顯著的成效，是當時著名的理財家。然而楊炎卻尋找到他的不是，借唐德宗之手殺了劉晏。劉晏作為朝廷重臣突遭唐德宗誅殺，朝野上下頓時議論紛紛，更有各地節度使屢次上表詢問劉晏的死因，這種情勢給朝廷造成了很大壓力。楊炎為了推卸自己的責任，以宣慰的名義派親信私下告訴各鎮節度使，劉晏是因為當年懷有廢立二心而招致唐德宗的厭惡被賜死的。楊炎為了開脫自己的罪名，不惜將劉晏之死的責任推卸給皇帝，唐德宗通過別人告密得知了楊炎的所作所為。唐德宗派人到藩鎮核實，確定了楊炎「推過於上」的行徑，唐德宗便開始不信任他了。

唐德宗為了削弱楊炎的權力，任命盧杞為宰相。盧杞以門蔭出身，口才出眾，唐德宗非常賞識他，認為他辦事公正。當時楊炎權力已大，他非常鄙視盧杞，加上盧杞相貌醜陋，面色如藍，人視若鬼魅，使楊炎更為厭惡。楊炎在政事堂共進午餐時，因看不起盧杞，總是找藉口不和他一起吃飯。盧杞對楊炎的做法心知肚明，便懷恨在心。盧杞陰毒殘忍，暗暗發誓必將楊炎置於死地，他經過觀察發現唐德宗對楊炎漸漸失去了以往的信任，心中暗自高興。不久，盧杞抓住唐德宗多疑的個性，誣陷楊炎在長安修的家廟有「王氣」，意在圖謀不軌。這一招刺激了唐德宗的敏感神經，遂於建中二年（七八一年）十月，將楊炎貶為崖州司馬，在快到崖州之時又將其賜死。盧杞排擠了楊炎，得到了皇帝一時的賞識，但他陰險狠毒，最終被唐德宗貶為新州司馬。

唐德宗把天下及朝廷的禍患原因，歸結為自己作為皇帝對大臣的過於信任，有了這種想法之後，他便逐漸對朝臣產生了猜疑心理。陸贄是唐德宗時期著名的大臣，曾在唐德宗逃亡途中追隨左右。貞元八年（七九二年）四月，陸贄當上宰相，後被同僚讒言陷害，唐德宗於貞元十年（七九四年）十二月罷免了他的相職。陸贄罷相以後，唐德宗更加不信任朝臣，最不信任的便是宰相。自刺史縣令以上的官員都由唐德宗親自加以任用，只要求宰相機構辦理相關手續，乃至邊疆的作戰計畫也由他親自裁決。貞元年間，唐德宗越來越加重了對宰相的疑忌與防範，使宰相、朝臣之間明爭暗鬥，拉幫扯皮現象極為嚴重。唐德宗晚年，甚至調用南衙禁軍對朝廷官員的生活瑣事都予以監視，朝臣們遭到舉報，輕則丟官，重則身陷囹圄，造成了人人自危的局面。

唐德宗個性的脆弱和衝動，使他即位僅兩年便殺死了劉晏和楊炎兩位大臣，而這兩位大臣均有才幹，又具改革思想。作為一個君臨天下的皇帝，欲展示政治宏圖之時亂殺大臣，使唐德宗時期偶爾出現的一點閃光之處隨即又消失了。而他此後對大臣的猜疑心理更加嚴重，君臣之間離心離德，很難以天下大事為己任，不能不說是一種遺憾。

02 姑息藩鎮：憑誰問「藩岳坐鎮，輔我京師」

唐代的藩鎮割據是從唐肅宗時期開始形成的，到了唐德宗時期已壯大成為了皇帝的心腹之患。唐德宗用人失誤，削藩不成卻招來了更大的禍患，出現了「四王二帝」並立的結局，使李氏家族的統治力量進一步被削弱。

藩鎮中勢力大的佔據十幾州的地盤，小的也有三四個州，河北、淮西的割據勢力最大。藩鎮中設文武官員並擁有自己的軍隊，他們不向唐廷繳納賦稅，稱得上是小朝廷，這是李唐政權所不能容忍的。藩鎮當然是希望永遠保持割據的狀況，以便子孫世代擁有小範圍的統治，但是李唐王朝本是一個統一的整體，怎麼能夠放任別人與李氏家族來共分天下呢？

唐德宗即位之初，便把注意力投向藩鎮，他一直試圖削奪擁兵自重的地方藩鎮節度使的權力，為此不惜使用武力。但在朝廷力量不足以打擊藩鎮割據的現狀時，唐德宗不得不暫時妥協。

建中二年（七八一年）正月，成德節度使李寶臣病死。按照以往藩鎮節度使死後，將職位和土地傳給子孫的規矩，李寶臣的兒子李惟岳上表請求繼承父位。唐德宗早想革除藩鎮父子相傳、不聽命朝廷的弊端，堅決拒絕了李惟岳的要求，並命他護其父喪入京進行「國葬」，下詔任命張孝忠為節度使。魏博節度使田悅、淄青節度使李正己、山南節度使梁崇義，為了他們共同的利益和李惟岳聯手，企圖以武力抗拒朝廷。同年八月，李正己死，其子李納請襲節度使又遭到唐德宗拒絕，藩鎮盡反，戰爭全面展開。

在戰爭的頭一兩年裡，朝廷取得了勝利，平叛形勢良好。第一年，先是河東節度使馬燧、昭義節度使李抱真與神策軍將領李晟大破田悅軍，另外一名將領唐朝臣又擊破魏博、淄青軍，打通了江淮運輸線；淮西節度使李希烈攻克襄州，梁崇義自縊。第二年，馬燧、李抱真、李晟又大破田悅軍，當時任盧龍節度使的朱滔攻破成德李惟岳軍，田悅退回魏州守城自保，李納在濮州被圍，李惟岳被部將王武俊殺死，王武俊率軍投降。到了建中三年（七八二年）的閏正月，河北道只有田悅的魏州未破，河南道的李納也在濮州被圍。朝廷以為天下之平指日可待，唐德宗開始飄飄然起來。

唐德宗任命成德降將張孝忠為易、定、滄三州節度使，王武俊為恆、冀都團練觀察使，康日知為深、趙都團練觀察使，又將德、棣二州分給另一功臣朱滔。唐德宗此舉欲在利用藩鎮打藩鎮，旨在分散他們的力量，這也是朝廷在政治上對付藩鎮的慣用伎倆。不過都團練觀察使這一官職地位較節度使低，王武俊不滿官位在張孝忠之下，幕僚們也憤憤不平，把朝廷的敕書撕成幾塊。朱滔也是一位頗有野心的節度使，他因沒有得到較為富庶的深州也懷有不滿的情緒，便在該地屯兵據守。在魏州被圍的田悅抓住了這一點生機，派人去深州遊說朱滔倒戈。結果，朱滔聽取了田悅的話倒戈朝廷，並去說服王武俊與張孝忠。王武俊決定與朱、田合作，只有張孝忠不為所動。朱滔與王武俊聯合起來，第一步便是去救困在魏州的田悅。朝廷命朔方節度使李懷光討伐，卻被田、朱、王的部隊打得大敗，朱滔又遣兵去救李納。

建中三年（七八二年），朱滔自稱冀王、田悅稱魏王、王武俊稱趙王、李納稱齊王。推朱滔為盟主，稱孤；田悅、王武俊、李納三人稱寡人，仿唐朝官制，遍封妻、子、諸將。「四鎮」以朱滔為盟主，聯合對抗朝廷，聲勢大振。同時，淮西節度使李希烈與四鎮勾結反叛，自稱楚帝，從河北到河南皆為硝煙瀰漫，且東都危急。

建中四年（七八三年）十月，唐德宗準備調往淮西前線平叛的涇原兵馬經長安時，由於唐德宗用人不當，京兆尹王翃奉命犒賞軍隊，卻只準備了糙米和素菜，士兵不滿引起譁變，導致了史上著名的「涇師之變」的發生。唐德宗因此次兵變不得不倉皇逃離長安，李氏皇族在此次士兵譁變中被誅殺了七十七人。唐德宗是唐朝繼唐玄宗、唐代宗後，又一位離開京師避亂的天子。譁變的官兵擁立朱滔的兄長、曾擔任涇原軍統帥的朱泚為帝，國號為秦，年號應天。朱泚進圍唐德宗所在的奉天，前線李晟、朔方節度使李懷光等軍從河北撤軍支援，唐德宗的削藩之戰被迫宣告結束。

興元元年（七八四年）正月，唐德宗痛苦地公開承擔了導致天下大亂的責任，並表示這都是自己「失其道」引起的。唐德宗在詔書中宣布，李希烈、田悅、王武俊、李納等人叛亂是因為自己的失誤，赦免了這些叛亂的藩鎮，表示今後「一切待之如初」。除了朱泚以外，甚至連朱滔也予以寬大處理，許其投誠效順。從此，唐德宗開始調整了對藩鎮用兵的政策。王武俊、李納、田悅見到大赦令，取消了王號，上表謝罪。同年二月，由於朔方節度使李懷光聯絡朱泚反叛，唐德宗又不得不再次逃往山南西道的梁州（今陝西漢中）避亂。貞元元年（七八五年）秋，李懷光兵敗自殺，李晟在五月打敗朱泚收復京師，同年七月，唐德宗重返長安，結束了顛沛流離的生活。

唐德宗斷然拒絕藩鎮父死子繼的要求，本意是為了防止他們得寸進尺，卻招來了更大的禍患，出現「四王二帝」（朱滔稱冀王，王武俊稱趙王，田悅稱魏王，李納稱齊王，朱泚稱秦帝，李希烈稱楚帝）並立的結局，不能不說在一定程度上緣於唐德宗的冒進之舉。唐德宗在削藩遭遇挫折後銳氣大傷，他對藩鎮的態度由武力轉為姑息。這一態度的轉變，使他解決藩鎮問題的大好機會轉瞬即逝，藩鎮割據成為李唐王朝中晚期積重難返的局面。

03 宦官典軍：是無奈還是悲哀

宦官忠於皇帝是生存需要、是利益所需、是不得已而為之。唐德宗李适讓宦官統兵，只能是加快李唐王朝的衰落。

唐代宗時期自魚朝恩以後，皇帝曾收回宦官所領兵、相的權力，宦官不再掌握禁軍。但自從發生「涇師之變」以後，唐德宗對內廷宦官的態度迅速從「疏斥」轉變為委重，從此宦官掌握神策禁軍和擔任監軍成為一種制度。所以史上稱唐德宗是製造李唐王朝顛覆滅亡的根源。

唐代宗寵信宦官，任由宦官公開索賄、大肆搜刮，而不加以管制。當時還是太子的唐德宗目睹了這一切，他即位初就決定對此進行整治。唐德宗派往淮西給節度使李希烈頒賜的宦官收了李希烈送給他的駿馬、奴婢還有大量的錢財，唐德宗得知以後龍顏大怒，把這個宦官杖打六十並處以流刑。此事一經傳開，其他宦官都不敢再受賄胡來，收到了良好的效果。

唐德宗經歷「涇師之變」，禁軍將領在叛軍進城時竟然召集不到一兵一卒保衛皇室；唐德宗倉促逃亡時，唯一可以依靠的卻是身為太子時的內侍宦官竇文場和霍仙鳴，以及他們所率領的一百多名宦官。宦官的忠心與禁軍將領的難以依靠形成鮮明的對比，此後唐德宗對宦官的態度有了一百八十度的大轉變。他親組了近衛親軍並交付給宦官掌領，認為以他們的忠心交付給兵權和自己親領沒有什麼區別。唐德宗決定之後，便將統領禁軍的權力賦予了竇文場和霍仙鳴等人。興元元年（七八四年）唐德宗重返京師三個月後，將神策軍分為左、右兩廂，任命竇文場和王希遷為監神策軍左、右廂都知兵馬使，開了宦官典軍的先例。神策軍駐紮在京師四周和宮苑之內，其地位與羽林軍、龍武軍相比說得上是更加重要的中央禁軍。貞元二年（七八六年），唐德宗將神策軍左、右廂擴建為左、右神策軍，仍然由宦官擔任監軍，由此可見唐德宗對宦官的信賴和寵重。到貞元十二年（七九六年）六月，唐德宗又設立了左、右神策軍護軍中尉，分別由竇文場和霍仙鳴擔任，這一職務直接由皇帝授任，成為地位高於神策軍大將軍之上的實際統帥。從此神策軍的統領權由宦官掌握。在貞元十一年（七九五年）五月，唐德宗將宦官任各地藩鎮監軍作為制度固定下來，專門為擔任監軍使的宦官置印，提高了監軍的地位，也就是提高了宦官的地位。

唐德宗對宦官委以重任，成為自唐德宗時期之後李唐王朝的一大特色，宦官成為政治中樞中的一股重要力量。唐德宗以後的李唐皇帝，從唐穆宗到唐亡的九個皇帝，其中有七個是由宦官擁立的；唐穆宗、唐敬宗、唐文宗等全是死於宦官之手。宦官專權成為李唐王朝晚期政治腐敗和黑暗的突出表現，唐德宗稱得上是這一狀況的始作俑者。

04 兩稅法：劃時代的賦稅改革

唐德宗即位時，藩鎮割據現象已經很嚴重，對其用兵又導致了中央財政的困難。為了解決財政不足的問題，唐德宗在宰相及財政專家楊炎的宣導下，推行了兩稅法。但不管是什麼方法，都只不過是為了加強李氏家族的統治而已。

楊炎在唐代宗時期曾遭貶為道州司馬，唐德宗即位後，任命他為宰相，他在唐德宗的支持下，以天下為己任，施展其政治抱負，制訂了積極的財政政策，實施了兩稅法。

按照唐朝開國時的舊制，天下財賦都納於國家的左藏庫，而太府寺按照規定一年四季負責收支，其帳簿由尚書省比部司負責按覆其出入之數。中央財政機構上下相轄，運轉正常。但安史之亂後，不少有功的將領在京師毫無節制地求取錢帛封賞，相關管理官員不得不將天下租賦收入全部納入大盈內庫。大盈內庫屬於天子私房，這樣一來皇帝的開支就十分方便，大盈內庫便成了國家財賦的儲藏之所。但這樣做，出現了嚴重的問題：一是政府機構不知道財政開支的具體情況；二是中央不能對國家的財政開支統籌安排。此做法與唐德宗即位以後亟待集中國家財力物力進行整頓改革的需要不相適應。楊炎的兩稅法以解決中央財政危機和加強中央政府的財政能力為出發點，很適合唐德宗整改的需要，因此對楊炎的做法給予了大力支持。

楊炎對稅收制度進行了系統的清理和分析，並利用早朝向唐德宗和大臣們陳述了「租庸調制」的種種弊端。大曆十四年（七七九年），楊炎上奏請求改「租庸調制」為「兩稅法」，並取消各種雜稅。楊炎兩稅法的內容，一是明確中央政府的財政預算總額；二是擴大徵稅的對象，不論土著還是寄居的客戶，均按照居住地登記戶口，同時按照財產多寡確定戶等，就連住所不固定的行商，也要在經營的所在州縣納三十分之一的稅。這實際上是把官僚士紳和富商等都變成了納稅戶，從而增加了政府的收入；三是進一步健全了財稅徵收辦法和納稅標準，廢除了原來的租庸雜徭，除了保留丁額不廢外，只按照人頭稅和財產稅徵收。夏稅不超過六月，秋稅不超過十一月，都要完納。每年按照戶口增減和稅額輕重，由中央政府對地方長官進行考核；四是明確了兩稅作為國家正稅的地位，規定不得在兩稅以外巧立名目另行徵收，多加徵一錢者就以枉法論處。

建中元年（七八〇年），楊炎主持在全國施行兩稅法。他摒棄了唐代原來以人丁為徵課標準的租庸調制，以土地、業產等財富的多少，按每戶的貧富差別進行課徵。這樣一來，封建人身依附關係有所削弱，適應了當時社會經濟發展的需要。這不僅是唐朝歷史上極其重要的一次賦稅制度改革，而且在中國封建社會經濟史上也具有劃時代意義，在中國財政史上是一個大突破。兩稅法大為簡化了稅制，便利了租稅的徵收，免去了稅吏許多催索的苛擾。最先從中獲得實際利益的就是唐德宗，新稅法實施的當年國家掌握的人口不僅有了大幅度的增加（**其中增加的一百三十多萬戶，都是原來不向國家承擔義務的「客戶」**），並且賦稅有了一千三百多萬的收益，其中還不包括鹽利，比實施「兩稅法」以前的李唐王朝的全部財賦收入還要多出百萬，國家的財政收入有了極大改善。「兩稅法」頒布當年，李唐王朝的全部財賦收入達到了三千餘萬貫，是開元天寶以來最好的一年。兩稅法不但使國家的財政收入增加，而且減輕了人民負擔。政府沒有橫徵暴斂而增加了收入；百姓不用強迫就自動地向政府申報戶口並承擔賦稅義務；以前貪污的官員不用再加以告誡就能夠有所收斂，正是新稅法實施以後取得的明顯效果。貧者少交，富者多交，自然也促進了當時經濟的發展。

由於「兩稅法」是依貧富分等徵稅，自然招致地主貴族的激烈反對。兩稅法實行三十年後，貪得無厭的官吏又在定額之外巧立名目，在正稅之外橫徵暴斂，沉重的苛捐雜稅使勞苦人民陷入了生不如死的悲慘境地，「兩稅法」實際上已不再存在了。儘管如此，中央政府的權威和財政實力經過這次稅法改革得到了加強，為唐德宗進一步推行新政提供了便利，也樹立了信心。

05 重病即位：穩坐二十餘載的皇太子

唐順宗以謹慎的政治態度順利地度過了他長達二十五載的太子生涯，但是他即位僅六個月餘便退居為太上皇帝，成為李唐家族中居儲君之位最長，在位時間最短，卻還做了太上皇帝的「奇」天子。在短暫的帝王生涯中，唐順宗給歷史留下了一段精彩的「永貞革新」。

唐德宗在位二十六年，病逝時六十三歲，傳位李誦，是為唐順宗。唐德宗即位後便立長子李誦為皇太子，那時他十九歲，到唐德宗傳位時，他做了整整二十五年的皇太子。

唐順宗親歷了藩鎮叛亂的戰爭烽火，又多次見聞了大臣的傾軋，在政治上逐漸走上了成熟。建中四年（七八三年）的「涇師之變」隨唐德宗出逃避亂時，在奉天面對朱泚叛軍進逼的長達四十多天的保衛戰中，李誦為了父皇唐德宗的人身安全身先士卒，將士們在他的督促、激勵下奮勇殺敵，取得了奉天保衛戰的勝利。

唐順宗的太子生涯與前朝的太子們相比是相對平穩的。僅因郜國大長公主的事情面臨過一次被廢的危機。郜國公主是唐肅宗的女兒，她與駙馬蕭升所生一女是唐順宗為皇太子時的妃子，郜國公主仗恃自己地位特殊，自由出入東宮。蕭升死後，郜國公主生活極為放蕩，不僅與彭州司馬李萬私通，還和太子詹事李昪、蜀州別駕蕭鼎等一些官員暗中往來。有人告發郜國公主行厭勝巫蠱之術，事情牽涉到作為皇太子的唐順宗，他被唐德宗狠狠地訓斥了一頓。唐順宗非常害怕、不知所措，就請求與蕭妃離婚。唐德宗在事發之後，有了廢皇太子的念頭，並且把這種想法告訴了宰相李泌。得知唐德宗欲廢太子而改立自己的侄兒舒王李誼，李泌認為不可，並詳細列舉了自貞觀以來太子廢立的經驗教訓，分析了唐太宗皇帝對廢立太子的謹慎以及唐肅宗冤殺建寧王的悔恨。李泌的一番話打動了唐德宗，唐順宗的太子地位才沒有受到動搖。不久，郜國公主被唐德宗幽禁，後在貞元六年（七九〇年）死去，李萬因為和同宗淫亂被杖殺。郜國公主的親屬很多受到此事的牽連，她的女兒、皇太子妃蕭氏被殺死，她的五個兒子以及李昪、蕭鼎等流放嶺南和邊遠之地。經過這場變故後，唐順宗更加小心翼翼。

唐德宗病重時，唐順宗的身體狀況也很糟糕，甚至沒能參加唐德宗去世那年的新年朝賀。因此朝廷內外很擔心天子之後的大事。等到唐德宗遺詔傳位，唐順宗為了平息朝官的疑慮，顧不上身體的虛弱，也沒有來得及換上喪服，就穿著紫衣麻鞋硬撐著走出大內的九仙門召見了禁軍將領。大家看見唐順宗仍可行動，方才安定了一些。貞元二十一年（八〇五年）正月，唐順宗在太極殿即皇帝位。在即位儀式上，不僅衛士心中疑惑，眾人也伸長脖子看清楚在上位的確實是唐順宗時才放下心來。唐順宗即位八天後才於內殿紫宸門召見百官。

06 二王八司馬：有志革新，雄心未竟

唐順宗繼位時，全國政治環境非常糟糕。自安史之亂後，朝廷由於宦官專權政治腐敗，一些正直敢言的大臣都相繼被貶逐出京。藩鎮節度使又在割據勢力範圍內稱王稱霸，氣焰越發囂張。朝廷與藩鎮、藩鎮與藩鎮之間的各種戰爭累年不斷，民不聊生，階級矛盾日漸深化。唐順宗李誦有志革除弊政，卻欲速不達。

唐順宗中風失音，只能臥病宮中，掛著簾帷聽百官奏事，他就在簾帷之中做決定，身邊有宦官李忠言和妃子牛昭容侍奉。唐順宗即位後，立刻起用了革新派：任命王叔文、王伾為翰林學士；王叔文兼鹽鐵轉運副使；推韋執誼為宰相；柳宗元為禮部員外郎；劉禹錫為屯田員外郎，共同籌畫改革事宜，形成了以「二王劉柳」為核心的革新集團。唐順宗把朝廷決策大權交給了王叔文。政事處理由王叔文在翰林院決斷，再由王伾傳達旨意。王伾按照王叔文的意思進入宮中見李忠言、牛昭容，從他們那裡得到唐順宗的旨意，最後經王叔文認可再交韋執誼起草文誥。王叔文指揮定奪，是永貞革新事實上的推動者和實際領袖。在王叔文的謀劃下，「二王

劉柳」集團不斷地提拔後輩新進，發展革新派力量，著手內政改革。他們維護統一，主張加強中央集權，反對藩鎮割據、宦官專權。

王叔文對朝廷弊政所進行改革的內容是：

第一，罷宮市、五坊使。貞元後期，宮中的宦官採買時往往不按規矩支付貨款，經常藉為皇宮採辦物品為由，在街市上看到有好的東西就聲稱是宮中需要的，要麼賤買，要麼白拿，稱為宮市。充任五坊（即鵰坊、鶻坊、鷂坊、鷹坊、狗坊）小使臣的宦官，他們往往打著為宮中服務的幌子，以捕貢奉鳥雀為名勒索百姓財物，對百姓進行訛詐。唐順宗做太子之時便深知宮市和五坊小兒的擾民、害民之弊，所以剛即位便宣布將其廢除。永貞年間，宮市制度和五坊使均被取消。同時也對公主、駙馬之輩藉放養鷂鷹寵物而踐踏百姓莊稼者嚴厲切責。京師周圍的社會治安環境很快地得到了有效改善，可謂人心大快。

第二，取消進奉，停止正稅以外的苛徵。節度使通過進奉錢物討好皇帝，有的每月進貢一次，稱為月進；有的每日進奉一次，稱為日進；後來連州刺史，甚至幕僚也都效仿向皇帝進奉。貪官們以進奉為名向人民搜刮財富。革新派上臺後，唐順宗下令各地除規定的常貢外，不得再另進貢錢物。同時免除了百姓積欠的課稅租賦等總計五十二萬六千八百一十四貫、匹、束。規定除了兩稅的正式稅收以外，不得擅自加派。

第三，打擊貪官。京兆尹李實是唐朝皇族，封為道王，專橫殘暴。貞元年間，關中大旱，李實卻虛報豐收，租稅絲毫不減，強迫百姓照常繳納，甚至逼得百姓低價賣房賣地，百姓對他恨之入骨。王叔文罷去其京兆尹官職，貶為通州長史，京師百姓對李實無不切齒，聽說他被貶的消息後市里歡呼。

第四，放還宮女三百人、教坊女樂六百人。當她們的家人前來迎接時，長安的百姓聚集圍觀，歡呼喜悅之情溢於言表。

第五，打擊宦官勢力。裁減宮中閒雜人員，停發內侍郭忠政等十九人俸錢，這些都是抑制宦官勢力的措施。革新派還計畫從宦官手中奪回禁軍兵權，這是革新措施的關鍵，也是關係革新派與宦官勢力生死存亡的步驟。但宦官發現王叔文欲奪取他們的兵權，便聯合起來拒交兵權，使這個改革的重要內容最終沒能實現。

第六，抑制藩鎮。劍南西川節度使韋皋派劉闢到京都對王叔文進行威脅利誘，想完全佔有劍南三川（**劍南西川、東川及山南西道合稱三川**）以擴大割據地盤。王叔文拒絕了韋皋的要求，並要斬殺劉闢，劉闢狼狽逃走。

正在唐順宗積極支持王叔文推行各項新政之時，他的身體狀況卻越來越糟糕，而來自朝廷內外的阻力也增大。特別是奪取宦官兵權沒有成功，引發了宦官集團對王叔文的激烈不滿。宦官頭目俱文珍利用他在政治上的影響力削去了王叔文翰林學士之職，使王叔文遭受重創。朝中宰相也有人不與王叔文等人合作，甚至不願與王叔文等革新派共事，王叔文在朝中的處境越發艱難。

此後，宦官俱文珍等以「立嫡以長」的名義要脅唐順宗，使唐順宗同意頒布了立長子李純為皇太子的詔書。唐順宗選立儲君之後，地方節度使及宦官請求讓皇太子「監撫庶政」，這使得王叔文的政治環境更加糟糕，他大有壯志難酬、英雄末路之憂。後來王叔文的母親過世，他被迫離職。緊接著，王伾突然中風回家靜養。「二王」相繼離開朝廷，唐順宗也病體難支。在宦官俱文珍等人的逼迫下，皇太子李純監國，朝中人事又重新做了調整。很快地，唐順宗以病體不癒為由，宣布令皇太子即位，即為唐憲宗，唐順宗自稱太上皇，遷居興慶宮。

唐憲宗即位後，革新派紛紛被貶斥，新的統治集團對革新派進行了清算工作：王伾被貶為開州司馬，不久病死；王叔文被貶為渝州司戶參軍，第二年被賜死。韓曄被貶為饒州司馬、韓泰為虔州司馬、陳諫為台州司馬、柳宗元為永州司馬、劉禹錫為朗州司馬、淩准為連州司馬、程異為郴州司馬、韋執誼為崖州司馬。這在歷史上被稱為「二王八司馬」事件。唐順宗在位時創造的一段輝煌，到此也就煙消雲散了。

天寶末年的「安史之亂」使李唐王朝幾遭滅亡，從此就走上了下坡路。李唐王朝的統一局面被藩鎮割據所取代，王權轉到宦官手中，形成宦官專政的局面。唐順宗時期的「永貞革新」是一次失敗的改革，最終被扼殺，此後李唐王朝政治更加黑暗。李唐王朝由此又開創了一個新例，即繼位的皇帝對前一個皇帝所任用的朝臣，無論功過與否一概不予任用。唐憲宗以後宦官擁立皇帝，朝官分成朋黨開始公開化。

第十章　中興名君　唐憲宗

李唐王朝的第十二代皇帝唐憲宗，名李純，他是唐順宗的長子，是一位比較有作為的皇帝。唐憲宗在位的一段時期內，唐朝社會有了一定的改觀，主要是平定了一些藩鎮，基本上恢復了大一統的局面。唐憲宗李純被稱為「中興之主」，他勵精圖治、發展經濟，一時間李唐王朝一派中興氣象。不過，唐憲宗對宦官的信任有增無減。後期，因其對已取得的成績沾沾自喜，導致奸佞不分，使宦官大大地得勢，唐憲宗自己也不明不白地死於宮中，令人扼腕。

01 內禪之謎：成大事者不拘小義

唐憲宗是依靠宦官的擁立和發動宮廷政變才迅速獲取了皇權，但是這對他來說又有什麼關係呢？只要做個有所作為的天子，便不會愧對這最高統治者的稱號了。

唐憲宗李純即位時已經二十七歲。貞元二十一年（八〇五年），唐憲宗一路從郡王被冊封為太子，後又以太子監國。緊接著又得父皇唐順宗傳位，八月正式於宣政殿即位，用了四個月的時間便登上了權力的最高頂峰，因此僅僅在位六個月餘的唐順宗內禪不能不說另有隱情。

唐憲宗於八月九日正式即位以後，八月十七日劍南西川節度使韋皋突然暴病身亡，而韋皋是最早向朝廷提出讓皇太子監國的人。皇太子不僅監國了，並成為了九五之尊，而韋皋卻命喪黃泉，這難道僅僅是一種巧合嗎？當時主張皇太子監國的還有與韋皋相距甚遠的荊南的裴均、河東的嚴綬。這種行動一致的做法是否有幕後的指使？讓人不能不想到極有可能是在宮中掌握禁軍並擁立唐憲宗的宦官所為。

同年十月，山人羅令則從長安前往秦州，奉太上皇詔令向隴西經略使劉澭請兵，謀劃廢唐憲宗另立皇帝。在唐德宗時期，舒王李誼與唐憲宗李純一直是政治上的有力競爭者，宮中的宦官等勢力也一直看好他，很難說羅令則矯詔廢立，不是想利用這樣的政治慣性擁立舒王。意想不到的是，劉澭告密，羅令則被逮捕了。唐憲宗一方面以名馬金銀財物厚賜劉澭，另一方面詔令禁軍審問羅令則，並將其黨羽杖死。對於唐憲宗來說，最大的便利是藉機誅殺政敵。唐憲宗即位，舒王的政治價值在宦官眼裡自然也就喪失了，所以在劉澭將羅令則押送到長安以後，舒王也就必死無疑了。

唐順宗以太上皇的身分遷居興慶宮以後，還能夠與朝臣相見嗎？唐憲宗在元和元年（八〇六年）正月初一，率群臣為太上皇上尊號。十八日，唐憲宗突然下詔稱太上皇舊病沒有治癒，向天下宣布了太上皇的病情。十九日唐順宗便死於興慶宮，同時遷殯於太極殿發喪。人們不由生疑，太上皇唐順宗是不是早就死了？想掩蓋太上皇被害死的真相，恰恰暴露出當權者的作賊心虛。若將太上皇直接殺死，有可能是擁立唐憲宗的人為了消除一切可能的隱患，打消和羅令則有一樣想法的人的做法。這麼做，自然是為了達到穩固唐憲宗地位及討取擁立之功的目的。唐憲宗當時已是成人，這個過程他不會不知，在權力的誘惑之下，為了登上九五之尊，對父親動粗也不是不可能的事情。元和十四年（八一九年）七月，群臣討論給唐憲宗上尊號時，宰相崔群認為「睿聖」的尊號已經可以，不必再加「孝德」，唐憲宗聽了怒不可遏，竟然把崔群貶到湖南任了一個觀察團練使。唐憲宗執意於「孝德」二字，也許正說明了他「內有慚德」，從這一側面反映出唐憲宗極有可能參與了逼迫父皇唐順宗內禪之事。

02 大臣遇襲：天子腳下，為所欲為

唐朝中後期的藩鎮割據勢力如此囂張，地方節度使毫無顧忌地胡作非為，從他們敢於刺殺一人之下、萬人之上的宰相之事足見一斑。唐憲宗卻不失為「中興之主」，面對如此恐怖的政治氣氛，他仍然堅持削藩，直到取得基本的統一為止。

唐憲宗即位以後，對朝廷面臨的主要問題進行了分析，他很想有一番作為。當看到藩鎮力量過大已經危及中央朝廷，他就將削藩作為重要任務。他重用宰相，打擊割據一方的藩鎮，這引起了地方割據勢力的恐慌，也因此採取了一些極端手段。

唐憲宗任用的宰相有杜黃裳、李吉甫、武元衡、裴度等人。李吉甫為了保證對藩鎮作戰期間的物資充分供應，在元和二年（八〇七年）十二月，撰寫了《元和國計簿》，書中對全國的方鎮、州府縣、道的戶口、賦役進行了詳細的統計。遺憾的是，元和九年（八一四年）冬天，正是討伐淮西最緊張的時刻，李吉甫卻暴病身亡，唐憲宗不得不另外任命宰相。李吉甫死後，唐憲宗把平定淮西的重任託付給武元衡。

宰相武元衡是一位溫雅沉靜、彬彬有禮的書生，唐憲宗任命武元衡出任西川節度使。武元衡到任之後，清正廉明、生活節儉、選舉賢才、安定百姓，取得了一定的政績。武元衡性格倔強剛烈，是當時朝廷中最強硬的主戰派，深得唐憲宗信任，所有兵事都命武元衡主持。他平定了浙西節度使李錡之亂，後又極力主張征討淮西吳元濟的叛亂。面對朝廷的打擊，強藩之間相互勾結起來，又用重金賄賂朝廷腐敗大臣，他們互相呼應使得武元衡在削藩工作和心理上都面臨極大的壓力。然而，就是在這麼艱難的環境之下武元衡也不為所動，堅持主戰，絕不對強藩退讓半步。

元和十年（八一五年）六月三日，天還沒亮，武元衡上早朝途中，早已埋伏好的幾名刺客用木棍打斷了武元衡的腿，打散了武元衡的隨從，然後砍下了武元衡的頭，帶著它揚長而去。當眾人聽到有刺客，呼喊著持火把來看時，武元衡已經倒在了血泊中。殺人現場竟然就在武元衡住宅東北隅牆外。消息傳到皇宮，到朝的文武官員十分不安。唐憲宗上朝後，官員把武元衡被害的情況奏明，唐憲宗聽後感到極為震驚，派人給武元衡家中送去布帛五百匹，粟四百石，並停朝五天，以表哀悼之情。

李師道不僅派人去刺殺宰相武元衡，同時也派人去謀害宰相裴度，還好裴度幸運地逃過了毒手。那一天，裴度剛走出家門便遇上了刺客，刺客用劍砍殺裴度三次，第一次砍斷了靴帶，第二次砍中了背，但剛好穿透外面的罩服，第三次才碰到頭部。裴度從馬上摔了下來，由於裴度戴的是氈帽，因而傷得不厲害。刺客見裴度從馬上掉下，又揮劍追趕，被裴度的隨從擋住了。

隨從斷臂後，刺客見裴度躺在地上一動不動，認為他死了便離開了，裴度才幸運地活了下來。

在一天當中，連續發生武元衡被殺害和裴度遇襲的事件，長安城被恐怖氣氛籠罩著，滿朝文武及城中的百姓人人自危。為了確保朝廷大臣的安全，唐憲宗採取了緊急措施：從皇宮到各門加派衛兵，宰相的衛隊、隨從增加了金吾騎士，規定出入朝門可以佩戴兵刃，進出裡門的人要經過嚴格搜查，其他官員們也可以有家兵保護跟隨。武元衡死後唐憲宗無限憤慨，他頒布詔書，凡是京城能捕獲殺人者賞錢萬貫，加封五品官；膽敢有窩藏者，即全家抄斬。幾天以後，神策將士王士則、王士平捉到了凶手張晏等八人，在長安正法。此後，人們的情緒才漸漸趨於平靜。

由此可見，唐憲宗的這些手段還是很高明，他最低限度還是贏得了一段時間的平靜生活。

03 裁制藩鎮：堅決用兵，英主偉志

欺軟怕硬是人的通病，位高權重的皇帝如果軟弱了也同樣會被欺負。堂堂的李氏家族豈能任人宰割？

藩鎮割據在唐憲宗時期已成為李唐家族統治的最大威脅，因此削藩便成為唐憲宗的首要任務。永貞元年（八〇五年）八月，當中央軍力和財力都有了一定基礎時，唐憲宗便開始削藩，先後平定了鎮海、淮西、河北諸鎮，使全國在形式上回歸朝廷的直接管轄。

永貞元年（八〇五年），劍南西川節度使副使劉闢，因朝廷沒有准許他統領劍南的奏請，起兵對抗朝廷。唐憲宗在宰相杜黃裳和翰林學士李吉甫的建議下，力排眾議下詔討伐劉闢。唐憲宗任命神策行營節度使高崇文，將步騎五千為前軍，神策京西行營兵馬使李元奕將步騎兩千為次軍；與山南西道節度使嚴礪兵分三路共同討伐劉闢。劉闢沒有想到唐憲宗與其祖父唐德宗採取的姑息藩鎮的做法完全不同，即位便拿自己開刀，因而對朝廷大軍的到來缺乏應有的準備，劉闢被捉拿以後在長安問斬。

唐憲宗討伐劉闢之際，夏綏節度使韓全義入朝致仕，卻仍留自己的外甥楊惠琳為夏綏留後，擺明了是不肯交出兵權。唐憲宗看出其用意以後，命令河東、天德軍出擊楊惠琳，楊惠琳兵敗，首級被送往京師。唐憲宗對蜀、夏兩地用兵，極大地震懾了各地節度使，許多藩鎮紛紛請求入朝或上表表示要效忠朝廷。其中，鎮海節度使李錡也假意上表請求入朝，卻在暗中唆使親信鬧事。唐憲宗在宰相武元衡的建議下，下詔徵李錡為左僕射，以御史大夫李元素為鎮海節度使。李錡不服，於是舉兵反叛，唐憲宗下詔削去李錡的官爵及宗室的屬籍，發兵前往平定叛亂。李錡的叛亂不得人心，他的部下很多人都不支持他的謀反，又迫於朝廷的壓力紛紛倒戈。李錡被押回長安後被腰斬，此番叛亂不到一個月就被平息了。

元和四年（八〇九年），成德節度副使王承宗在作為節度使的父親死後，為了使朝廷冊命他為節度使便假意獻出德、棣二州，朝廷於是任命他為節度使。在正式任命以後，王承宗便把德、棣二州據為己有，唐憲宗得知後大為惱火，決定出師征討。淮西叛亂之後，王承宗也跟著叛變，經過朝廷的征討才稍為安定。

淮西鎮（治所在蔡州，今河南汝南）轄區地盤雖小，但是安史之亂後降將李忠臣長期擔任節度使，其後又有李希烈、吳元濟等人長期割據，他們與李唐朝廷感情極為疏遠。唐憲宗調用十六鎮的兵力，以三年的時間才得平定。元和十二年（八一七年）十月，宰相裴度率大軍征討吳元濟，在手下李愬的建議下，出其不意地除掉了吳元濟這一朝廷的心腹大患。李愬在一個風雪交加的夜晚，率兵悄悄開赴吳元濟的老巢蔡州。「李愬雪夜奇襲蔡州」是中國軍事史上著名的出奇制勝的成功戰例，奇襲蔡州的成功使唐軍俘獲了吳元濟，平定了數年的淮西叛亂，吳元濟被斬於長安。平定吳元濟後，唐憲宗減免了當地百姓兩年的賦役，受淮西擄掠的附近州縣第二年的夏稅也得以免除。

唐憲宗在平定淮西吳元濟時，淄青鎮的李師道曾與吳元濟聯手，搞得唐憲宗君臣不寧。唐憲宗鑒於軍力不濟，沒有對淄青用兵。平定淮西叛亂大大地提高了朝廷的權威，其他觀望的藩鎮受到了極大的震懾。元和十五年（八二〇年），王承宗病死，其弟王承元攝於唐廷軍威，上表請求歸降朝廷。平定淮西吳元濟之後，唐憲宗在對淄青鎮懷柔無效的情況下發兵征討李師道。元和十三年（八一八年）七月，唐憲宗下詔調集宣武、魏博、義成、武寧、橫海諸鎮兵力共討李師道。李師道孤立無援，很快就被平滅了。淄青鎮是唐憲宗平滅的最後一個勢力強大的藩鎮，該地區自唐代宗時期起便已割據，稱霸一方五十四年之久，至此被朝廷徹底平滅。

唐憲宗裁制藩鎮的努力終於有了可喜的結果。削藩的成功使唐憲宗「元和之治」達到了頂峰。唐德宗時期對藩鎮割據的姑息至此再也不復存在，使元和年間達到了中興的局面。

04 元和禮佛：人算不如天算

皇帝以為宦官是最安全的助手，卻不知來自眼皮底下的威脅才是最大、最直接的威脅，宦官可以扶皇帝上馬，自然也可以拉皇帝下馬。

唐憲宗在削藩的過程中，可以說是一位明君。但隨著削藩戰爭的勝利，他卻開始沾沾自喜、忘乎所以了。

唐憲宗對佛教異常尊崇，元和十四年（八一九年），從法門寺迎奉佛骨的行為便是最好的證明。法門寺舊稱阿育王寺，位於今陝西扶風縣境內，寺內寶塔底部的地宮因供奉佛祖釋迦牟尼的佛指真身舍利而享有盛譽。唐時從法門寺迎奉佛骨到京師長安，是禮佛的最高形式之一，佛骨先被供奉於宮中，再送到各個寺院瞻仰供奉，然後送還法門寺。因為法門寺供奉佛祖指骨的舍利塔每經過三十年才可以開啟一次，所以功德使於元和十三年（八一八年）上奏唐憲宗，明年就是法門寺開塔迎奉佛骨舍利的時間，開塔展示佛寶則可以保佑歲和年豐，唐憲宗非常高興，立即下令準備迎奉儀式。

經過精心準備，元和十四年（八一九年）正月，當佛骨舍利被迎入長安之時，黎民百姓和唐憲宗一樣陷入了一種瘋狂狀態。唐憲宗派宦官統領神策軍攜帶香燭什物親往郊外奉迎。佛骨舍利從光順門進入宮中，唐憲宗將其在宮中供奉了三天，然後送往京城各大寺院。無論是王公大臣或黎民百姓都爭先向佛骨施捨。時為刑部侍郎的韓愈寫出了《論佛骨表》，指出並斥責了上自天子下至百姓對佛骨的瘋狂，文章中闡述了漢魏、宋、齊、陳等前代諸帝對佛越恭謹者，國家存在的時間越短促的史實。韓愈稱佛骨為「朽穢物」，建議唐憲宗把佛骨交付有關部門「投諸水，永絕根本」。唐憲宗看了這樣的奏章後大為惱火，欲將韓愈處以極刑。宰相裴度等人紛紛為韓愈求情，請求唐憲宗從寬發落以便廣開言路，最終將韓愈貶為潮州刺史。

唐憲宗這次迎奉佛骨，規模大大地超過了前朝歷次的奉迎活動。但禮佛的虔誠並沒有給唐憲宗帶來多少好運，從這年年底開始，他的身體就因為服食金丹而出現不適。第二年正月，他的身體更是每況愈下。

元和五年（八一〇年）八月，唐憲宗曾問大臣李藩：神仙的事是否可信？李藩給了否定的解釋。唐憲宗雖然口頭上對此表示同意，但心裡卻始終堅信不疑，不久之後就開始服用方士們進獻的金丹。當大臣上表勸阻時，他還大發脾氣。唐憲宗因食金丹脾氣暴躁，對身邊的宦官動輒打罵，導致人人自危。唐憲宗因服食金丹中毒，身體感到不適。元和十五年（八二〇年）正月，年僅四十二歲的唐憲宗突然死於大明宮的中和殿。在唐憲宗病重時，身邊有宦官王守澄、陳弘志等人。唐憲宗駕崩後，宦官王守澄、韋元素等人立即擁立唐憲宗第三子李恆繼帝位，是為唐穆宗。唐憲宗之死不能不說與他寵信的宦官有關。

唐憲宗作為中興名君在初展抱負之時便為宦官所害，不僅是他個人的悲劇，也成為整個李唐王朝的悲劇。唐憲宗去世以後，宮廷的仇殺、朝廷的朋黨、藩鎮的跋扈越演越烈。盧龍、成德、魏博三地又不斷作亂，一直到李唐王朝滅亡也沒有能把它們收復。

第十一章　短壽天子　唐穆宗、唐敬宗、唐文宗、唐武宗

唐穆宗父子四人都貴為人主，這在歷朝歷代都是一個奇蹟。中國歷史上的皇位繼承，既有父死子繼，也有兄終弟及，但是像唐敬宗、唐文宗、唐武宗兄弟三人連續即位為皇帝的情況極為少見。三人均由宦官擁立為君，他們一共在位不過二十餘年。與其父一起被稱為短壽天子。唐穆宗二十五歲即位，死時僅二十九歲；唐敬宗十五歲登基，十七歲被殺；唐文宗十七歲即位，死時不到三十歲；唐武宗二十六歲稱帝，死時只有三十歲。唐穆宗和唐敬宗這兩位父子帝王一心玩樂，把唐憲宗時期取得的成績喪失殆盡，藩鎮勢力重新鞏固起來。他們不思進取，政治昏庸，宦官藉機牢牢把持了實權。唐文宗倒是力圖革除積弊，除掉宦官，無奈積重難返。

「甘露之變」失敗後，宦官氣焰更加囂張，加上累朝的朋黨之爭，此時的李唐王朝已是回天乏術，只能一步步走向滅亡的深淵。

01 子以母貴：皇三子登基

從母以子貴，到子以母貴，李唐皇位的繼承發生了很大的變化。為了達到「母貴」「子貴」的目的，覬覦皇位者就需要使一些必要的手段才行。

唐穆宗李恆是唐憲宗第三子，貞元十一年（七九五年）七月，出生於京師長安大明宮之別殿。最初名李宥，先封為郡王，唐憲宗元和元年（八〇六年）八月，進封遂王。

唐穆宗的生母郭氏是郭子儀的孫女，郭子儀在平定安史之亂時勞苦功高，被尊為尚父。唐穆宗長兄李寧的母親是紀美人，二哥李惲的母親竟沒有留下姓名。李寧曾因是長子而被立為太子，在做了兩年太子後，十八歲的他因病撒手人寰。唐憲宗有意立次子李惲，因為母氏地位卑賤難以在朝廷上得到支持，宮廷內外都建議選三皇子李恆，而郭氏一系在朝野上下的勢力也確實是太強大了，立三子的呼聲佔據了上風，唐憲宗也無可奈何，最終立了三子。

元和八年（八一三年）十一月，在剛剛冊立新太子一年後，擁立太子的朝廷官員又上表請求唐憲宗立郭氏為皇后。自唐玄宗以後，後宮貴妃在世時被立為皇后的只有唐肅宗的張皇后，她在平叛的特殊時期因有特殊功勞而被立。郭氏已被冊立為貴妃，是後宮最尊貴的角色，於是唐憲宗以種種藉口拒絕了此番動議。此事以後，郭貴妃在朝野內外廣結黨羽，包括宦官中的厲害角色、神策軍中尉梁守謙以及王守澄等人，他們暗中和唐憲宗寵信的宦官吐突承璀等人較量。

元和十四年（八一九年）底，唐憲宗由於服用方士柳泌的丹藥導致身體惡化，太子的母親及舅舅已經做好充分的準備就等著皇帝駕崩了。元和十五年（八二〇年）正月，唐憲宗暴死，梁守謙、王守澄等人立即擁立太子即位，史稱唐穆宗。吐突承璀和皇次子李惲被這突如其來的政變殺了個措手不及，一起被送上了黃泉路。

唐穆宗位居儲君期間的惶恐不安，隨著成功登基而煙消雲散了。他對扶植自己登基的一干人等給予了不同的賞賜，特別是把生母郭貴妃冊立為皇太后，以報答她多年來為自己的辛苦經營。一朝天子一朝臣，他將唐憲宗的親信和寵臣則分別處以殺罰或貶斥。

按皇家的規矩，即使因不設皇后而無嫡庶分別，但仍有長幼之分。唐穆宗立為太子時，還有二皇兄李惲在世，按長幼順序應立李惲，但由於唐穆宗的母親身分高貴，又深諳朝中政事，善於籠絡大臣，唐穆宗能夠君臨天下是因為有一位非常能幹的生母。在錯綜複雜的宮廷鬥爭中，家族及派系之爭由來已久，誰又能夠始終立於不敗之地呢？唯有掌握生殺予奪的皇權才能保證自己族氏的利益，這便是皇族宗室不惜使用各種手段，甚至流血犧牲也要力爭皇位的原因所在了。

02 縱情享樂：萬民之君，居之有愧

唐穆宗從不吝惜賞賜，使朝廷官員賄賂攀附、結黨營私之風大起。也使得先祖及其父唐憲宗時期創下的大好局面逐步走向衰微。

唐穆宗是一位縱情享樂、毫無節制的天子。唐穆宗即位時二十五歲，對於一位想在政治上有所作為的帝王來說，這正是風華正茂的年齡，若只想飽食終日、遊樂享受也是無人可比的。唐穆宗是一個荒淫的皇帝，剛即位不久便縱情享樂。登基大赦天下以後，他便迫不及待地宣召歌舞藝人到丹鳳門內表演雜戲，完全沒有顧及此時正在為他父皇唐憲宗治喪，他陶醉在歌舞之中，將國家、百姓拋在了九霄雲外。元和十五年（八二〇年）六月，皇太后移居興慶宮，唐穆宗就率領六宮侍從在興慶宮大擺宴筵、縱情歡宴。酒宴結束後，他又回幸神策右軍，對親信中尉和將領大加頒賜。從此以後，唐穆宗每三日到神策左右軍一次，同時駕臨宸暉門、九仙門等處，旨在觀看手搏戲和雜戲，對國家政務越來越荒疏。他在宮裡大興土木，修建了永安殿、寶慶殿等。當永安殿落成的時候，他在那裡觀百戲，極歡盡興。他用重金整修裝飾京城內的安國、慈恩、千福、開業、章敬等寺院，甚至還特意邀請吐蕃使者前往觀看。對於唐穆宗的嬉戲，朝中曾有官員上奏指出國家尚未平靜，百姓還多疾苦，皇上不能高枕無憂。尤其強調自古帝王居危思安之心沒什麼不同，居安思危之心卻互有長短，這就是能不能成為聖明帝王的差距，唐穆宗對此奏摺並不予理睬。

唐穆宗徵發神策軍兩千人，將宮中早已淤積的魚藻池水面加以疏浚。池水開通後，他就在魚藻宮大舉宴會，觀看宮人乘船競渡。由於臨近九九重陽節，唐穆宗又想大宴群臣，對諫官的勸諫根本不聽。在重陽節那天，他特意把舅舅郭釗兄弟、朝廷貴戚、公主駙馬等都召集到宣和殿飲酒聚會。有一天，唐穆宗突然下詔：「朕來日暫往華清宮，至落日時分當即歸還。」此時正值西北少數民族引兵犯境，神策軍中尉梁守謙將神策軍四千人及八鎮兵赴援，形勢很是緊張，御史大夫李絳、常侍崔元略等跪倒在延英殿門外切諫。唐穆宗竟然對大臣們說：「朕已決定成行，不要再上疏煩我了。」諫官再三勸諫還是無效。第二天一早，唐穆宗從大明宮的複道出城向華清宮方向而去，隨行的還有神策軍左右中尉的儀仗以及六軍諸使、諸王、駙馬千餘人，一直到天色很晚才回宮。諫議大夫鄭覃等人對唐穆宗的「宴樂過多，畋遊無度」勸諫道：「現在邊境吃緊，形勢多變。如果前線有緊急軍情奏報，不知道陛下在什麼位置，又如何是好？另外，陛下經常與倡優、戲子在一起狎昵，對他們毫無節制地大肆賞賜，這些都是百姓身上的血汗，沒有功勞怎麼可以亂加賞賜呢！」唐穆宗看到這樣的表章，就問宰相這都是些什麼人，宰相回答說是諫官，唐穆宗就對鄭覃等加以慰勞，還說「當依卿言」。唐穆宗的這一態度，使宰相們高興了一陣子，但唐穆宗轉過身卻依舊我行我素，使百官空歡喜一場。

唐穆宗甚至覺得經常宴飲歡會是件值得高興的事。有一天，唐穆宗又在麟德殿觀賞雜技和音樂，他高興得手舞足蹈，情不自禁地對給事中丁公著說：「聽說外面百官公卿們經常歡宴，一定是民間太平、五穀豐登，我感到非常寬慰。」丁公著卻持不同的看法回答道：「這樣的風俗不見得是好事。」唐穆宗詢問原因。丁公著說：「凡事過了限度就不是好事了。前代的名士遇良辰美景，或置酒歡宴，或清談賦詩，都是雅事。國家自天寶以後，風俗奢靡，酒宴以喧譁沉湎為樂。身居高位、手握大權者與衙門的雜役一起吆三喝四，無絲毫愧恥之心。上下相效，漸以成俗，這造成了很多弊端。國家奢靡之風日盛，競相遊宴、沉於酒色，致使政務荒廢、百官怠職，這難道對朝廷和皇上有益嗎？」唐穆宗聽後對他的這番說辭也覺得有道理，表示虛心接受，但就是堅決不改。

一次遊玩中，唐穆宗突然雙腳不能履地，一陣頭暈目眩，結果中風臥病在床。中風以後，他的身體一直沒有康復，於長慶四年（八二四年）正月在寢殿駕崩，時年二十九歲。

從唐高祖李淵晚年安於享樂露出真面目，到唐太宗李世民貞觀中後期的驕奢，到武則天蓄養男寵，再到唐玄宗李隆基的奢靡，哪一位在後期是真正給臣民百姓辦事的？他們只不過是自己享樂而已。真可謂皇帝三部曲：荒、淫、樂！

03 無心政事：在其位不謀其事

一個敗家子，最多也只能敗一家。唐穆宗李恆高高地坐在皇帝寶座上，又是一個名副其實的敗家子，那他敗的就不只是一家而是一國了。

歷史上有一種說法：唐穆宗是「昏主」，長慶宰相是「庸才」。唐穆宗時朝一共任命了十四位宰相：韓弘、裴度、李夷簡、皇甫鎛、令狐楚、張弘靖、蕭俛、段文昌、崔植、杜元穎、王播、元稹、李逢吉、牛僧孺，另有五位使相（即為地方節度使加宰相的名號）：劉總、田弘正、李光顏、李愬、劉悟。除了王播、元稹、牛僧孺等少數人外，多係名門之後。這些宰相均以才學著稱，但因朝廷之上黨派分野，一邊是「庸才」無法發揮作用，另一邊「良才」也常常英雄無用武之地，再加上他們在職時間都不長，大大地影響了唐穆宗時期宰相作用的發揮。唐穆宗是宦官擁立，即位以來對他們很是優待並大加賞賜，使宦官的權勢進一步膨脹。

唐穆宗雖頻繁換相、寵信宦官，但他也不是一個糊塗透頂的皇帝。唐穆宗比較重視對刑部、大理寺、御史台等執法部門官員的任用，強調要選拔「有志行詞學，兼詳明法律」者。

值得一提的是，長慶元年（八二一年）九月，唐朝與吐蕃各派大臣在長安西郊會盟，表示從此罷兵修好、消除舊怨，「患難相恤，暴掠不作」，雙方劃分了各自的實際控制地區。長慶三年（八二三年），雙方在拉薩大昭寺前立了唐蕃會盟碑。「長慶會盟」是雙方關係史上的重要事件，從此確保了唐蕃的和睦共處，增進了雙方的文化交流。唐穆宗又於長慶元年（八二一年），冊立西北少數民族回紇的新君為「崇德可汗」，並許唐憲宗之女太和長公主與其和親。太和公主和親回紇，解除了回紇對唐西北地方的威脅，促進了雙方經濟文化往來，使雙邊關係度過了一段很是和睦的時期。

對外關係的穩定是唐穆宗時期的一大亮點，但由於他缺乏治國的才能，更不具備遠大的政治理想，大肆的封賞、無度的遊樂佔去了他一生很多時間，國內發生了幽州朱克融和成德鎮王廷湊的叛亂，導致河朔地區重陷混亂之中。由於唐穆宗的荒淫和不問政事，河朔三鎮再次變成了藩鎮割據的勢力範圍，唐憲宗年間取得大好局面在短短幾年內就消失殆盡了。不久，周圍藩鎮紛紛叛亂，甚至以不奉朝廷命令為榮。

為君之道是什麼？家國天下之事都應悉數操心，以蒼生疾苦為己任，方能治國持家。唯有獨善其身方可兼濟天下，國破則家亡，個人的享樂便不可再繼續。因此天子應以天下為己任，享樂是次要的。在其位謀其事，方為上策。

04 牛李黨爭：明爭暗鬥所為何來

宮廷鬥爭總難免，在某種意義上說還會有利於李氏家族的皇位保全，但如果派系之爭歷經幾個朝代都無法制止，朝廷烏煙瘴氣，以致危及社稷安全、黎民蒼生，就要傾力打擊以求萬全之策了。

唐憲宗元和時期延續下來的朝廷官員的朋黨之爭，到了穆、敬、文、武諸朝逐步形成了「牛李黨爭」。朋黨之爭是唐代衰亡的原因之一。

在唐代的科舉制度下，無論世族或寒門只要參加考試及第後做官的機會均等。為要達到及第目的，舉子在考試之前要送「作」（包括詩文等）給王公大臣，以求他們能給自己以美譽；及第之後要拜謝主考官大恩，尊為恩師或者自稱是他的門生。主考官為了將來得到協助，也一定會盡力提拔其錄取的門生。同年及第者，為了能做個朋友也互稱年兄、彼此結合，如果原是師生、同年就會很自然地結為一個團體。做官的另一重要途徑為門蔭，「門蔭」是指藉先人之功，循例而得官。這些藉先人之功，不以進士出身而得官的門蔭們又以出身世族居多。這些世家大族因長於經學，就主張科舉應注重經學，而進士們及第的學科是詩文，則主張科舉應注重詩文。兩方對科舉的見解不同，自然對政治的見解也會有不同，黨派之間的爭論也就無可避免了。

牛李黨爭，始於元和三年（八〇八年），宰相李吉甫主張以武力制裁藩鎮。次年，進士牛僧孺等指陳時政之失，李吉甫之子李德裕對牛僧孺等頗為不滿，從此牛李結怨。牛李兩黨在出身上，前者重進士，後者重門第。在朝廷議政之際，兩黨成員往往互相攻擊，是非蜂起。牛黨主要領導人有牛僧孺、李宗閔、李逢吉、楊汝士、白敏中等；李黨主要領導人有李德裕、裴度、鄭覃、李紳等。李黨人以世族為主，也有由進士出身的人；牛黨人以進士為主，也略有出身世族者，並非絕對涇渭分明。大體上李黨多以經學為宗，而牛黨多有放浪形骸的行為，而且雙方政治觀點截然不同。

長慶元年（八二一年），當時牛黨一派的骨幹李宗閔任中書舍，禮部侍郎錢徽和右補闕楊汝士主持科舉。考試之前，宰相段文昌因為接受了考生楊渾家藏的書畫，就面託錢徽，後又寫了書信保薦；同時翰林學士李紳也為自己喜歡的考生周漢賓向錢徽寫了舉薦信。本來唐朝科舉選拔過程中，考生舉子以個人才學向朝廷權貴或者賢達自舉，或者請人向主考官講情都是常有的事情。但這次情況與以往不同，段文昌和李紳推薦的楊渾和周漢賓放榜後均名落孫山，而其他大臣的子弟十四人高中，於是段文昌一氣之下向唐穆宗揭發錢徽等科場舞弊。唐穆宗就此事徵求翰林學士李紳的意見，李紳附和段文昌。唐穆宗遂下詔複試，題目是《孤竹管賦》和《鳥散餘花落》詩，複試結果除了其中三人還算粗通以外，其他的十多人全部落選，於是唐穆宗對這次科舉相關人員分別給以懲處。中書舍人李宗閔被貶為劍州（今四川劍閣等縣地）刺史，錢徽貶為江州（今江西九江一帶）刺史。涉及此案件的官員大多遭到處理，宰相段文昌不久也被罷相。

李黨得志之後，對內對外都有政績表現。但為求建樹功績，必須強化中央的權力，他們不得不打擊牛黨。李黨對內部的藩鎮和外患都主張以武力解決，牛黨則反對朝廷平叛。宰相李吉甫積極平叛時，牛僧孺卻攻擊他「黷於武功」，實際就是反對朝廷打擊割據的節度使。李黨堅決維護邊區安全，反對吐蕃奴隸主的侵擾，而牛黨卻苟且偷安執行投降政策。李黨重視政治改革，牛黨主張維持現狀。李黨主張精簡機構、節省開支減輕人民的負擔，是一項進步措施；牛黨卻於大中年間把會昌年間「所減州縣官復增三百八十三員」。李黨反對佛教，主張滅佛；牛黨於大中年間便廢除對佛教的禁令，結果「僧尼之弊皆復其舊」。他們之間的意氣用事，以及無原則性政見分歧的無端爭執，無疑加深了唐朝的政治危機。

牛李黨爭是自然而然形成的，它並不是唐朝衰亡的根本原因。李氏家族統治集團沒有處理好牛李黨爭，只能說明統治者無能，統治者無能才是李唐王朝衰亡的根本原因。

05 唐敬宗之樂：有其父必有其子

唐敬宗李湛熱衷於遊樂，不但忘記了自己，還忘記了李氏家族，更別提國家了！

李湛，出生於元和四年（八〇九年），長慶二年（八二二年）十二月因唐穆宗突然中風而被冊立為皇太子。長慶四年（八二四年）正月，因唐穆宗健康惡化，李湛以太子身分監國，很快因父皇駕崩而登基，即唐敬宗。

唐敬宗的行為可謂是唐穆宗的翻版，對國家大政根本不感興趣，極其熱衷於遊樂，他的玩樂比起唐穆宗有過之而無不及。他對擊球十分感興趣，有時到中和殿擊球，有時又轉到飛龍院擊球。唐敬宗一味追求享樂，就連例行的早朝也不放在心上。有一次，唐敬宗一直到日上三竿都沒有上朝議事，臣僚們等待的時間長了，有些人堅持不住昏倒過去。對新皇帝的這種過分行為，諫官提出勸諫，唐敬宗耐不住大臣們的催促，過了很長時間才姍姍來遲。退朝以後，左拾遺劉棲楚極力勸諫，頭叩龍墀，血流不止，他說道：「皇上正是年輕體壯之時，怎麼能貪圖安逸、留戀女色，以致很晚還不坐朝呢？先帝的靈柩還沒有入葬，歌舞之聲就已經喧囂於外，我很怕這樣下去國家不能長久。」唐敬宗很受感動，但卻不思悔改。之後，唐敬宗一個月也難得上朝兩三次。他對大臣們上書的勸諫儘管給予表彰，但對自己的行為卻無動於衷，沒有絲毫想改變的姿態。

由於唐敬宗近乎瘋狂的遊樂，在宮中引起了一些突發事件。唐敬宗寵信宦官，即位之初就下詔賞給神策軍軍士每人絹十匹、錢十千，對宦官大肆封賞。四月，發生了染坊役夫張韶等數百染工殺入右銀台門的嚴重事件。當時，唐敬宗正在清思殿打馬球，聽到張韶等上百人的喊殺聲，他狼狽地逃到左神策軍避難，左神策軍兵馬使康藝全率兵入宮，把已經攻進清思殿的張韶等人殺死。大臣認為這事是因為唐敬宗一味沉湎於遊樂，經常不在宮中，而給了不法之徒可乘之機。唐敬宗認為大臣們的說法有道理，但是自己的玩樂卻變本加厲，花樣不斷翻新。官員崔發曾將犯了法的宦官中使捉進縣衙，唐敬宗聽說後勃然大怒，下令將崔發關押入獄。崔發入獄不久，趕上皇帝春日祈南郊大典，大赦天下。崔發和眾犯人被帶到丹鳳樓下等待赦令，這時有幾十個宦官舉著白木棒衝了過來，照著崔發就是一陣亂棍，直打得他頭破血流牙齒脫落閉過氣去。過了一會，崔發甦醒過來，又衝出幾十個宦官還要打他，多虧御史台的人為崔發擋了一下才得倖免。唐敬宗大赦天下，但唯獨不赦崔發，將他抬回牢中，繼續關押。

唐敬宗的生活是以玩樂為主，不僅自己喜歡擊球，還要求禁軍將士、三宮內人都參加。並且還在宮中舉行多項體育賽事，馬球、摔跤、散打、搏擊、雜戲等，參加者也很踴躍。對此，唐敬宗興致很高，常常折騰到凌晨方罷。唐敬宗是一位馬球高手，又善手搏，觀賞摔跤、拔河、龍舟競渡之類的遊戲從來都是樂此不疲。他還專門豢養了一批力士，晝夜不離左右。他不僅要各地選拔力士進獻，而且還出資萬貫給內園招募，很捨得在這些力士身上花錢。唐敬宗每每看自由搏擊時，還要手下人不能假打，這對於那些手搏者來說無疑是一個苦差事，斷胳膊斷腿是常有的事，有些人甚至會頸骨折斷、脾臟破裂、性命不保。唐敬宗也同樣喜歡到魚藻宮觀龍舟競渡，有一天突然下詔給鹽鐵使要造競渡船二十艘，要求把木材運到京師修造。該項的花費總計要用去當年國家轉運經費的一半，在大臣的力諫之下，他才勉強答應減去一半。唐敬宗喜歡打獵，白天玩不夠，深夜還帶人捕狐狸取樂，宮中稱之為「打夜狐」。治國方面的才幹，在唐敬宗身上毫無痕跡，隨處可見的是他玩樂方面的本領。

「人主」的身分和貧乏的閱歷，使唐敬宗無比驕縱、蠻不講理，他驅使奴才時近乎於狂暴無常，內侍偶有小過，輕則辱罵，重則捶撻、配流、籍沒，搞得這些人滿懷畏懼、心中怨憤。宮中宦官許遂振、李少端、魚弘志等人，還因為與他「打夜狐」配合不好而被削職。唐敬宗這種肆無忌憚的遊樂，很快地就把自己送上了末路。

唐敬宗越來越迷信道士，企圖長生不老。他曾經派遣中使往湖南、江南等地採藥；派道人杜景先往淮南、嶺南等州求訪異人；甚至在內宮裡修山建院，專門供奉道士二十多人講解道術。

寶曆二年（八二六年）十二月，唐敬宗又一次出去「打夜狐」。獵取狐狸結束回宮之後依舊興致盎然，又與宦官劉克明、田務澄、許文端以及擊球軍將蘇佐明、王嘉憲、石定寬等二十八人飲酒。唐敬宗喝得非常高興，他酒酣耳熱，入室更衣。就在這時，大殿上燈燭忽然熄滅，劉克明與蘇佐明等人乘機將他害死，年僅十七歲的唐敬宗，在位僅僅兩年便一命嗚呼了。唐敬宗是除了亡國之君唐哀帝之外，在唐朝皇帝中最短壽的一個了，然而這一切都是他荒淫無度造成的，真是自食其果。

俗語說：「多行不義必自斃。」唐敬宗根本沒有認識到自己作為天子的責任，就算不以天下為己任，但如果能夠為自己家族的延續做個打算也會收斂自身的行為，而不會整天貪圖享樂；另一方面，唐敬宗的年齡可以說不算是成熟的階段，在其父的影響之下過著安逸享樂的生活，父皇的表率作用及教育之職沒有做好，怎麼能夠奢求一位少年天子會有什麼大的作為呢？

06 唐文宗之道：同父所生，天淵之別

唐文宗李昂尚節儉，是百姓及下層人民之大幸。唐文宗生活儉樸、勤於朝政，在維護李氏家族的統治方面做出了榜樣。

唐文宗李昂是唐穆宗次子，初名涵，元和四年（八〇九年）十月十日生，與唐敬宗同歲。他是在錯綜複雜的宮廷矛盾鬥爭下即位的。

宦官劉克明與蘇佐明殺害唐敬宗以後，他們假冒唐敬宗的旨意選立了唐憲宗的另一個兒子絳王李悟「勾當軍國事」。李悟沒什麼本事、缺才少德，但是多年來宦官擁立天子已成慣用伎倆，大臣們也都見怪不怪了，然而並不是所有宦官都願意追隨劉克明等人。內樞密使王守澄、楊承和以及神策軍左右護軍中尉魏從簡、梁守謙，他們手握禁軍早與劉克明不睦。唐末，任左右樞密使和左右神策軍中尉的四位大宦官被稱為「四貴」，屬於宦官中的實力派。王守澄等人密謀商定，動用了所掌握的禁軍力量，將唐穆宗的次子江王李涵迎入宮中。此舉得到了三朝元老裴度等朝廷大臣的支持。神策軍中尉派出的精銳禁軍將劉克明與蘇佐明一夥全部誅殺，絳王

李悟也死於亂兵之中。兩天後，江王李涵即位，即位後改名為李昂，史稱唐文宗。

由於沒有先帝的遺囑，唐文宗應當以什麼方式登基即位就成了一個突出的問題。為了說明江王有功於國家，王守澄首先以江王的名義宣告平定了宮廷的叛亂；然後讓百官再三上表勸他登基以說明江王是群臣擁戴；接著以太皇太后的名義頒布冊文，下令指定他為繼承人。這三步棋，都是為了說明江王即位的合情合理合法。唐文宗於寶曆二年（八二六年）十二月十日，在紫宸殿外素服與百官相見，十二日正式在宣政殿即位，十三日正式穿上皇帝的服裝，次日親政。十五日，唐文宗為生母蕭氏上尊號曰皇太后（唐穆宗貞獻皇后）。

唐文宗即位後的第三天，常朝就如期舉行。唐文宗在位期間勤勉聽政，他每逢單日就上朝，而且每次上朝時間都很長。凡軍國大事，從朝廷用人到國庫儲藏、從各地災情到水利興修無所不問，從大政方針到具體措施都詳細地與宰相大臣們討論研究。他還要求把各種節假日或者輟朝的時間盡量安排在雙日，以便不影響單日的上朝。唐文宗令鑄造「諫院之印」，改變了諫官進奏表章還要在其他部門請印以造成奏事洩密的狀況，可見得他十分注意發揮諫官的作用。

唐文宗生活節儉，他不僅宣導節儉、革除奢靡之風，又身體力行。即位之初，即有詔命，內容是：出宮女三千人；減省教坊、翰林待詔、總監冗食者一千二百餘人；停諸司新添衣糧；御馬坊場所佔陂田悉歸有司等。對唐文宗的做法，宰相裴度讚歎道：「太平可期了！」年輕氣盛的唐文宗傳旨罷地方各級官府進獻，不再向宮中進獻刺繡雕鏤之物；裁減作坊工匠，對一些年老的、有病的工匠賑濟些銀兩讓他們回家休養。這一舉措贏得地方官員和百姓們的讚揚和稱頌。下令放宮女、太常音聲人，各地額外的進獻和上供的奇珍異物基本上停止，五坊的鷂鷹玩物和遊獵之事也都停廢，節省了財政的開銷。唐文宗的飲食也從不鋪張，特別是遇到各地發生災荒的時候，他更是主動地減膳。有一個官員穿著桂管布做的衣服拜見皇上，桂管布是桂林地區生產的一種木棉布，布厚而粗糙，較之綾羅綢緞自然略遜一籌，唐文宗見他衣衫就認定此人是個忠正廉潔的臣子。唐文宗也效仿他做了一件桂管布的衣服，於是文武百官也紛紛效仿。唐文宗穿著樸素、注重節儉，對於一個皇帝來說是非常難能可貴的。

唐文宗不喜歡音樂、歌舞和遊樂，不近女色，在聽朝理政的閒暇注重讀書。唐文宗博覽群書、見識淵博，經常就經書詩賦中的名物詢問大臣，結果宰相經常被他問住，回答不上來。他不僅讀古典，也很了解當代人的詩文，他對歷史上的名君賢臣羨慕不已。他喜歡讀《貞觀政要》，仰慕貞觀時的魏徵，就下詔尋訪到魏徵的後人五世孫魏謩，並把魏謩任命為右拾遺，也是屬於可以對皇帝進諫的言官。唐文宗也很喜歡把他認為有學問的大臣召到宮中講談經義、評論文章，當時的翰林學士柳公權就常常被他召來秉燭夜談。

07 甘露之變：不以成敗論君王

唐朝後期隱患叢生、矛盾激化，特別是宦官掌握禁軍、把持朝政，不僅朝廷大臣的升降須由宦官首肯，就連皇帝的廢立亦由他們操縱。賢德如唐文宗，亦無法打破這個怪現象。

唐朝自唐德宗後由宦官典掌禁軍，使宦官的勢力得到了膨脹。從唐穆宗以後，宦官擁立皇帝成了慣例，皇帝的命運都掌握在宦官的手裡，宦官的權力之大可見一斑，幾乎沒有人敢與之為敵，已經無法簡單將其根除了。

大和二年（八二八年）三月，唐文宗下詔制舉，以賢良方正與直言極諫問策取士，於是各地推薦的舉人紛紛到京都應試。有一個叫劉蕡的舉人，在試卷裡直接指陳宦官專權於國於民不利。他認為天下傾覆、舉國之亂、朝政危機都是由宦官的專權所導致的，還論述了藩鎮擅兵、奸臣當道的諸多危害，主張國家要安定應該排斥宦官，把政權交給宰相，把兵權交給將帥。這份考卷在當時引起了極大的震動，考官們讚不絕口，覺得是篇難得的佳作，但是到了決定錄取的時候誰也不敢表態，因為一旦錄取劉蕡就得罪了宦官，自身的官位必不能保。唐文宗剛剛即位，雖對劉蕡的觀點非常認同，但由於羽翼未豐，只得任用了其他應試者，唯獨沒敢用劉蕡。

唐文宗每日在宦官操縱之下過活覺得很壓抑，隨著在位時間越來越長，逐漸地滋生了除掉宦官之心。有一次，唐文宗生了一場病，急於尋醫，正好王守澄手下有個叫鄭注的官員精通醫道。王守澄把他推薦給唐文宗治病，唐文宗服了他的藥，果然一天天好了起來。唐文宗很高興，召見鄭注，發現鄭注口齒伶俐，就把他提拔為御史大夫。李訓原名李仲言，出身名門，精通《周易》，他是鄭注的朋友，是個很不得志的小官員。鄭注想在朝中找個幫手，就請王守澄把李訓推薦給唐文宗。李訓得到了唐文宗的信任，後來竟被提升為宰相。唐文宗對李訓、鄭注逐漸信任以後，便將自己想除掉宦官的心事告訴了二人，並想方設法要削弱王守澄的權力。他們利用王守澄的手下宦官仇士良跟王守澄之間有矛盾一事，解除了王守澄的兵權。王守澄被剝奪了實權，最後唐文宗賞給王守澄一杯毒酒將他毒死。唐文宗在剪除宦官的行動中，引發了一場震驚朝野的「甘露之變」。

除去了王守澄，接下來就要除掉仇士良了。李訓經過一番策劃決定動手，並聯絡了禁衛軍將軍韓約。大和九年（八三五年）的一天，李訓提前在宮中部署了兵力，等唐文宗上朝後，韓約上殿啟奏，說禁衛軍大廳後院的一棵石榴樹上，昨天夜裡降了甘露。按照當時的迷信說法，天降甘露是個好兆頭。此舉意在誘使神策軍中尉仇士良等前往觀看時一舉誅殺宦官。李訓當即帶領文武百官向唐文宗慶賀，還請唐文宗親自到後院觀賞甘露。唐文宗故意命令李訓先去察看，李訓裝模作樣到院子裡轉了一下，回來說：「我去看了一下，恐怕不是真的甘露，請陛下派人複查。」唐文宗於是又命令仇士良帶領宦官去觀看。仇士良叫韓約陪著一起去，韓約走到門邊，神情緊張、臉色發白、頭上冒汗。這時已是十一月，天氣寒涼。仇士良看到韓約的樣子感到很奇怪，他問韓約說：「韓將軍，您何以至此？」正說著，一陣風吹來，吹動了門邊掛著的布幕，仇士良發現布幕內隱藏了不少兵士，他們手裡拿著明晃晃的武器。仇士良看出破綻後大吃一驚，連忙奔回唐文宗身邊，他挾持著唐文宗直往內宮奪路而逃。待緩過神來以後，仇士良立即派兵關閉宮門，對宰相和朝廷官員下了殺手。李訓預謀失敗，只好從小吏身上討了一件便衣化裝逃走。仇士良立即派兵出宮大規模逮捕參加預謀的官員，把他們通通殺掉。李訓出宮後，一路上假裝瘋癲逃到終南山的寺院中，後被地方官抓獲，在路上被殺。鄭注正從鳳翔帶兵進京，得到消息後想退回鳳翔，也被監軍的宦官殺死，全家老幼都被仇士良派人誅殺，與事變有關無關的朝廷官員也有上千人被殺。歷史上把這個事件稱為「甘露之變」。事變以後，宦官更加氣焰囂張，對唐文宗也常常出言不遜，唐文宗從此鬱鬱不作聲。

開成四年（八三九年），唐文宗曾悄悄地問身邊當直學士周墀：「朕與周赧王、漢獻帝相比如何？」周墀回答說：「陛下之德，周成、周康二王和漢文、漢景二帝也難與相比，怎麼要自比那二位亡國君主呢？」唐文宗道：「周赧王、漢獻帝不過是受制強臣，今朕卻受制於家奴，自認為連他們二人也遠遠比不上呀。」說罷，一陣傷感。

唐文宗能夠勤勤勉勉、宵衣旰食，卻缺乏治國的才幹，而上天對唐文宗似乎也不是那麼眷顧。開成（八三六－八四〇年）中後期，各地水旱蝗災不斷，百姓房屋倒塌，久旱無雨，顆粒無收，唐文宗派使者去各處祈雨，卻沒有帶來多少令人高興的好消息。唐文宗曾灰心地表示，如果老天再不下雨將退居南內興慶宮，另選賢明之主，不再當這個天子了。「甘露之變」後，宦官把唐文宗嚴密地監視起來，唐文宗的日子很不好過，身體也出現了不適。開成五年（八四〇年）的新年，唐文宗因病沒有接受群臣的朝賀。正月四日，唐文宗死於大明宮的太和殿，年僅三十一歲。仇士良擁立李炎即位，即唐武宗。

正如史評唐文宗「有帝王之道，而無帝王之才」，縱然唐文宗有很多想法，但鑒於個人的能力有限最後都沒有辦法順利地貫徹執行，或者在執行的過程中沒有詳盡的規劃細節，致使本來可改變為人所控的局面消失殆盡。本是自家的天下，卻不得不聽命於奴才，唐文宗的遭遇實在讓人惋惜。

08 唐武宗所為：功過自有後人評說

唐武宗李炎是被宦官擁立即位的，但他即位後致力於削弱宦官的權力，這對維護李氏家族的統治來說，不失為明智之舉。

唐武宗與唐文宗的即位方式如出一轍，均為宦官擁立。唐武宗生於元和九年（八一四年），本名李瀍，死前改名李炎。唐武宗在十六宅中做穎王時，便不被奢侈靡爛的生活誘惑，他很有心計、善於謀劃。在兩位兄長相繼做了皇帝之後，他心裡也萌生了「做天子」的欲望。

唐文宗曾一度想立長兄唐敬宗皇帝的兒子晉王李普為嗣，不幸的是晉王李普五歲時便夭折了。大和六年（八三二年），唐文宗立了自己的兒子魯王李永為太子，次年八月舉行了冊禮，但李永在開成三年（八三八年）暴死，太子的死使唐文宗大為自責，他認為自己枉為天子卻不能保全兒子的性命，從此抑鬱成疾。第二年十月，唐文宗又立唐敬宗的第六子陳王李成美為太子，唐文宗卻在等待冊禮之際一病不起、奄奄一息了。朝野上下頓時緊張起來，焦點都集中到儲君的安排上。

開成五年（八四〇年）正月二日，唐文宗密旨宦官樞密使劉弘逸與宰相李玨等奉太子監國，但是兩軍中尉仇士良、魚弘志為貪擁立之功假傳聖旨，率領神策軍來到十六宅迎接穎王李炎赴少陽院受旨。他們藉口太子年幼多病難以承擔重任，唐文宗無奈只好詔立穎王李炎為皇太弟，臨時執掌軍國政事。宰相李玨據理力爭也奈何不了手握神策軍的仇士良、魚弘志，太子李成美仍然以陳王的爵位退居藩王府邸。正月四日，唐文宗駕崩，遺詔皇太弟穎王李炎於柩前即位。十四日，二十六歲的李炎正式登基，史稱唐武宗。唐武宗即位後，追封已過世的生母韋氏為皇太后。

唐武宗即位之後論功行賞，有援立之功的右軍中尉仇士良被封為楚國公，左軍中尉魚弘志被封為韓國公，太常卿崔鄲為同中書門下平章事，升為宰相。仇士良等人因有擁立之功，在朝廷上飛揚跋扈。唐武宗在他的脅迫下大開殺戒，賜死了一批包括陳王李成美等潛在的政敵；貶楊嗣復為潮州刺史，充任湖南都團練觀察使；李玨為檢校兵部尚書、桂州刺史，充任桂管防禦觀察等使。朝廷中的反對力量經過賞貶基本清除，但是仇士良等人藉有擁立之功把持朝政，進而控制唐武宗，這使唐武宗非常反感，發誓一定要將其清除。

唐武宗意識到要盡快擺脫自己的被動地位就需要有一位才能卓越的宰相，才能逐漸取代宦官勢力控制朝廷大權。經過慎重選擇，唐武宗把希望寄託給了久負盛望的李德裕，並把他從淮南節度使任上擢升為宰相入朝秉政。會昌三年（八四三年），仇士良以老病為由提出退職，唐武宗順水推舟解除了他的軍權，不久之後就在自己的府邸死去。唐中後期的樞密使均由宦官擔任，他們出納王命、控制禁軍、掌握國家機密、取代中書省的權力，權勢極為顯赫的局面在仇士良死後悄然改變。唐武宗一改前朝慣例，不與樞密使商量，直接任命崔鉉為宰相。唐武宗架空宦官，無疑是對其許可權的極大限制，他有步驟地開始對宦官的權力進行剝奪，儘管打擊有限，但對李氏家族來說卻受益匪淺。

唐武宗多年來一直迷信道教，經常與一些道士相往來，這使他對社會有了一些觀察和深入了解的機會。唐武宗經常騎馬遊樂，還常到教坊飲酒作樂、與樂人諧戲。但是在自娛自樂的過程中卻能保持一顆清醒的大腦，並不為此耽誤國家大事。唐武宗信任和重用宰相李德裕，使得君臣在內憂外患交織的時刻同舟共濟、沉著應付、度過難關，不失為明智之舉。

09 內憂外患：李黨賢相平定之功

皇帝要想坐穩江山，重點在於用人，會用人則能有所為。唐武宗李炎善於用人，這對鞏固李氏家族的統治起到了一定的積極作用。

李德裕出身士族之家，從小心懷大志，然而他不屑參加科舉，後來以門蔭入仕，就任校書郎一職。唐穆宗初年，擢升為翰林學士、中書舍人，開始參與朝政，後來受到牛僧孺一派的排擠而離開朝廷，出任浙西觀察使、節度使等地方官職，前後歷經十七年之久；唐文宗、唐武宗期間當了七年宰相，唐武宗非常重用他。

為了削弱宦官所掌控的兵權，李德裕上書唐武宗，總結了前朝中央與藩鎮作戰失敗的三點原因：一是由於宦官軍權太大，戰時詔令從宮廷直接發到前線，宰相卻不能參與決策；二是宦官監軍，隨意指揮束縛了將帥的手腳，使軍隊不能靈活作戰；三是每軍各有宦官做監使，他們選軍中最強壯的士兵作為牙隊（衛隊），讓老弱士兵出陣作戰，監軍率牙隊在遠處觀戰，見勢不妙便策馬先逃，陣上士兵隨之潰退。唐武宗看了很有感觸，隨即接受李德裕的建議，並詔令監軍不准干預軍政，監使選牙隊每千人中只准抽十人。由於牙隊人數少了，監使便不敢到前線觀戰，因此加強了將帥的指揮權，使他們能機動靈活地在前線作戰。

會昌年間，朝廷遭遇了內憂外患，正是由於李德裕的決策地位才順利度過危難。會昌二年（八四二年）七月，回紇烏介可汗向唐朝提出給牛、羊、糧食、借駐天德城等無理要求，唐武宗予以嚴詞拒絕。同年八月，以為唐朝軟弱可欺的烏介可汗率兵越過把頭峰（今包頭市附近），南入大同川，掠牛馬數以萬計，直逼雲州城（今山西大同市）。會昌三年（八四三年）正月，又發兵進攻振武。面對回紇烏介可汗的不斷入侵，唐武宗採納宰相李德裕的意見，調各路大軍進行反擊。各路軍兵配合猛攻，在殺胡山將回紇軍隊擊敗，俘虜了二萬餘人，烏介可汗中箭逃亡，唐軍取得了勝利。

唐武宗又採納了宰相李德裕的提議，平定了河東地區昭義鎮節度使劉稹的叛亂，成為當時為人稱頌的政績。劉稹發動叛亂時，朝廷很多大臣採取姑息的政策，只有李德裕等少數大臣主張用兵。唐武宗力排眾議再次採納李德裕的意見，後利用藩鎮之間的矛盾，用藩鎮之兵討伐劉稹。詔令一下，各路大軍進展迅速、嚴明軍紀，禁止部隊焚燒廬舍、挖墳掘墓、侵擾百姓，從而取得了沿途百姓的支持。會昌四年（八四四年）七月，在朝廷軍隊的打擊之下，加上叛軍內部分崩離析，劉稹手下大將郭誼等取劉稹首級迎接討伐軍進城。歷時十三個月的昭義之亂被徹底平定，唐軍收復了五州三十一縣。昭義鎮的收復，削弱了藩鎮割據勢力，對安定社會、鞏固李唐王朝的統治起到了積極作用。

唐武宗與李德裕君臣二人配合得如此默契，令群臣震驚。平叛的勝利彰顯了唐武宗的威力，使朝官們刮目相看，甚至連身歷多朝、權勢顯赫、有擁立之功的大宦官仇士良等人也被震住了。李德裕在唐武宗時期基本處於決策地位，他不僅平定了內憂外患，而且改革了前幾代君王累積的弊政，使李氏家族的統治在唐武宗時期沒有走向分崩離析的境地。他因性格孤傲、作風專斷，遭到政敵攻擊而被貶海南州之時，在貧困交加之中，仍心繫朝中政事及李家的命運。曾有詩寫道：「八百孤寒齊下淚，一時南望李崖州。」

生老病死乃自然之道。唐武宗企圖藉滅佛揚道來達到長生不老的目的，其結果只不過是在李唐歷史上留下了又一場亂哄哄的鬧劇。

10 大舉滅佛：順我者昌，逆我者亡

唐自建國起便以道教作為國教，但是佛道之爭從沒有間斷過。唐武宗尤喜道術，他將太上玄元皇帝老子的降誕日（二月二十五日）定為降聖節，全國放假一天。唐武宗能當上皇帝帶有很大的偶然性，所以他就想永遠保住皇位。永遠便是長生，要長生不死只有成仙才行，因此修道成仙便成了唐武宗日夜嚮往的目標。

唐武宗剛即位八個月就把道士趙歸真等八十一人召入宮中，他在宮中設道場，在九天壇親受法籙，在大明宮修築望仙臺，並親自到三殿拜道士趙歸真為師，對他的長生不老之術和丹藥十分迷信。唐武宗不顧諫官的上疏勸說一心向道、大修道觀，拜請道士講法。唐武宗身邊聚集了大批道士，他們一有機會便在唐武宗面前反對佛教，說佛教不是本土之教，應當排斥、剷除。唐武宗深以為然，於是下令裁減全國佛寺，廢除佛寺原有的特權。

唐武宗對道士倍加崇信，企圖恢復國教的權威，用道教壓制佛教。道士趙歸真等人努力宣揚佛道不能並存，唐武宗也認為佛僧的存在影響了他修煉成仙，當時還有道士散布謠言說：「李氏十八子，昌運方盡，便有黑衣天子理國。」依照他們的解釋：「黑衣者，僧人也。」就是說僧侶將取代李唐而一統天下。唐武宗聽到這些話便有了滅佛之心，為了防止黑氣上升，唐武宗禁止民間豢養黑色的豬、狗、驢、牛等，以防「黑衣天子」出世。這些行為都反映了唐武宗大舉滅佛的心態。

從會昌二年（八四二年）十月起，唐武宗下令凡違反佛教戒律的僧侶必須還俗，並沒收其財產。此後，唐武宗陸續下令限制佛寺的僧侶人數，不得私自剃度，限制僧侶蓄養奴婢的數量，很多寺院被拆毀，大量僧侶被強迫還俗。會昌四年（八四四年）二月，唐武宗降旨「不許供養佛牙」，同時規定：代州五台山及泗州普光寺、終南山五台寺、鳳翔府法門寺等有佛指骨之處，嚴禁供養和瞻仰，如有一人送一錢者，背杖二十；若是僧尼在這些地方受一錢施捨者，背杖二十。

會昌五年（八四五年）八月的一天上午，京城長安皇宮正殿裡一片肅穆。唐武宗端坐在大殿正中，文武百官分列在殿的兩旁，中官正高聲宣讀皇帝詔旨：「佛教敗壞國風，蠱惑人心；佛寺耗費人力，浪費人財；一個農夫不種地，就要忍饑挨餓，一個農婦不養蠶，就要挨冷受凍。現在天下僧尼多不可數。為革除積弊，自今以後拆毀佛寺，僧尼還俗。」中官宣讀完畢，大臣們交頭接耳，有的搖頭歎氣，有的點頭稱是。一場更大規模的滅佛運動開始了，全國許多寺廟被拆毀，很多僧尼遭驅逐，一時間社會沸騰，人人驚恐。

唐武宗這次大舉滅佛，共有寺廟四千六百餘所，招提、蘭若四萬餘所被拆除；二十六萬餘僧尼還俗成為國家的兩稅戶；寺院數千萬頃良田被沒收。此舉沉重打擊了寺院經濟，增加了政府的納稅人口，擴大了國家的經濟來源。剛開始時規定，僧侶四十歲以下者全部還俗，接著又規定為五十歲以下，之後連五十歲以上的如果沒有祠部度牒的僧侶也要還俗，就連天竺和日本來的求法僧人也被強迫還俗。

根據唐武宗的旨意，這年秋，七月裁併天下佛寺。天下各地，上州留寺一所，若是寺院破落不堪，便一律廢毀；下州寺院全部拆廢。長安和洛陽開始允許保留十寺，每寺僧十人。後來又規定各留兩寺，每寺留僧三十人。京師左街留慈恩寺和薦福寺，右街留西明寺和莊嚴寺。天下各地拆廢寺院和銅像、鐘磬，所得金、銀、銅一律交付鹽鐵使鑄錢，鐵則交付本州鑄為農器，還俗僧侶各自放歸本籍充作國家的納稅戶。

唐武宗非常渴望趙歸真等道士能夠煉出長生不老的仙丹，並藉滅佛以成仙，但他的願望卻未能實現。他急切地想要得到道士們煉製的仙丹妙藥，丹藥煉成以後，唐武宗每次服用都感到精神振奮。但時間久了，身體受到極大損傷，在藥物的作用之下漸漸地變得容顏消瘦、狂躁不安、性情乖張、喜怒失常，甚至喪失了說話的能力。趙歸真卻騙他說「是在換骨，屬於正常現象」，儘管身邊的人規勸他少服丹藥，但他對於長生的狂熱追求已難以自拔了。

由於唐武宗病重，會昌六年（八四六年）的新年朝會無法舉行。道士們欺騙唐武宗，生病是因為他的名字「瀍」主「水」，與本朝崇尚土德不合。土勝水，「瀍」名被土德所克制，所以不吉利，應改名為「炎」，炎主「火」，與土德相合，可以消除災禍。唐武宗信以為真，果斷改名為李炎。就在唐武宗改名之後的第十二天，因吃金丹中毒，神經錯亂、口吐白沫，年僅三十歲的唐武宗殞命。他成為繼唐太宗、唐憲宗、唐穆宗、唐敬宗之後，又一位因金丹送命的皇帝。

唐武宗祈求長生不死，希望自己及李氏家族的統治地位得以永恆，所以他必將掃除一切障礙以達成此願望，於是佛教便成了犧牲品。更何況大量還俗的僧人成為朝廷的兩稅人又可以增加財政收入，真是何樂而不為呢。然而費盡心機地抑佛崇道，也不能改變唐武宗迂腐的迷信思想，長生不能求，反而加快了死亡的步伐。

第十二章　唐末賢君　唐宣宗

在唐末的諸多帝王中，唐宣宗是聲譽最高的一位，人稱「小唐太宗」，他是李唐王朝唯一一位以皇太叔的身分即位的皇帝。

唐宣宗即位以後，面對重重危機，勤政圖治，給當朝官員及天下百姓帶來了新的希望。當時藩鎮割據、宦官專權、朋黨之爭、官員貪污腐化、百姓負擔沉重，雖然李唐王朝的末世已無法挽回，但是唐宣宗仍積極訪求治國之道。

01 終結牛李黨爭：深藏不露，隱而待發

唐宣宗以皇太叔的身分繼位，並終結了困擾李唐王朝多年的黨爭，自然有其過人之處。

唐宣宗李忱是唐憲宗第十三子，元和五年（八一〇年）生於大明宮，論輩分是敬、文、武宗的皇叔，論年齡卻比唐敬宗和唐文宗還小一歲。唐宣宗在神策軍中尉宦官馬元贄等人的擁立下登基。唐武宗服用金丹，生活荒淫無度，他在死前也沒有對身後的繼承人做安排。會昌六年（八四六年）三月，唐武宗彌留之際，馬元贄提出唐武宗的兒子們尚且年幼不適合打理朝政，便擁立在他看來比較好掌控的光王李忱為新天子。皇太叔即皇帝位，這在當時真是聞所未聞。

這位皇太叔名李怡，排行十三，幼年時不苟言笑，宮裡甚至有人把他當成傻子看待，年齡稍長被封為光王，更是謹言慎行。子弟一同出遊時，見他不說話，很多人都嘲笑他也不吭聲，一副傻乎乎的樣子。正是這一性格特點，使得想做佐命功臣以圖謀大權的馬元贄誤認為他將是一位容易控制的儲君。唐宣宗即位時，改名李忱。宰相李德裕忙於朝政，無暇顧及禁宮之事，

他不知道這是宦官的陰謀，以為是唐武宗的遺命只有遵照執行。

百官本以為唐宣宗愚笨無能，沒想到他朝見百官時，哀戚滿容；裁決庶務時，獨操剛斷。朝野上下此時才知道他的才能一直沒有顯露。即位禮畢後，唐宣宗看看李德裕，對左右大臣說：「適才奉冊的大臣，就是李太尉嗎？他每次回頭看我，都使我不寒而慄。」唐宣宗此言是對李德裕發出了警示。李德裕在唐武宗時期任宰相時，有很大的功勞，但是他大權獨攬、個性孤傲，當時就有很多人對他提出過批評。李德裕利用權力報私怨、打擊牛黨人物，手段非常嚴厲，在朝野上下造成了十分緊張的政治氣氛。唐宣宗對李德裕早有成見，於是將李德裕加封為司徒一職，任命為江陵尹、荊南節度觀察處置使，其實質是將其罷貶到崖州（今海南瓊山），一場歷時達四十年之久的黨派之爭，最終以李德裕的貶死而告終。唐宣宗重用了進士出身的牛黨中人白敏中為宰相，圍繞晚唐朝廷多年的「牛李黨爭」宣告結束。

唐宣宗表面上裝癡扮愚數十年，實則韜光養晦，在那樣一個你爭我鬥、為皇權流血廝殺的時代，不失為一種真正的大智慧。他對朝廷多年的弊政早已深有體會，這勢必會成為他作為李唐天子一展身手的絕佳資本。他不為宦官所掌控，也當然不會成為朝臣的傀儡，他高明地將李德裕明升暗降，避免了大臣功高蓋主，同時也重整了執政的氣氛。

02 科舉選官：能者上，庸者下

選人與用人是成功的兩翼。唐宣宗善於選人與用人，所以不僅坐穩了李家的江山，還令衰朽的唐末出現了短暫的新氣象。

唐宣宗認為君主能夠明察慎斷正確地選拔和任用官吏，是治理好國家的一個重要手段。唐宣宗對科舉制度特別重視，尤愛儒士。在位期間，每當朝官有新上任的人選，上朝時必定要先問其有沒有考中過舉人、進士等。如果回答是進士或舉人出身，唐宣宗就會高興地與他們攀談，甚至會放下其他朝政，當場和新上任的官員談起他們考試時做的是哪些詩賦和主考官員的姓名，又把這些人的詩賦文章和名字都命人記在宮殿的柱子上，以備日後再欣賞。如果聽到有才學品性俱佳的人落選時，他會默不作聲地罷朝回宮。

為了了解科舉制度在民間的實施情況，唐宣宗還經常打扮成百姓模樣微服私訪，聽取人們對科舉取士的看法和見解。為了人才不被埋沒，唐宣宗擴大了科舉取士的規模，選拔更多的有才之士為李唐江山效力。他在親自調查的基礎上，對科舉制度做了進一步的完善和修改。他還強調科舉取士不必遵循某種特殊的規定，只要有真才實學不論出身背景都有機會中選。而對於那些違反科舉制度、弄虛作假謀取仕進的人，唐宣宗則毫不留情地嚴厲懲罰。有一次考試出現了禮部考官洩露試題的情況，遭到御史臺的彈劾。唐宣宗下令詳細調查，查明後立刻下詔將主考官分別處以降職、免職和罰俸祿等處分，將已被錄取的十名舉人的資格全部取消，並將偽造印件和貪污受賄的官員斬首。唐宣宗對這一事件的處理影響很大，給科舉考試中的營私舞弊現象予以一定程度上的打擊。

唐宣宗登基以後便積極著手改革和完善選官制度，他改變了吏部選官只憑家世資歷的現狀，他認為這將埋沒那些具有真實才能的人。唐宣宗為了改變這種情況，下詔規定：「允許觀察使、刺史有奇才異政者加以試用，根據其在試用期間表現出來的實際能力，然後再決定正式任免。」同時，他還把戶口的增減也列為官員升遷的標準，規定觀察使、刺史任期屆滿時，如果所管州縣戶增，則加以升遷；如果百姓逃亡，不僅罷官免職，而且罷官後三年之內不再任職。

刺史是地方州一級的行政長官，特別接近百姓生活，既能了解民間疾苦，又能夠保障政令的暢通，因此唐宣宗尤其重視刺史的選拔及任免，他總是親自掌握刺史的考核工作。他規定州刺史在上任之前，都要由皇帝本人親自進行考核，再決定任免。唐宣宗曾指出：「為政之本在於選拔親民之官，作為皇帝顧問的中央各部官員必須從地方官員中選拔，因為這些人了解民間的疾苦，有治民理政的經驗，否則就起不到輔助君主治理天下的作用。」唐宣宗要求宰相在擬議和推薦諫議大夫、給事中和中書舍人等中央高級官員時，首先要看其是否擔任過刺史、縣令，否則不予推薦。即使擔任過刺史、縣令，但在任職時有貪污受賄等不法情況的也不能推薦。唐宣宗還針對當時地方官員調動頻繁的情況，對地方官員的任職時間做了明確的規定。規定刺史、縣令一旦任命，必須任滿三年方可改任或替換，避免當地百姓的迎送之苦。不論提拔或離任，都對其任職期間的業績進行相關的考核。

唐宣宗時刻提醒自己要努力治國，他聰敏明察並且記憶力強，就連天下各地方官府奏告於朝廷的獄吏小卒的姓名也能一一記得。為了整頓吏治，了解朝廷百官的名字和數量，唐宣宗命宰相提供百官的花名冊給他，名字叫《具員御覽》，他將《具員御覽》放置於桌上以備查考。唐宣宗都會親自召見被任命的刺史，以了解他們的政治才能和品格。為了掌握各州的情況以便對刺史進行考核，唐宣宗還特地密令翰林學士韋澳，編輯了一本關於各州戶口、田畝、物產所出、山州境物、風俗人情以及州內特別事宜的書籍，起名叫做《處分語》。這樣一來，唐宣宗與新任刺史談話時就能夠有所依循，刺史們常常驚異天子能夠如此了解自己的行政區域。

唐宣宗在用人上，對無才無能的大臣一概加以摒斥，他堅持任人唯才並從自己做起杜絕人情關說。唐宣宗曾一度生病為不能進食而困擾，一個叫梁新的人為他治療了幾天病情好轉。事後，梁新請求唐宣宗賞自己一個官位，唐宣宗並不准許，只是令人每月多給梁新一點錢而已。

唐宣宗對見過官員的名字能過目不忘。大中九年（八五五年）春天，唐宣宗在出遊的路上見醴泉縣的百姓祈禱，希望任期將滿的縣令能夠仍然留任，唐宣宗記住了這個口碑極佳的縣令。當刺史位置有空缺時，就直接任命他做了刺史。

唐宣宗繼位以後，積極改變前朝的一些弊政，他的施政方針基本上是否定了唐武宗在位時的措施，他善於從根本上解決問題，提高了官員的執政能力，使國家的法令得到應有的貫徹。唐宣宗在位的十三年間，基本上是平靜度過的。

03 宰相和宦官：平衡內外，為我所用

唐宣宗意識到了平衡宰相和宦官兩股勢力的重要性，並採取了一些辦法。讓宰相與宦官的權力相互制約，雖然是一種聰明而有效的手段，但畢竟沒有從根本上削弱宦官勢力，隱患依然存在。

唐宣宗是被宦官擁立即位的，因此對宦官頭領神策軍中尉馬元贄非常恩寵，也由於他的功勞最大特地賜給他一條寶帶，以示對其嘉獎。馬元贄與朝中宰相馬植來往非常密切，兩人還由於同姓以兄弟相稱。馬元贄為了表示親近的關係，甚至把唐宣宗賜給他的寶帶轉贈給了馬植。有一天，唐宣宗在大殿上認出了馬植佩戴的寶帶應是自己賜給馬元贄的，便詳問其來歷，並在確認以後下詔罷免了馬植的宰相之職。唐宣宗這一舉動，意在旁敲側擊其他內外大臣：天子不希望內廷宦官與朝廷官員往來甚密、互相勾結。

唐宣宗還從多方面對大臣進行控制，尤其是宰相。每逢與宰相議事完畢，他就會提醒他們說：「卿輩好自為之。朕常常擔心卿輩有負於朕，日後就不能再相見了。」唐宣宗處理政事十

分細緻，能夠明察秋毫，也就督促了大臣們必須很認真。令狐綯在唐宣宗時期任宰相最長，他曾說：「我十年秉政，最承恩遇。但每逢延英殿奏事，未嘗不汗透衣衫。」對於大臣的進諫也能夠虛心聽納，唐宣宗曾褒獎魏謩說：「魏謩有他祖上的風範，名公後代，我很看重他。」魏謩是魏徵的五世孫，敢於彈劾駙馬等人的貪污行為而得到了唐宣宗的信任，後被任命為宰相。唐宣宗要求官員要敢於彈劾大臣，對那些不敢得罪於人、遇事又左顧右盼不敢直言自己想法的高官，他會表現出很不滿的樣子。

大中十二年（八五八年），唐宣宗頒布詔令各州刺史不得外調到他處做官，必須先到京師長安朝見皇帝，由皇帝當面考察其能否勝任政務，然後再委任官職。此時，宰相令狐綯卻提拔了自己昔日的舊部，唐宣宗知道以後，說道：「朕以天下各州刺史大多用非其人成為百姓的蠹害，所以想當面詢問他們上任後的施政方略以了解優劣，便於對他們進行升降黜陟。然而我的詔令既已頒發，你卻廢棄擱置不用，看來宰相有權也真是可畏！」當時雖然天寒，但令狐綯卻被他的話嚇得汗流浹背，濕透了幾層衣服。

唐宣宗對國事極端重視，在臨朝聽政時會特別注意禮遇大臣，未曾表現出絲毫的倦怠。唐宣宗在延英殿召見宰相時，總是正襟危坐、一派威嚴。批閱大臣的奏章，他每每洗手焚香。待奏事完畢，唐宣宗也會說：「可以說說閒話了。」唐宣宗有時也會向宰相打聽一些民間的瑣事，跟他們講一些宮中趣聞，此時的他又顯得平易近人。

宦官在唐宣宗即位時擁有很大的勢力，他曾一度想打擊宦官但終未能實施，而改變為對其進行制約的方式。有一次，一位宦官出行遇到宰相鄭朗卻不回避被宰相上表奏劾，於是唐宣宗指責他對大臣無禮，這位宦官辯解說：「供奉官從來不回避大臣。」唐宣宗道：「你若是帶有朕的詰命在身橫穿宰相的行列也無妨，因私出行而不回避怎麼可以呢？」結果，他罰這位宦官去做了苦役，以示警醒。

唐宣宗能夠很清楚地認識到，宦官與宰相任何一方的勢力強大，或者說兩方勢力合為一股，必對他的天子地位造成威脅，因此他非常聰明地採取了相關的制約措施以有效的手段來進行控制，從而使他能夠高枕無憂，穩固了李氏家族的統治地位。

04 不怒自威：恭謹節儉，惠民愛物

勤儉持家、勤儉治國，李氏家族出現了一個「小唐太宗」。唐宣宗的恭儉好善和平易近人，使他能夠平穩地度過自己的執政時期。

在歷代皇帝中，唐宣宗可以說是恭儉好善、平易近人的。他的平易近人使人尊敬他，他的威嚴又使人懼怕他。唐宣宗平時和大臣們在一起總是表現得客客氣氣，如同對待客人一樣；當大臣們奏事時，則表現出嚴肅認真的態度，一身威嚴的氣勢，從來沒有顯出過煩躁和怠惰的神情。當大臣們奏事結束後，唐宣宗便立刻恢復和顏悅色、客客氣氣的樣子，君臣之間談些開心的玩笑，或者談及宮中的遊宴，氣氛融洽而又熱烈。當大臣們退朝時，唐宣宗又語重心長地告誡大家說：「希望你們好自為之，我常常擔心你們辜負了我的期望，以致我們君臣不能夠再相見了。」唐宣宗這種既平易近人，又威嚴不可冒犯的做法，使大臣們既尊敬他又害怕他。唐宣宗從不歧視宮中的侍役，他能夠叫得出每個侍役的名字，知道他們擔任的差事，誰要是生了病，不但派御醫前往診視，他還親自前去探望，還私下裡賞給病人一些物品作為安慰。

唐宣宗在位時期，對自己的衣食住行用度很節儉。穿著上，他一反歷代帝王追求華麗的風氣，平時在宮中經常穿著洗過的衣服，待上朝召見大臣時才換上新衣服。唐宣宗每天的飯菜也比較簡單，日常膳食也不過只有幾道菜。若不是隨著皇太后進膳，唐宣宗從不要求有歌舞、音樂陪侍。唐宣宗出行也不講究排場，以前皇帝出行要先用龍腦、鬱金鋪撒地面，他認為過於奢侈浪費便下令撤掉。

百官見天子如此節儉也競相效仿，唐宣宗時期官場中形成了一種崇尚節儉的風氣。

唐宣宗同時也嚴格要求皇室子女的用度。唐宣宗寵愛的女兒萬壽公主出嫁時，乘坐的車子打破常規，沒有按歷代用白銀裝飾的通例，而是按唐宣宗皇帝的要求用銅裝飾。

唐宣宗在位十三年，恭謹節儉、惠民愛物具有唐太宗遺風，甚至有「小唐太宗」的美譽。他在位期間國家安定，政治、經濟等方面也都得到了很大的發展。中央財政及各州的情況非常良好，戶部的錢幣多得幾乎無法計算，各種貨物堆積如山，這些都是唐宣宗節儉之風所引領的結果。

05 嚴律宗親：家事不為，豈可治國

皇族宗室的家事管理好了，文武百官自會效仿，國家才能治好，李家江山才能坐穩。

唐宣宗對宗室子弟要求更加嚴格，他常提醒他們務必遵循制度規定行事。他寵愛的女兒萬壽公主出嫁時，他甚至嚴厲地說：要遵循婦德，避免太平及安樂公主之禍。有一次，萬壽公主的小叔子病重，萬壽公主卻跑去慈恩寺看戲。唐宣宗得知以後非常生氣，他馬上派人將萬壽公主召回宮中，命她站立在臺階下自行反省。萬壽公主明白自己錯了，便向唐宣宗謝罪。唐宣宗見她認了錯，除了嚴厲地批評她，並讓她向夫家人認錯。如此一來，其他宗室貴戚再也沒有不嚴守禮法的了。

唐宣宗對於自己的親屬要求也比較嚴格。唐宣宗生母鄭太后的弟弟鄭光，原來在河中做鎮守官。鄭光進京朝見時，唐宣宗見他言語粗俗不堪、沒有真才實學，認為他不夠治民的資格，便把他改任為京師中級別比較低的右羽林統軍，不再讓鄭光擔任地方官，並且不讓他擔負實際

的職務責任，只是奉養起來而不讓他做事。鄭太后多次要求唐宣宗給鄭光安排一個好的官職，但唐宣宗對這位國舅只是厚賜金帛，始終不給好的官職做。

沙州張義潮聽說唐宣宗的美德之後，於大中五年（八五一年）二月，上奏歸附朝廷。沙州在唐代宗時期因孤立無援而被吐蕃所吞，後來張義潮驅逐吐蕃守將奪回了沙州。唐宣宗特別將沙州稱為「歸義軍」，統領上述各州，任命張義潮為歸義軍節度使，兼領轄區內的觀察、處置、押藩落、營田、度支等使。一向「重惜官賞」的唐宣宗賞賜給張義潮金紫光祿大夫、檢校吏部尚書兼金吾大將軍職位，加特進，食邑兩千戶、食實封三百戶。張義潮的上表，使原被吐蕃佔領的河隴地區的州縣重新歸屬李唐王朝。

自古便有得民心者得天下之說，要想正人必先正己，唐宣宗以身示法，臣子們也紛紛效仿，成為一種大潮流。這樣一來，即使有個別作奸犯科、胡作非為的人也必然會被正氣所吞噬，權豪斂跡、奸臣畏法、天下安定、民風淳樸的局面方能處處呈現。

06 仙丹誤命：宿命如此，無法逃離

李氏家族的執政者們尋求長生不老，卻屢屢被仙丹誤命。唐宣宗仍然不借鑒前人的教訓，還在為長生不老而相信玄學，這可說是他愚昧的一面。

唐宣宗喜歡佛教，他即位以後一反唐武宗崇道的作為，使佛教重又興盛起來。到了晚年，長生不老的神話同樣對他產生了極大的誘惑。唐宣宗雖曾親眼目睹了唐武宗之死是金丹之毒惹的禍，心裡也很清楚向方士求仙問藥一事非常荒誕無稽，但是仍然擺脫不了長生的誘惑。由於對道術和丹藥的熱望，他拜了一個衡山道士劉玄靖為師。到大中末期，為了能夠得到長生不老之法，唐宣宗派人到南方尋訪到羅浮山人軒轅集，討「治國治身之要」。雖然朝廷官員紛紛地提出勸諫，但唐宣宗還是為自己辯解說：「道術再高明的方士也不能蠱惑我。我聽說軒轅集是一代高士，只想與他談談而已。」軒轅集告訴他只要不近女色、不食葷、多施恩就可以長壽了，唐宣宗聽完此話並不甘心，仍然尋求長生不老的方法。他最後相信一個叫李元伯的江湖術士的話，服用其煉製的金丹，身體狀況日漸消瘦，金丹中毒越來越深，後發展到整月都無法上

朝。大中十三年（八五九年）八月，背上潰爛、病入膏肓的唐宣宗一病歸西了，享年四十九歲。在唐順宗以後的十位皇帝中，唐宣宗是壽命最長的一位。宰相令狐綯攝塚宰負責治喪，群臣上謚號曰聖武獻文孝皇帝，廟號唐宣宗。第二年二月，葬於貞陵。唐宣宗作為一代明君，曾經為祖宗的基業做過不懈的努力，他的勵精圖治延緩了李唐王朝走向衰落的大勢。

唐宣宗在位時政治較清明，他聰明細緻、沉著果斷、不徇私情、不輕易將官職賞人、能虛心納諫。在生活上，他節儉、愛惜百姓財物，一直到唐朝滅亡都為人所讚頌。但是，即便他有雄才大略也是回天乏術，最終也走了其父皇因金丹誤身的老路。

第十三章　驕奢之主　唐懿宗

唐懿宗李漼，淫逸驕奢、不思進取、頻繁換相、迎奉佛骨，面對內憂外患而不知危難，使唐宣宗在位時勵精圖治重振李唐江山的一線希望徹底毀滅了。李漼對國難家難沒有清醒的認識，只顧個人享樂，不知天子之責任，為李氏家族及天下人所不屑。

01 混沌繼位：天子出自十六宅

唐朝後期，宦官專權，究竟誰當皇帝由宦官說了算。皇帝逐漸成了宦官的傀儡、成了宦官的奴隸，宦官則逐漸變成了皇帝的主人。

唐懿宗李漼是唐宣宗長子，本名李溫，大和七年（八三三年）出生。會昌六年（八四六年），被封為鄆王。

唐宣宗有十二個兒子，他在位時未立皇后，因此諸子沒有嫡庶的分別，只有長幼的順序。唐懿宗的母親是最受唐宣宗寵愛的妃子晁氏，但是唐宣宗並不看中這個長子。夔王李滋是唐宣宗的第四子，唐宣宗一直喜愛李滋想立他為皇太子，此事遲遲未決是因為長幼有序。包括夔王在內的五位王子一直住在內宮，而鄆王李漼雖為長子，卻居住於宗族諸王雜居的「十六宅」而非東宮，其中秘密外人實在不知。

唐宣宗晚年也迷戀金丹，身體狀況每況愈下，待病情嚴重時和朝臣很難見面，他意欲傳位於夔王李滋，便有意將他託付給宦官樞密使王歸長、馬公儒等人。王歸長、馬公儒與實力派宦官王宗實不和，王宗實便將鄆王李溫迎到宮中，擁立為皇太子。此時，鄆王李溫改名為李漼。

大中十三年（八五九年）八月七日，王宗實命人宣布了遺詔：皇太子李漼監國。十三日，二十六歲的李漼柩前即位，史稱唐懿宗。王宗實升任「驃騎上將軍」。突如其來的變化讓人迷惑不已，朝官知道先帝有不少皇子大多數都住在宮裡，幾乎沒聽說過十六宅存在這麼一位皇子，居然還是嫡長。新皇帝一下子從天上掉下來，使人不知所措。

唐懿宗即位，顯然又是一次被宦官擁立的皇位繼承。領頭的宦官們策劃擁立唐懿宗時，曾到政事堂命令宰相們在文狀上簽字同意，有的宰相提出異議，而身為宰相的夏侯孜卻指出：「三十年前，朝中宰相還可以參與天子廢立之事，此後大臣幾乎不再參與了。只要是李族子孫，宦官選定以後我等也只有北面事之，沒有提出異議的道理。」在他的帶領下，大家都簽字表示同意擁立鄆王李漼。唐懿宗作為李唐王朝的第十八位天子，就這樣被推上了帝位。大中十四年（八六〇年），唐懿宗改元「咸通」。

雖然朝臣對於新帝的登基心中始終有一團疑雲，為什麼唐宣宗生前從未提起冊命長子之事，但是大勢所趨也無話可說。正如夏侯孜所說的，「只要是李族子孫」便沒人去計較了。但不管事實的真相如何，新帝終究是從十六宅而不是由東宮產生的，這似乎意味著又有人反奴為主，成為主宰天子者。

02 暴斂錢財：成由勤儉，敗由奢

李氏家族又出了一個敗家子，他就是唐懿宗李。敗家是小事，由此而亡國卻是大事了。

唐懿宗君臨天下後的言行舉止幾乎看不到唐宣宗的影子，他並沒有把嚴峻的社會形勢放在心上，朝政與唐宣宗在位時相比是相距遙遙。當時國勢已衰敗，時稱「國有九破，民有八苦」。「九破」即終年聚兵、蠻夷熾興、權豪奢僭、大將不朝、廣造佛寺、賄賂公行、長吏殘暴、賦役不等、食祿人多而輸稅人少。「八苦」即官吏苛刻、私債爭奪、賦稅繁多、所由乞斂、替逃人差科、冤屈不得申理、凍無衣饑無食、病不得醫死不得葬。

土地兼併也愈演愈烈，眾多百姓失去了耕地，被壓迫的農民不斷爆發起義，外夷南詔又派兵侵擾邊境。唐懿宗在初步平定了內亂和外患之後以為天下太平了，卻看不到百姓的忍耐。國家政事對他而言，遠不及宴會、歌舞和遊玩的吸引力，他把心思全用在吃喝玩樂上。

唐懿宗揮霍無度、奢侈腐敗的程度令人咋舌。他在宮中日日宴飲，每三日一大宴，每月總要大擺宴席十幾次，奇珍異寶、山珍海味無所不食。他酷好音樂，常常觀看樂工優伶演出，常年供養樂工多達五百餘人，美酒歌女，八方貢獻。他一天也不能沒有音樂，就是外出遊幸也會帶上這些人，他一高興就會對伶人、歌女等大加賞賜，每賜必至上千貫錢。據說有一個樂工因善於作新曲，唐懿宗非常寵愛他，竟封其為左威衛將軍。

唐懿宗在宮中膩煩了，便不惜興師動眾地出遊長安附近的名勝古蹟和行宮別館。出遊的時候，前呼後擁的隨從多達十萬人，浩浩蕩蕩綿延數十里，耗費錢財難以計數成為國家財政的沉重負擔。唐懿宗每次出遊大多是隨興所為，事先並不通知當地官員，行宮負責接待的官員只好隨時準備食宿。那些需要陪同出行的親王也常常要備好坐騎，以備唐懿宗隨時可能招呼他們外出。京師周圍的州郡只得常年花費巨資養著一批儀衛、歌女，並準備車馬、糧草、服裝等物資以備天子突然駕臨，免遭貶官甚至喪命的下場，搞得官民苦不堪言。

有個叫劉蛻的諫官對唐懿宗無節制的遊宴提出勸諫，希望他能夠以國事為重，展示出體恤邊將、關懷臣民的天子之風。唐懿宗對此根本聽不進去，劉蛻一再進諫讓他非常反感，便將劉蛻黜為華陰令。唐懿宗如此荒淫，遊樂和歌舞成為他生活中不可或缺的內容。所謂「上樑不正下樑歪」，在皇帝的帶領之下整個朝廷、官場瀰漫著窮奢極欲、醉生夢死的氣氛。官僚們競相效仿、生活奢靡、弄權納賄、貪污成風，朝野上下一片烏煙瘴氣。

在唐懿宗時期，百官搜刮民財，百姓苦不堪言，勢必鋌而走險。唐懿宗沒有意識到，正是自己為了滿足私欲而加快了李氏家族敗落的腳步。

03 怒殺御醫：濫用皇權，天理難容

國家成了家，家成了國家；皇上成了家長，家長成了皇上。唐懿宗李是個不折不扣的昏君。

唐懿宗對待宗室親屬的態度與唐宣宗明顯不同，他對同昌公主的溺愛，超過了他的列祖列宗。同昌公主的母親是郭淑妃，唐懿宗為鄆王時就十分寵愛號稱長安第一美人的郭淑妃。同昌公主天生麗質、明眸秀靨、玲瓏可愛，並且性格溫順、善解人意，從小就被唐懿宗視為掌上明珠。

咸通九年（八六八年），同昌公主嫁給了新科進士韋保衡。公主下嫁之日，唐懿宗傾宮中珍玩作為嫁妝，韋駙馬的家中充滿百寶，原本寬敞的韋府竟裝不下這些陪嫁，只好請工匠日夜擴建府第，總算把東西安置下來。唐懿宗後又賜給同昌公主一處宅院，門窗用雜寶裝飾，井欄、藥臼、槽櫃等都是金銀製作，連笊籬箕筐都是用金縷編織而成；床用水晶、玳瑁、琉璃等製作，床腿的支架玉佩雕飾也是金龜銀鹿；其他如鷓鴣枕、翡翠匣、神絲繡被、玉如意、瑟瑟

幕、紋布巾、火蠶綿、九玉釵等均來自異域。另外賜錢五百萬貫，金銀珠寶不計其數。

韋保衡娶了位金枝玉葉的妻子，兩年之中青雲直上，由翰林學士升到郎中、中書舍人、兵部侍郎承旨、開國侯，一直到集賢殿大學士，年紀輕輕已坐上宰輔的位置。這一切都是來自唐懿宗對同昌公主的寵愛。

同昌公主絕沒有一般皇家公主那般刁蠻任性，她性情溫婉、乖巧宜人，韋家自然不敢虧待公主，在生活上盡量安排得極盡奢華、舒適。不幸的是紅顏薄命，新婚第三年同昌公主便倒臥病榻，日漸消瘦。宮中有名的御醫不停地穿梭於公主床前，然而她的病始終沒能好轉，最後竟然香消玉殞。韋家顧不上哀悼死去的同昌公主，為了擺脫責任，韋保衡到宮中稟報唐懿宗，一邊婉述公主臨終前的情形，一邊痛斥御醫診斷不當。昏庸的唐懿宗不辨真偽，下旨將二十幾個醫官全部斬首，他們的親族三百多人也被投入大牢。

唐懿宗的不仁之舉，引起了朝廷內外的紛紛議論，中書侍郎、同平章事劉瞻認為皇帝此舉必給朝廷帶來災難。即使二十幾位御醫已不能復生，如果釋放三百多位御醫的親族或可安撫一下民心。他上奏說：「生命長短，在於天定。公主有疾，深觸陛下慈懷。醫官非不盡心，而禍福難移，人力難以回天，致此悲劇，實可哀矜。今牽連老少三百餘人入獄，天下人議論紛紛，多有不平。陛下仁慈達理，豈能被人妄議，還當居安思危，安撫天下民心。願陛下少回聖慮，寬釋牽連者！」唐懿宗對劉瞻的奏詞不以為然，他認定是御醫害了愛女絕不寬恕他們的族人，對劉瞻的啟奏置之不理。劉瞻見沒有結果，第二天又聯合京兆尹溫璋直言勸諫，由於措辭激烈惹怒了唐懿宗，他大聲叱責二人犯上，當即降旨貶劉瞻為荊南節度使、貶溫璋為崖州司馬，責令三日內離京赴任。

唐懿宗為了同昌公主的死折騰了好幾個月，弄得朝廷上下烏煙瘴氣，之後又為公主舉行了盛大的安葬儀式。陵墓十分豪奢壯觀，琳琅滿目陪葬的服飾器皿填滿了墓坑，送葬場面的壯觀歷朝歷代的公主無人可比。

只因一個年輕美麗的同昌公主過早地離開了世間。唐懿宗不顧國家對公主的禮制，以及民不聊生、內憂外患的國勢，隨心所欲、一意孤行，以殺死二十餘名御醫，關押三百多親族的方式悼念愛女。數十忠臣因直言勸諫而遭到流放異地，把朝廷內外攪得沸沸揚揚、怨聲載道，而他卻全然不放在心上，充分暴露了一個昏君的嘴臉。

04 鎮壓起義：官逼民反，強弩之末

百姓是水，皇帝是舟，水能載舟，亦能覆舟。唐懿宗只顧自己享樂，不為百姓辦事，百姓怎能不把他從皇帝寶座上趕下去呢？

唐宣宗愛惜官賞不輕易授人，而唐懿宗對官賞卻毫不在乎，他授以伶官李可及朝廷官職，這在唐朝從沒有過先例。唐太宗時期對工商雜色之流的任職做過嚴格限制，僅限於賞賜財物，從不准授官位。而唐懿宗賜人錢財、賞人官職常常是隨心所欲。

唐懿宗在位期間，對政事興致不高，宰相的權力相對比較大。唐懿宗一共任用了二十一位宰相，大部分宰相要麼是碌碌無為，要麼愛財如命，他們並沒有發揮朝臣應有的作用。宰相貪污腐化、毫無大臣風範，更加重了李唐王朝的統治危機。

進士科在唐朝享有崇高的聲譽，科舉取士是唐朝選拔官員的途徑，唐朝民間甚至有「三十老明經，五十少進士」的說法，歷代每年由禮部負責考試選拔，到了唐懿宗時期時。由於個人的愛憎，命令親信不需要參加禮部考試，直接以「特敕賜及第」的方式被授予進士出身。皇帝

的敕書代替了禮部的金榜，君主成為了賜進士及第者的座主，國家制度從根本上遭到了破壞。

唐懿宗即位伊始，浙東就爆發了裘甫領導的農民起義。

李唐王朝自八世紀中葉以來，就將東南地區的財富作為搜刮的重點，浙東又是東南的主要經濟區域，人民所受的迫害和壓榨更為嚴重。裘甫率眾起義，攻克泰山（今屬浙江），官軍屢次戰敗，浙東震動。咸通元年（八六〇年）正月，裘甫率眾攻下剡縣，開府庫、募壯士、濟貧民，起義軍擴大到幾千人。二月，浙東觀察使鄭祗德派兵前往鎮壓，裘甫在剡西三溪迎戰。浙東是唐王朝的後方，和平日久、人不習戰，相對於關中和中原諸道軍事力量十分薄弱，浙東官兵屢戰屢敗。義軍又北上餘姚（今屬浙江），殺縣丞和縣尉，東破慈溪，進佔奉化，抵達寧海（今屬浙江）殺掉了縣令，佔據城池。

東南局勢的動盪引起李唐王朝極大的恐慌，唐懿宗派王式率領數萬重兵進行軍事進剿。起義軍內部發生了變故，加上錯失戰機等因素，王式大軍所向披靡，起義軍節節戰敗。王式到達浙東後，開始採取釜底抽薪的手段，打開各縣倉廩賑濟貧民以緩和當地的社會矛盾，從根本上削弱了起義的群眾基礎；同時徵集原先留在江浙、淮南的回鶻和吐蕃人充當騎兵，並把浙江地主武裝「土團子弟」配備到各軍中做嚮導，隨即以優勢兵力把起義軍包圍在寧海。義軍迎戰失利，終因寡不敵眾，在咸通元年（八六〇）六月，裘甫、劉暀等人被俘，被送到長安後問斬。起義軍將領劉從簡率五百人突圍，後來也在大蘭山（今浙江餘姚南）戰敗被殺。至此，裘甫義軍以失敗告終。裘甫反唐雖然失敗，但他領導的起義是唐末農民大起義的前奏，可是唐懿宗仍然沒有意識到李氏家族前途的曲折。

唐懿宗剛即位就面臨著巨大的危機，國內剛剛平定裘甫起義，邊陲南詔的戰爭又打響了。原本規定兵卒三年就可以返回故里，但是為了戍守邊境卻不能兌現。戍卒一去六年歸期無望，於是在龐勳的率領之下自行殺回。朝廷認為此舉屬反叛，龐勳在回程時遭遇封殺。龐勳軍大敗唐軍，攻佔都梁城；龐勳進佔淮口，控制了江淮運輸線。江淮運輸的斷絕，對早已虛弱不堪的李唐王朝而言無異於釜底抽薪，引起了朝野極大震動。為了扭轉局面，李唐政府採取了「剿撫並用」的策略：一方面調集各路大軍，準備鎮壓；另一方面，又利用龐勳等人的幻想大加撫慰以爭取時間。龐勳遣將分兵，南攻舒、廬，北進沂、海，破沭陽、下蔡、烏江、巢縣，佔滁州、克和州，農民爭起回應。龐勳領導的戍兵兵變，至此已發展為有二十萬農民參與的起義大軍。

這時，龐勳自以為天下無敵，日事遊宴，謀士勸不聽反而更為驕暴，奪人資財、搶奪女人。在官軍步步逼近的情況下，義軍內部矛盾日益暴露，一些義軍相繼叛逃。雖然他們攻城掠地縱橫數千里、跨越數十州，很有聲勢，但是一年多以後因龐勳戰死，起義失敗了。龐勳起義前後歷時一年零兩個月，是唐末繼裘甫起義之後的又一次大規模農民反抗鬥爭，也是對李唐王朝統治的又一次沉重打擊。

唐懿宗對於各種形式的反抗採取了剿撫並用的方針。剿滅是目的，撫慰不過是剿滅義軍的輔助手段，以此贏得鎮壓的時間，保證自己家族的統治長久地維持下去，而從未試圖通過「撫慰」緩和社會矛盾，革除弊政。通過血腥的高壓政策，李氏家族艱困地度過了十幾個春秋，然而社會矛盾激化只會激起更大規模的反抗，表面的平靜蘊藏著更嚴重的危機。唐懿宗時期的李唐王朝已處於風雨飄搖之中。

05 廣建佛院：倒行逆施，佛不佑唐

皇帝與其把自家的前途和自身的命運託付給佛祖，還不如託付給天下百姓。對百姓虔誠、為百姓辦事，自家的前途才能光明，自身的命運才會通達。

咸通十四年（八七三年），唐懿宗染病久治不癒感到時日不多，於是便把自家的前途和自身的命運託付給佛祖，準備迎奉佛骨舍利。唐懿宗安排迎奉佛骨的詔書一下，馬上遭到了群臣的勸諫。大臣們認為此舉勞民傷財，而且唐憲宗時迎奉佛骨之後便暴死，可見此舉不祥。唐懿宗充耳不聞，他說：「朕能活著見到佛骨，就是死了也沒有什麼可以遺憾了。」

這是一次聲勢浩大、供品最多、耗費空前的迎奉，可謂集前代歷次佛事侈靡之大成，禁軍兵杖、香刹寶帳，無所不用其極。迎奉佛骨的規模，比起唐憲宗時期是有過之而無不及，從京師到法門寺沿途禁軍和兵仗綿延數十里，壯觀的場面遠遠超出了皇帝主持的祭天大典。

唐懿宗讓供奉官李奉建、高品彭延魯、庫家齊詢敬、左右街僧錄清瀾、彥楚、首座僧澈、惟應、大師重謙、雲顥、慧暉等同到法門寺迎請佛祖真身舍利。當時鳳翔監軍使王景殉、觀察

判官王充也一同前來護送。唐懿宗下令廣造浮屠、寶帳、香輿、幡、蓋以迎奉佛骨，並且都以金玉、錦繡、珠翠作為裝飾。從京城到法門寺的三百里道路上車水馬龍，晝夜不間斷。四月八日，佛骨舍利迎入京城，唐懿宗親自到安福門迎請佛指舍利，他激動得淚流滿面，當即賞賜參與法事的僧人，隨後將佛骨迎入宮中大辦法事。在宮中供奉三天後，唐懿宗允許將佛骨送到京城的寺院讓百姓瞻仰。富豪之家則不惜花費巨資召集高僧大德舉行法會，他們甚至以水銀為池、以金玉為樹，又請來戲班子載歌載舞。在長安城內的大街上，富貴人家在道路兩邊搭起高大的彩樓並舉行大型室外法事活動，競相表現其虔誠之心。他們以金銀為寶剎，以珠玉為寶帳香舁，用孔雀毛裝飾的寶剎，小者高一丈，大者二丈。宰相以下朝廷百官也競相施捨金帛，數量相當可觀。這次迎奉佛骨持續了相當長的時間。

唐懿宗表面上打著「為百姓祈福」的旗號迎奉佛骨真身舍利，實際上他是為了給自己帶來福氣，為「聖壽萬春」，為自己祈求平安。佛骨真身舍利並沒有給這個倒行逆施的皇帝帶來福蔭，就在這年秋天，四十歲的唐懿宗結束了他驕奢淫逸的一生。盛大的儀式、虔誠的佛教活動、豪華的場面並沒能挽救唐懿宗的生命，亦不能挽救已進入隆冬的李唐王朝的命運。此後，李氏家族的統治幾乎名存實亡，各地的農民起義此起彼伏，藩鎮割據愈演愈烈，朝廷再也沒有財力舉行耗費巨大的迎佛骨活動，李家的天子們再也沒有這份心思了。唐懿宗的迎佛骨成為李氏皇族宗教活動最後的輝煌表演，隨之唱響的是李唐王朝末世的輓歌。

第十四章 末世弭音　唐僖宗、唐昭宗、唐哀帝

唐僖宗、唐昭宗，以及唐昭宗九子唐哀帝三人為李唐王朝的末世天子。唐僖宗在位時，李氏家族的政權大廈已呈現出風雨飄搖之勢，他為避難，兩度逃離京都長安。唐昭宗在位十六年，在權臣朱全忠的脅迫下不得不遷都洛陽，從此只能夢回長安。唐昭宗被殺死在寢宮後，孤零零地被埋葬在河南偃師。

亡國之君唐哀帝十二歲登基，十五歲便不得不將帝位「禪讓」給了朱全忠。儘管如此退讓，最終還是被朱全忠殺死，年僅十六歲，他是李氏家族二十一帝中最短壽的皇帝，死後只按照親王的規格葬在了山東菏澤的定陶縣。至此，李氏家族的統治徹底結束，李家江山開始改名換姓。

01 阿父掌權：山河裂變終歸西

在唐朝後期八十餘年的歷史中，宦官的專權甚至可以決定天子的廢立，這說明李氏家族的統治越來越無能為力，李家江山在風雨中飄搖，離改姓易主的日子不遠了。

唐懿宗的第五子原名李儼，立為皇太子後改名李儇，即唐僖宗。他在宦官的支持下於唐懿宗柩前即位，僅十一歲。他只是一個年幼的孩童，沒有所謂打理朝政的能力，朝政一時為宦官田令孜所執掌。

剛繼位的唐僖宗很貪玩，並不安心待在宮中，常常到外面各王府中玩耍，還經常和宮中的小太監們玩得起勁。對於跟他一起玩的夥伴，高興了他就大加賞賜，每天幾乎都要支出上萬兩白銀，使這些宮廷小太監們恃寵而驕、橫行霸道。

田令孜是四川人，本姓陳。他讀書識字，比較有謀略。田令孜從唐僖宗幼年起便照顧他的生活起居，二人的關係十分親密。唐僖宗即位以後，稱呼田令孜為「阿父」，並任用他為左神策軍中尉，把政事都委託給他處理。

田令孜十分了解唐僖宗的昏庸，對他的玩樂大肆助長。當唐僖宗賞賜無度、國用匱乏時，田令孜勸唐僖宗沒收商人的寶貨，如有反抗就送到京兆府打死，將得來的錢財用於唐僖宗的玩耍。田令孜完全不把唐僖宗放在眼裡，國家大事全由他一人代辦。他直接打著唐僖宗的名義下發詔旨胡作非為，根本不向唐僖宗交代，當時朝中幾乎沒有人敢提出反對，連當朝宰相也對田令孜阿諛奉承，什麼事情都順著田令孜的主意行事。

唐僖宗生長在深宮，是一個熱衷遊樂的皇帝。他在位時，天下局勢已經非常混亂，然而，他依然肆無忌憚地遊樂。歷史上著名的王仙芝、黃巢領導的大起義就爆發在唐僖宗在位的這段時間裡。起義爆發以後，田令孜和官員們竟然瞞著唐僖宗，使他繼續沉迷於享樂。各地掌握兵權的節度使為求自保均坐視觀望，因此起義軍發展得很快。當黃巢率部進攻浙東、福建、廣州，又北上直進中原時，唐僖宗才對這一局勢感到緊張，但他還是沒有停止尋歡作樂，簡直是昏庸至極。黃巢起義軍攻克洛陽，拿下潼關直逼長安後，唐僖宗君臣相對而泣，並不積極想辦法抵抗，宰相盧攜甚至因為害怕而先行自殺。田令孜匆忙中不得不帶領唐僖宗和少數宗室親王離開長安，逃往四川。這一去，唐僖宗整整在四川躲難四年。唐僖宗逃離後，長安被黃巢所佔，建立大齊國。

在這期間，唐僖宗利用川中的富庶和各地的進獻，組織對黃巢勢力的反撲。一方面，採取招安的政策；另一方面，以利益鼓勵各地藩鎮、節度使對起義軍用兵，才讓他們為私利而紛紛率兵增援朝廷。由於起義軍的內部因各方面的原因被分化，一些將領也被李唐朝廷招安。義軍中的同州重鎮防禦使朱溫向唐僖宗投降，唐僖宗大喜，賜名朱全忠，後來正是這個朱全忠終結了李唐王朝的江山。

起義軍最終兵敗了，但是經過這麼聲勢浩大的打擊，李唐王朝數百年的基業已經面目全非。李昌符於鳳翔，王重榮於蒲、陝，諸葛爽於河陽、洛陽，孟方立於邢、洺，李克用於太原、上黨，朱全忠於汴、滑，秦宗權於許、蔡，時溥於徐、泗，朱瑄於鄆、齊、曹、濮，王敬武於淄、青，高駢於淮南八州，秦彥於宣、歙，劉漢宏於浙東，他們紛紛擁兵自重、互相討伐，形成了強大的地方割據勢力。李唐朝廷能夠控制的地區只剩下河西、山南、劍南、嶺南西道數十州，對於割據勢力已無可奈何。

光啟元年（八八五年）三月，唐僖宗重返長安，他驚魂未定便又遭遇了新的動盪。田令孜因開罪了節度使王重榮而與之開戰，後他所率領的神策軍兵敗潰散，唐僖宗只能再次逃亡到了鳳翔（今陝西寶雞）。此時，各地節度使對宦官田令孜的專權十分不滿，不少人把矛頭對準了田令孜。朱玫本想劫持唐僖宗，但因田令孜挾持唐僖宗從大散關逃到興元（今漢中）而沒有成功，就將因病沒有跑掉的襄王李熅挾持到長安立為傀儡皇帝，改元「建貞」。唐僖宗被尊太上皇。

此後，各地節度使與朝廷關係發生變化。唐僖宗以正統為號召，把王重榮和李克用爭取過來反攻朱玫，同時密詔朱玫的愛將王行瑜，令他率眾返回長安對付朱玫。光啟二年（八八六年）十二月，王行瑜將朱玫及其黨羽數百人斬殺。王行瑜率兵入城當夜，長安城遭受搶掠剽剝之後，百姓僵凍而死的境況慘不忍睹。一些官員帶領襄王李熅逃奔河中，王重榮表面上假裝迎奉，後來卻把襄王李熅殺死，並把他的首級送給唐僖宗。

長安事變平息後，不少官員遭到殺戮，田令孜被貶斥，唐僖宗也打算重回京師。光啟三年（八八七年）三月，返京的隊伍被節度使李昌符以等待長安宮室修繕完工為名強行滯留。到了六月，李昌符與天威軍惡戰，李昌符兵敗逃往隴州，唐僖宗命人追擊，李昌符後被斬。

唐僖宗的身體在幾番折騰中垮了下來。光啟四年（八八八年）二月，唐僖宗終於拖著病體再一次回到長安，改元「文德」。三月六日，唐僖宗「暴疾」而死，結束了他在人世的顛沛流離，時年二十六歲。

唐僖宗在位十五年間，朝政大權都是由田令孜所把持，宦官弄權必導致政令不明。綜觀唐朝歷史，後期八十餘年的朝政基本上被宦官掌控，但如唐僖宗般依賴他極其信任的「阿父」生存，無異於將身家性命交付於他人之手，其昏庸程度是無可比擬的。宦官原本是宮中地位低下的奴僕，得勢的宦官甚至可以決定天子的廢立，預示著李氏家族正在一步步走向滅亡。

02 企圖治國：惡賊當道，回天乏術

唐朝末期，寵信宦官、姑息藩鎮勢力，李氏家族的統治已經是無能為力了。而雪上加霜的是，又多了朱全忠這樣一個外賊。

唐昭宗李曄和唐僖宗是同母所生，唐昭宗是唐懿宗的第七個兒子，咸通八年（八六七年）生於長安宮中，初名李傑，五歲被封為壽王。唐僖宗駕崩時，他被立為皇太弟監國，曾改名李敏。即位時二十一歲，又改名為李曄。唐昭宗是個比較聰明且有才能的年輕天子，他對當時的國勢十分了解，曾立志重振李唐王朝的雄風。

唐昭宗和唐僖宗關係密切，他在唐僖宗多年避難逃亡的過程中都跟隨左右，且表現出一些軍事才能，與權宦楊復恭相處和諧，能為楊復恭等人接受。因此唐昭宗仍然是依照了宦官自行廢立天子的舊例，在楊復恭等宦官的擁立下登上皇帝寶座，但是他卻不像哥哥唐僖宗依賴田令孜那般依賴楊復恭。此刻的唐昭宗可以說意氣風發，他認真讀書、注重儒術、尊禮大臣，並試圖尋找治國平天下之道。

唐昭宗聽政以後面臨的主要政治問題，也就是宦官控制朝政的問題，此時的宦官頭目正是擁立唐昭宗的楊復恭。唐昭宗希望由宰相掌握朝政，宰相們藉機勸告他採取果斷措施剷除宦官勢力，他採納了宰相們的建議。唐昭宗頗有重整河山、恢復祖宗基業、號令天下的心志，他想要重振朝綱、壓制強藩，剛即位便招募十萬大軍，試圖以強兵威服天下。然而多年來各地藩鎮勢力已經足夠強大，與朝廷百官、內宮宦官有著千絲萬縷的聯繫，因此唐昭宗想做的事便不是那麼簡單了。

大順元年（八九〇年），唐昭宗派軍欲削奪太原李克用的官爵和賜予他的皇室宗族的身分，結果在各地藩鎮的觀望之下，官軍幾乎全部覆沒。楊復恭趁機罷免了宰相，並要脅唐昭宗。鳳翔節度使李茂貞以討逆為名，聯合其他藩鎮打敗了楊復恭，並驕橫地指責唐昭宗「不計是非」。唐昭宗對其態度難以忍受，很想削藩。朝官勸他三思後行，但唐昭宗聽不進去，結果三萬禁軍被打得落花流水。李茂貞兵逼朝廷，唐昭宗只得殺死一些朝臣及親信宦官以推卸責任，從此李茂貞成為京城附近地區最強大的藩鎮，並干預朝政。

乾寧三年（八九六年）九月，朱全忠、河南尹（**治洛陽**）張全義與關東諸侯紛紛上表，說關中地區有災，請駕遷都洛陽。唐昭宗為了保障皇室安全，一度想任用宗室典掌軍隊，因阻力重重而沒有實現，卻給宗室諸王帶來了滅頂之災。乾寧四年（八九七年），華州節度使韓建要脅來華州行宮的唐昭宗將宗室睦王、濟王、韶王、通王、彭王、韓王、儀王、陳王八人囚禁，他們所統領的殿後侍衛親軍兩萬餘人也被迫解散。唐昭宗在韓建的逼迫下，將德王李裕冊為皇太子，並進封韓建為昌黎郡王，賜「資忠靖國功臣」。這年八月，韓建又因私怨藉口諸王典兵導致「輿駕不安」，勾結知樞密劉季述假傳皇帝命令發兵圍十六宅，將通王、覃王以下十一王及其侍衛，無論老少通通殺死，而僅以諸王「謀逆」告訴唐昭宗了事。

光化三年（九〇〇年）十一月的一天，唐昭宗出外打獵，大醉而歸。半夜回宮，不知為何突然大發雷霆，親手殺死了數名近侍宦官和宮女，宮內震動，大小宦官人人自危。宦官首領左、右軍中尉劉季述、王仲先見事態嚴重決定首先發難，兩人要脅宰相召百官同意「廢昏立明」，隨即帶兵突入宮中。剛剛酒醒的唐昭宗突然見到門外的兵士驚墜床下，還掙扎著想逃跑，被劉季述、王仲先二人拎起，與后嬪、侍從一行人通通被關了起來。劉季述歷數唐昭宗罪狀，然後親手將院門鎖上，囑咐手下熔鐵澆鑄把門固死，只在牆上開了一個小洞以送飲食。七日後劉季述矯詔令太子嗣位。這件事立即引起了軒然大波，朝內的大臣與藩鎮的節度使聯合起來都想利用這件事大做文章。

兩個月以後，宰相崔胤聯合禁軍將領孫德昭發兵打敗了劉季述，天復元年（九〇一年）正月唐昭宗「反正」，接受了群臣的朝賀。皇太子李裕降為德王，改名李祐。後來宦官樞密使韓全海挾唐昭宗逃往鳳翔，想要依附李茂貞。崔胤聯絡朱全忠，請他以兵迎駕。朱全忠立即前往長安，他正想趕在鳳翔的李茂貞前面把唐昭宗搶到手，隨後兩股爭奪唐昭宗的勢力展開了激戰。朱全忠大軍圍困鳳翔一年多，鳳翔孤立無援，城中軍民很多餓死了，最終唐昭宗成為朱全忠手上的一張牌。天復三年（九〇三年），唐昭宗隨朱全忠還京。後賜給朱全忠「回天再造竭忠守正功臣」，並親贈玉帶。

回長安後，朱全忠很快將朝中宦官全部殺死，同時以唐昭宗名義下令各地藩鎮將擔任監軍的宦官一律處死。多年來宦官專權的局面結束了，但是唐朝政治腐敗黑暗的局面並沒有因此得到扭轉。朱全忠為了要完全控制唐昭宗，天祐元年（九〇四年）正月，他提出要皇帝遷都洛陽，唐昭宗只能聽任朱全忠的擺布，離開京師向關東而去。為了杜絕唐朝故舊對長安的感情，朱全忠令長安居民按戶籍遷居，宮室和民居被拆毀，數百年的古都經過這一浩劫元氣大傷。京城長安，最終也成為唐昭宗不能回頭的夢。

朱全忠為了防止節外生枝，在遷都途中下令將唐昭宗身邊的隨從、宦官、侍者等全部誅殺，全都換成了他自己的部下，唐昭宗完全成為了朱全忠手上的傀儡。

唐昭宗自從離開長安一直擔心遇害。同時，朱全忠也擔心唐昭宗會被他人擄去成為招牌，於是對唐昭宗下了殺手。事情發生在天祐元年（九〇四年）九月，朱全忠派左龍武統軍朱友恭、右龍武統軍氏叔琮、樞密使蔣玄暉弒殺唐昭宗，時年三十七歲的唐昭宗成為圖謀篡國的朱全忠的刀下之鬼。

唐昭宗稱得上有志之君，但是在具體的治國操作細節上未免欠缺，以致前門打狼，後門招虎，一腔治國熱情隨著他命殞朱全忠之手而付之東流。

03 任人宰割：明日黃花，東流之水

唐朝最後一個皇帝唐哀帝李柷，實際上是朱全忠的傀儡，最後朱全忠接受了唐哀帝的「禪位」。至此，李家江山成為了人們心中一段揮之不去的記憶。

唐哀帝李柷是唐昭宗第九子，初名李祚，景福元年（八九二年）生於大內。天祐元年（九〇四年）八月，朱全忠殺唐昭宗以後，擁李柷為天子。

唐哀帝即位以後沒有改元，一直使用「天祐」年號，一切政事都由朱全忠掌控，唐哀帝只是一個名義上的皇帝。唐哀帝在位期間沒有下達過任何實際的政令，上朝總會以各種藉口停罷。唐哀帝能夠做的就是順朱全忠的意思，把其政治地位和威望一步步地提升和加固。

天祐二年（九〇五年）九月，唐哀帝欲加封乳母楊氏為昭儀，乳母王氏為郡夫人，唐哀帝曾有一個王姓乳母在唐昭宗時被封為郡夫人，因而這次唐哀帝的想法被宰相否決了。他們認為：「漢順帝封乳母宋氏為山陽君、安帝乳母王氏為野王君時，朝廷上就議論紛紛。當今局勢下禮宜求舊，可賜楊氏為安聖君，王氏為福聖君。」唐哀帝只好依從。天祐二年（九〇五年）

十一月，唐哀帝準備在十九日親祠圓丘（祭天）之事。在各衙門已做好了各項準備時，朱全忠聽說了此事很不高興，認為唐哀帝此舉是在有意延長李唐國壽。此事最終不了了之。

緊接著，唐哀帝迫於壓力將已為梁王的朱全忠加授相國，又進封魏王，而朱全忠起初擔任的諸道兵馬元帥、太尉、中書令、宣武、宣義、天平、護國等軍節度觀察處置使的職務依然存在。朱全忠此時的身分及地位距離九五之尊只有一步之遙了。

天祐二年（九〇五年）六月，朱全忠在親信的鼓動之下製造了驚人的「白馬之變」。他將裴樞、獨孤損、崔遠等朝中的三十多位讀書人集中到黃河邊的白馬驛全部殺掉，投屍於黃河。這樣一來便掃除了他篡位過程中的大障礙。漸漸地，朱全忠已是生殺予奪的大權在握了。

天祐四年（九〇七年）三月，朱全忠接受了唐哀帝的「禪位」。建國號梁，改元開平，以開封為國都，史稱後梁。唐哀帝先被朱全忠降為濟陰王安置起來。因各地節度使仍然奉李唐王朝的天祐年號，並不承認朱全忠的後梁，他擔心各地擁立廢帝來反他，乾脆一不做，二不休，於天祐五年（九〇八年）二月二十一日，毒死了年僅十七歲的唐哀帝。朱全忠為其加諡曰「哀皇帝」，以王禮葬於濟陰縣定陶鄉（今山東定陶縣）。自此，隨著二百九十年的李氏家族王朝的終結，中國歷史又進入了半個多世紀的分裂割據時代。

唐哀帝這個可憐的傀儡皇帝，自登基之日起便注定了任人宰割的命運。對於殘破的江山，他無能為力，大唐帝國已一去不復返。對於李氏家族的覆滅，也只能慨歎「傾巢之下，安有完卵」？那個曾經繁華榮盛的李家王朝，將永遠存在於時光隧道當中，留給後人無限懷想。

正說大唐二十一帝 / 劉雅琳著. -- 一版.-- 臺北市：大地出版社有限公司, 2022.05
面： 公分. --（History：115）

ISBN 978-986-402-359-2（平裝）

1.CST: 帝王 2.CST: 傳記 3.CST: 唐代

782.2741 111005664

正說大唐二十一帝

History 115

作　者	劉雅琳
發行人	吳錫清
主　編	陳玟玟
出版者	大地出版社
社　址	114台北市內湖區瑞光路358巷38弄36號4樓之2
劃撥帳號	50031946（戶名：大地出版社有限公司）
電　話	02-26277749
傳　眞	02-26270895
E-mail	support@vastplain.com.tw
網　址	www.vastplain.com.tw
美術設計	成樺廣告印刷有限公司
印刷者	博客斯彩藝有限公司
一版一刷	2022年05月

大地

定　價：300元